Josef Schreiber

Beschaffung von Informatikmitteln

Josef Schreiber

Beschaffung von Informatikmitteln

Kriterien – Pflichtenheft – Bewertung

Herausgegeben von der Schweizerischen Vereinigung für Datenverarbeitung (SVD)

Verlag Paul Haupt Bern und Stuttgart

Autor
Josef Schreiber, Dipl.-Ing. (FH)
Direktor und Mitglied der Geschäftsleitung der Häusermann + Co AG,
Wirtschafts- und Unternehmensberatung, Zürich
(ein Unternehmen der Fides Gruppe)

SVD-Redaktionskommission
Joachim Griese, Prof. Dr., Direktor des Instituts für Wirtschaftsinformatik
der Universität Bern
Bruno Kern, Leiter Informatik bei Stuag AG, Bern
Hans Rehmann, Leiter Informatikdienste PTT (ERZ), Bern (Vorsitz
der Redaktionskommission)
Bernhard Schmid, Adjunkt im Bundesamt für Informatik, Bern

Die Deutsche Bibliothek – CIP-Einheitsaufnahme

Schreiber, Josef:
Beschaffung von Informatikmitteln : Kriterien – Pflichtenheft –
Bewertung / Josef Schreiber. Hrsg. von der Schweizerischen
Vereinigung für Datenverarbeitung (SVD). – Bern; Stuttgart :
Haupt, 1991
ISBN 3-258-04501-1

Inhaltsverzeichnis

Vorwort

Die Nachfrage nach den SVD-Publikationen «EDV-Pflichtenhefte» sowie «Evaluation von Informatiklösungen» und die rasche technische Entwicklung der Informatik waren Anlass zur Neubearbeitung dieser Gebiete. Dabei erschien es sinnvoll, die bisher in zwei Bänden behandelten Themen in einem Band, der nun mit dem Titel «Beschaffung von Informatikmitteln – Kriterien, Pflichtenheft, Bewertung» vorliegt, zusammenzufassen.

Damit liegt in kompakter Weise ein Leitfaden vor, an dem sich Anwender bei der Beschaffung von Informatikmitteln orientieren können. Bei der heute fast flächendeckenden Verbreitung der Informatik trifft dies für nahezu jedes Unternehmen zu. Dabei ist ein Spektrum von der Beschaffung eines Personal Computers bis hin zur Evaluation einer Informatikgesamtlösung für ein Unternehmen in Betracht zu ziehen. Das macht die Attraktivität des Themas aus, führt aber gleichzeitig die Schwierigkeit vor Augen, diesen Leitfaden an alle möglichen Beschaffungssituationen in gleicher Weise anzupassen.

Wie auch schon in den bisherigen Bänden liegt die hier vorgeschlagene Lösung eines Leitfadens darin, eine systematische Darstellung durch Beispiele zu illustrieren und somit den Anwender auf die bestmögliche Weise zu unterstützen.

SVD-Publikationen entstehen oft in Gemeinschaftsarbeit. In diesem Fall wurde eine Redaktionskommission mit dem Ziel eingesetzt, den Autor, der die schon genannten Bände in hohem Ausmass inhaltlich gestaltet hatte, zu begleiten. Auch aus der Sicht der Redaktionskommission gebührt dem Autor Dank für seinen unermüdlichen Einsatz, neben einem ausgefüllten Berufsalltag dieses Thema zu bearbeiten.

Bern, im März 1991 Prof. Dr. J. Griese

A Allgemeines über die Auswahl von Informatikmitteln

Der Einfluss moderner Informatikmittel – hierunter fallen die Hardware, die Software und sämtliche Unterstützungsleistungen – auf die Effizienz, die Kosten und die Schlagkraft einer Unternehmung kann nachhaltig sein und ist heute allgemein anerkannt. Neue Technologien ermöglichen immer mehr Computerleistung bei gleichzeitig sinkenden Preisen, zumindest für die Hardwarekomponenten, und bilden damit die Basis für ständig neue Produkte sowie Anwendungen und Nutzungsarten der Informations- und Kommunikationstechnik. Bereits vorhandene Lösungen sind zu ergänzen, bzw. zu ersetzen, und neue Anwendungsbereiche sind zu erschliessen. Damit, und wegen der wachsenden Tragweite der Investitionen sowie der unübersichtlichen Marktsituation, werden Auswahlentscheide für Informatikmittel in zunehmendem Masse schwieriger.

In diesem ersten Kapitel wird auf generelle Aspekte betreffend Anstoss und Umfeld für Beschaffungen, auf die Einordnung der Evaluationsphase in einem geordneten Projektablauf mit der notwendigen Projektorganisation sowie auf Auswahlverfahren und -methoden eingegangen. Aber auch zur Anwendbarkeit einer methodisch gestützten Evaluation sowie zum zu betreibenden Aufwand und zum zu erwartenden Nutzen werden Hilfestellungen bzw. Angaben vermittelt.

1 Anstoss und Umfeld für Beschaffungen

Die Entwicklung der Informations- und Kommunikationstechnik war in den letzten 30 Jahren von einer beispiellosen Innovationskraft gekennzeichnet und vieles deutet darauf hin, dass dies in den kommenden Jahren weiterhin so sein wird. Neue, billigere und leistungsfähigere Produkte werden in immer kürzeren Zeitabständen entwickelt und auf den Markt gebracht.

Folge davon ist eine noch vor wenigen Jahren für unmöglich gehaltene Ausweitung der Einsatzbreite von Computern und Kommunikationssystemen. Gleichzeitig werden aber damit immer wieder die bestehenden Anwendungen mit ihren systemtechnischen Trägern in Frage gestellt. Die Lebenszyklen werden immer kürzer.

Die Praxis zeigt, dass heute etwa mit folgenden Lebenszyklen zu rechnen ist:

– Arbeitsplatzsysteme (PCs und Workstations)	2– 3 Jahre
– Mittlere Computersysteme (z. B. Server)	3– 5 Jahre
– Grosse Computersysteme	5– 7 Jahre
– Betriebssysteme (Funktionalität)	10–15 Jahre
– Applikationssoftware	5–10 Jahre
– Daten	5–20 Jahre

Zudem sind bessere Lösungen hinsichtlich der Verteilung der Computerleistung im Unternehmen, der Qualität der Daten und der Datenverwaltung, des Funktionsumfanges der Applikationen, der Benutzerschnittstellen, der Verarbeitungsarten sowie der Kommunikations- und Integrationsmöglichkeiten denkbar.

Jedes Unternehmen bzw. jede Organisation muss sich deshalb permanent mit den Möglichkeiten und Chancen moderner Informations- und Kommunikationstechnik auseinandersetzen und prüfen, zu welchem Zeitpunkt es sich lohnt, vorhandene Systeme (Hardware und Software) ganz oder teilweise und oft in einer neuen Qualitätsdimension zu ersetzen, bzw. neue Einsatzfelder für Informatikmittel zu erschliessen (siehe Abbildung 1).

Die Gründe für Beschaffungen sind mannigfaltig und es gibt deren viele. Die wichtigsten seien nachfolgend stichwortartig erwähnt:

- Neue Konzepte hinsichtlich der Verteilung der Computerleistung im Unternehmen (benutzernahe Informationsverarbeitung, mehr Flexibilität);
- Neue Hardwaretechnologien (mehr Leistung und Funktionalität, geringere Betriebskosten);
- Neue Softwaretechnologien und -werkzeuge (höhere Flexibilität, effizientere Softwareentwicklung, geringere Unterhaltskosten);
- Attraktive Fertigsoftware bzw. Standardsoftware (höherer funktionaler Erfüllungsgrad, geringere Unterhaltskosten);
- Ausschöpfen neuer Einsatzpotentiale für Informatikmittel (höhere Effizienz, Wettbewerbsvorteile);
- Schwächen im Ist-Zustand (Medienbrüche, Mehrspurigkeiten, lange Bearbeitungs- und Durchlaufzeiten, Informationsdefizite);
- Neue Kommunikationsmöglichkeiten, z. B. EDI, VANS;
- Abhängigkeiten vom eigenen Personal wie von Geschäftspartnern;
- Ausrichten auf Industriestandard-Systeme (mehr Unabhängigkeit, Preisvorteile);
- Höhere Anforderungen hinsichtlich Verfügbarkeit, Sicherheit, Datenschutz, Benutzerfreundlichkeit;
- Rechtliche Bestimmungen und Auflagen;
- Umwelteinflüsse wie z. B. Wettbewerb, Käuferverhalten, Lieferantenverhalten, Oekologie.

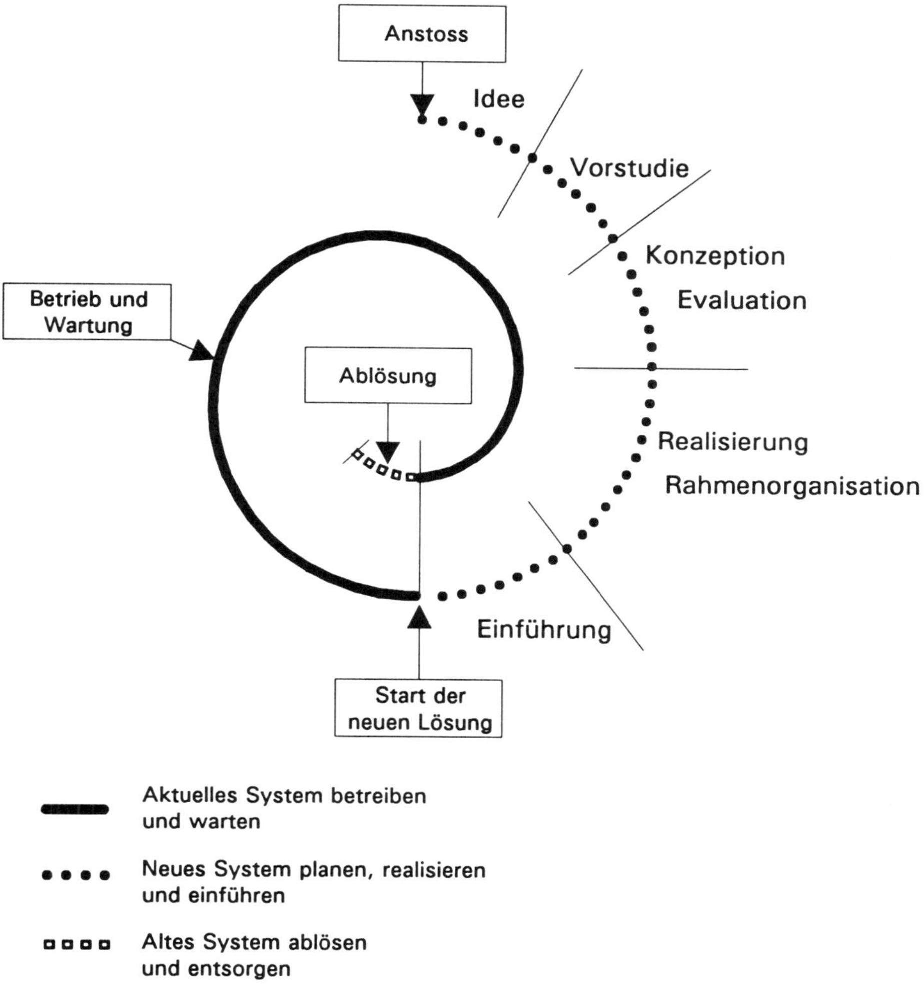

Abbildung 1: Lebenszyklus von Informatiklösungen

Diese Aufzählung, die keinesfalls abschliessend ist, verdeutlicht, dass der Anstoss, ein Projekt zu initialisieren, welches meistens auch in ein Beschaffungsvorhaben mündet, sehr unterschiedlich sein kann. Als Initianten kommen sowohl interne wie auch externe Stellen in Frage, z. B. Vertreter der Geschäfts-, Profitcenter- oder Abteilungsleitung aber auch andere Personen des Unternehmens sowie Berater, Geschäftspartner oder Hersteller.

2 Einordnung der Evaluationsphase in den Projektablauf

Ein Beschaffungsvorhaben ist durch eine gewisse Einmaligkeit gekennzeichnet und ist zeitlich innerhalb eines vorgegebenen Zielsystems begrenzt. Es hat darüber hinaus in der Regel einen hohen Stellenwert und Novitätsgrad. Damit verkörpert es die typischen Merkmale eines Projektes.

Im Normalfall wird man eine Beschaffung und die damit verbundene Evaluation nicht isoliert angehen, sondern sie vielmehr in ein übergeordnetes Vorgehenskonzept zur Realisierung von Informatik-Projekten einbetten. Dies aus folgenden Gründen:

Beachtung ganzheitlicher, unternehmensweiter Betrachtungsweisen und Richtlinien (z. B. Grundsätze der Informatikstrategie oder bestehende Projektmanagementverfahren), Beachtung bestehender Führungsgrundsätze und Kompetenzen, Gewährleistung vertretbarer Kosten-Risiken-Korrelationen usw.

Wo aber ist die Evaluationsphase in den gesamten Projektablauf am zweckmässigsten einzuordnen?

Dies hängt von mehreren Einflussgrössen ab, u. a.

- vom Komplexitäts- und Novitätsgrad des jeweiligen Vorhabens,
- von der Höhe des Anteils der Eigenentwicklung am Projekt und nicht zuletzt
- vom gewählten Projektmanagementverfahren.

Deshalb ist die Evaluationsphase **situativ** in den Projektablauf einzuordnen, entweder nach der Phase «Vorstudie» oder parallel zur bzw. nach der Phase «Konzeption» (siehe Abbildung 2). In der Regel werden die in der Evaluationsphase erarbeiteten Resultate wichtiger Bestandteil des Konzepts.
Es ist jedoch sehr empfehlenswert, eine eigene Phase oder ein eigenes Teilprojekt mit einer eigenen Zielsetzung und mit Meilensteinen für die Evaluation im Rahmen des Projektmanagements vorzusehen.

Bedeutung der Projektphasen

Zum besseren Verständnis sei nachfolgend kurz auf die Bedeutung der einzelnen Projektphasen, so wie sie in den meisten Standardwerken über Projektmanagement zu finden sind und in der Praxis angewendet werden, eingegangen:

a) Projektidee

Konkretisieren vorhandener Ideen zur Initialisierung eines Projektes.

Das **Ergebnis** ist ein **Projektantrag**.

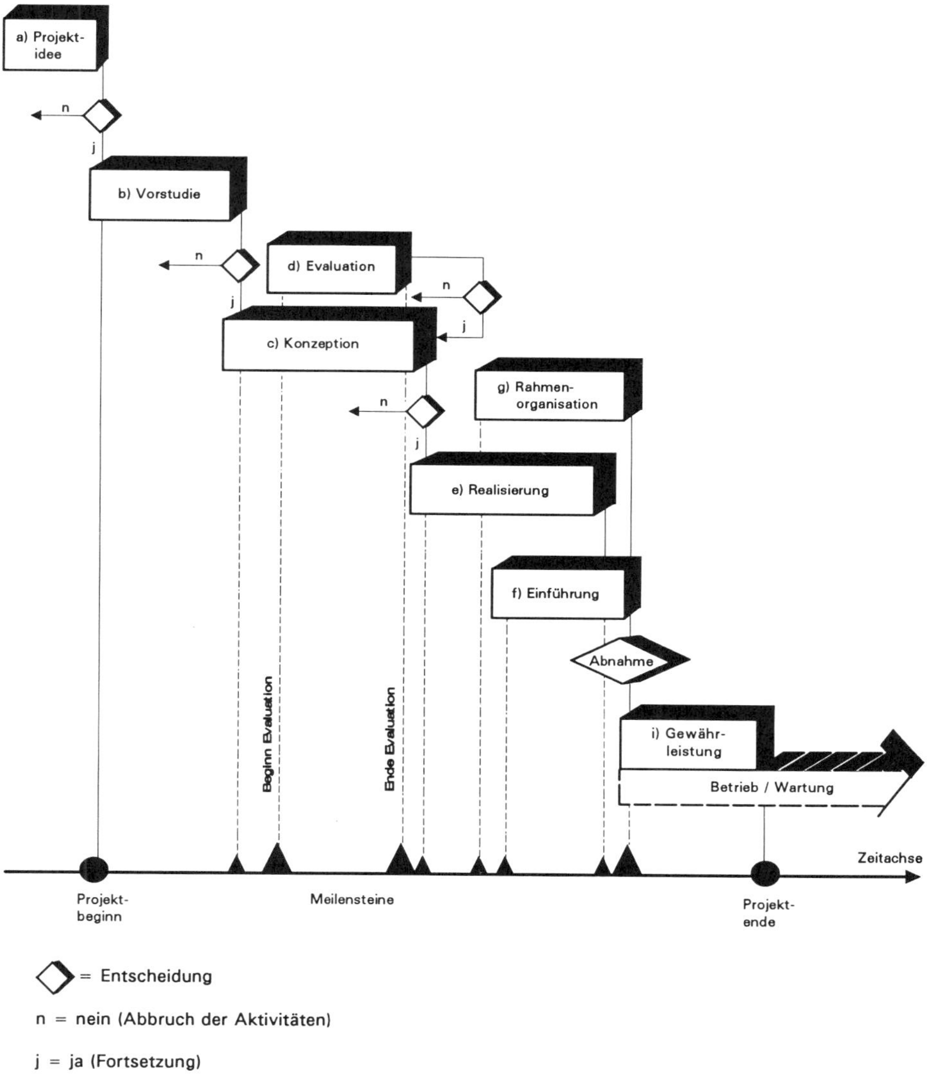

Abbildung 2: Projektphasen für Informatikprojekte

b) Vorstudie

Analysieren der Problemsituation, Abgrenzen des Projektes und Festhalten der Ziele, Aufzeigen erster Lösungsansätze mit Kostenschätzungen, Abschätzen von Risiken sowie erste Angaben zum Nutzen.

Das **Ergebnis** ist eine **Machbarkeitsstudie**.

c) Konzeption

Grobes Entwerfen des neuen Systems mit seinen Trägern (Fachkonzept mit seinen wichtigsten Funktionen, Daten und sonstigen Ausprägungen, systemtechnische Plattform, Organisation), aber auch Konkretisieren der Kosten und des Nutzens. Die Resultate der Evaluation haben hier einzufliessen.

Das **Ergebnis** ist das **Konzept**.

d) Evaluation

Erstellen des Pflichtenheftes mit seinen Anforderungen (Anforderungsprofil) und der Kriterienhierarchie sowie Bewertung mehrerer Lösungsangebote und Abfassen des Evaluationsberichts.

Das **Ergebnis** ist der **Entscheid** für **eine** konkrete («beste») **Lösung**.

e) Realisierung (Entwicklung)

Fachliche Detailspezifikation (Feinkonzept oder auch Fachentwurf genannt), Systemdesign (Konstruktion der Datenbank und der Programmodule) und Programmierung inkl. Test. Systemdesign und Programmierung spielen vor allem bei Entwicklungsvorhaben eine wichtige Rolle.

Das **Ergebnis** ist die **Software** mit ihrer **Dokumentation**.

f) Einführung

Installieren und Testen der neuen Lösung (Hardware, Systemsoftware, Netzwerk, Applikationssoftware, übrige Infrastruktur), das gesamte System abnehmen und den produktiven Betrieb aufnehmen.

Die **Ergebnisse** sind das installierte, betriebsbereite **Gesamtsystem** und das **Abnahmeprotokoll**.

g) Rahmenorganisation

Anpassen des Umfeldes an die veränderten Anforderungen im Zusammenhang mit der neuen Lösung. Hierunter fallen organisatorische Massnahmen und Richtlinien, bauliche und infrastrukturelle Ausführungen, Sicherheits- und spezielle Schutzmassnahmen aber auch konkrete Ausbildungs- und Betreuungsprogramme mit den entsprechenden Aktivitäten.

i) Gewährleistung (½ bis 1 Jahr nach Abnahme)

Kostenloses Beseitigen von Störungen (z. B. durch Umgehungslösungen), Beheben von Fehlern und Lücken, Stabilisieren und Optimieren des Systemverhaltens (Verfügbarkeit, Leistung usw.).

Das **Ergebnis** ist das möglichst **fehlerfreie, stabilisierte** und **zielkonforme Gesamtsystem**.

Nach dieser Phase ist das Projekt abgeschlossen. Das Projektteam löst sich auf. Die Verantwortung für den Betrieb und die Wartung des Gesamtsystems wird in der Regel der Linienorganisation übertragen.

Die Abwicklung eines Projektes in einzelnen Phasen ermöglicht ein schrittweises und zugleich iteratives (wichtig für das Prototyping) Vorgehen vom Groben ins Detail. Dennoch ist eine klare, zeitliche Trennung der Phasen durch sogenannte Meilensteine anzustreben. Die Phase der «Evaluation» kann dabei in der Regel parallel zur Phase der «Konzeption» ablaufen. Die Phase der «Rahmenorganisation» beginnt meistens bereits in einem recht frühen Stadium und läuft daher zu den Phasen «Realisierung» und «Einführung» parallel ab (siehe Abbildung 2).

3 Projektorganisation und Voraussetzungen

Um ein Informatikprojekt, in das auch ein Beschaffungsvorhaben eingebettet sein kann, überhaupt durchführen zu können, müssen die notwendigen organisatorischen und personellen Voraussetzungen geschaffen werden.

a) Aufbauorganisation

Eine wichtige Voraussetzung ist der Aufbau einer angemessenen **Projektorganisation**, die in besonderer Weise einer interdisziplinären Zusammenarbeit zwischen Management, Fachabteilung (Benutzer) und Informatikspezialisten Rechnung trägt. Der Benutzer kennt bekanntlich seine Aufgaben am besten und die angestrebte computergestützte Lösung wird ein wesentlicher Teil seiner täglichen Aufgabenerfüllung sein. Deshalb, und um Akzeptanzprobleme zu vermeiden, muss die Benutzerseite in die Projektorganisation federführend eingebunden werden. Dieser Forderung trägt die sogenannte **Matrixprojektorganisation** Rechnung (siehe Abbildung 3).

Bei ihr werden die am Projekt beteiligten Personen, vornehmlich aus der Linienorganisation der von der Beschaffung betroffenen Abteilungen, rekrutiert und während der Laufzeit des Projektes, zumindest während der Evaluations-

phase, teilweise oder sogar ganz für die Projektarbeit dem Projektteam zur Verfügung gestellt.
In Abhängigkeit von Projektgrösse und Komplexität des Vorhabens werden die einzelnen Projektorgane mit mehr oder weniger Personen besetzt.

b) Projektorgane und personelle Voraussetzungen

Das komplette Projektteam besteht aus der Projektlenkung, der Projektleitung sowie übrigen Projektmitgliedern. Es kann durch externe Beratungs- und Assistenzkräfte ergänzt werden.

Projektlenkung

Sie ist der eigentliche Entscheidungsträger und die Anlaufstelle für die Projektleitung. Deshalb, und um dem Projekt das notwendige Gewicht zu geben, setzt sich die Projektlenkung – auch oft als Projektsteuerung oder Projektausschuss bezeichnet – aus Vertretern/innen der oberen Führungshierarchien des Unternehmens zusammen (z. B. Geschäfts-, Profitcenter-, Abteilungs-, Amtsleitung), unter Einbezug des Auftraggebers, der in der Regel auch für die Bereitstellung der Mittel verantwortlich ist und auch der Nutzer der angestrebten Lösung ist.

Die Projektlenkung formuliert den Projektauftrag und die Projektziele und genehmigt wichtige Projektphasen (Meilensteinentscheide).

Projektleitung

Sie ist verantwortlich für die fachlich einwandfreie sowie termin- und kostengerechte Abwicklung des Projektes.

Die Projektleitung sollte vom Nutzer des Informatikvorhabens, d. h. vom Anwender wahrgenommen werden. Dies setzt allerdings bei der betreffenden Person neben profunden Fachbereichskenntnissen auch Führungseigenschaften und Informatikkenntnisse voraus. Wo diese Erfahrung fehlt, kann sie durch den Beizug eines qualifizierten externen Beraters im Sinne einer Co-Projektleitung oder Projektassistenz wettgemacht werden.

Die personelle Qualifikation der Projektleitung ist für den Erfolg des Projektes von grundlegender Bedeutung. Als Leiter/in des Projektteams fördert und fordert der Projektleiter/in die Teammitglieder; er/sie ist Motor und Motivator/in, Krisenbewältiger/in und Integrationsfigur zugleich. Die Teamarbeit wird von ihm/ihr geplant; er/sie setzt Prioritäten und Termine, zeigt frühzeitig Konsequenzen auf, unterhält ein angemessenes Berichtswesen und ist für die Aufrechterhaltung des Kontaktes zur Projektlenkung (Auftraggeber) besorgt.

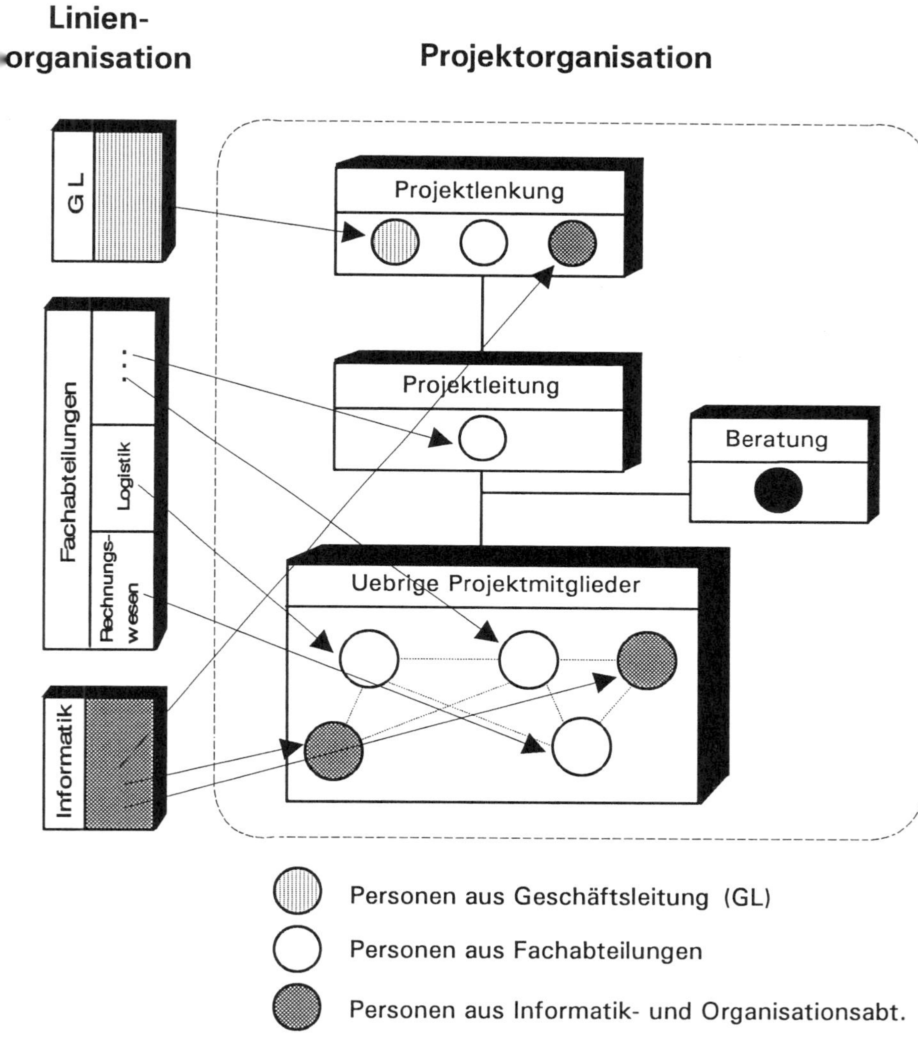

Abbildung 3: Matrixorganisation (interdisziplinäre Zusammensetzung des Projektteams)

Uebrige Projektmitglieder

Stehen beim Projektleiter/in vor allem Führungsqualitäten im Vordergrund, so sind es bei den übrigen Projektmitgliedern die Fachkenntnisse sowie die Bereitschaft und Fähigkeit zur Teamarbeit. Die in die Teamarbeit einzubringenden Fachkenntnisse können erst noch von Phase zu Phase ändern, was in der Regel dazu führt, dass gewisse Teammitglieder nur temporär dem Projektteam angehören. Damit im Projektablauf die Kontinuität gewahrt bleibt, wird jedoch ein gewisser harter und handlungsfähiger Kern bis zum Abschluss des Projektes (Ende der Gewährleistung) beisammen bleiben.

Externe Beratung

Der gezielte Beizug eines externen Beraters, insbesondere in der Beschaffungsphase, kann dem Projekt einerseits sehr wertvolle Impulse vermitteln sowie andererseits helfen, vorhandene Voreingenommenheiten und eine gewisse Betriebsblindheit abzubauen, vorausgesetzt, der Berater verfügt über aktualisierte Marktkenntnisse, einschlägige Erfahrungen mit vergleichbaren Vorhaben, Methodenwissen sowie über die notwendige Unabhängigkeit, d.h. keine Bindung an eigene Produkt- und Herstellerinteressen.

Der richtige externe Berater verstärkt nicht nur personell die Projektleitung bzw. das Projektteam, sondern er kann auch dazu beitragen, realitätsnah die ‹Meilensteine› und Arbeitsinhalte zu planen sowie wichtige Controllingfunktionen auszuüben.

c) Information der Benutzer

Die frühzeitige und regelmässige Information der vom Projekt bzw. dem Beschaffungsvorhaben betroffenen Mitarbeiter (Benutzer) ist eine wesentliche Voraussetzung für die Motivation und die Akzeptanz der neuen Lösung. Die Betroffenen sind am Gestaltungs- und Entscheidungsprozess mitzubeteiligen. Nur so werden sie ihr Fachwissen zur Optimierung von Arbeitsabläufen und organisatorischen Strukturen der Projektgruppe zur Verfügung stellen und sich mit ihren neuen Aufgaben identifizieren.

Es gibt verschiedene Möglichkeiten zur Information und Aufklärung der Benutzer, z.B.:

- Abhalten betriebsinterner Seminare und Informationsveranstaltungen,
- Abgabe von Informationsschriften,
- Besuch von Fachtagungen, Ausstellungen, Referenzfirmen, Seminaren.

4 Generelle Aspekte betreffend Auswahlverfahren

Der Computer ist heute für jeden Arbeitsplatz im Büro ein erschwingliches Hilfsmittel geworden und Software wird zu relativ günstigen Lizenzgebühren angeboten. Für Betriebssysteme, Datenbankmanagementsysteme, Benutzerschnittstellen, Kommunikationsprotokolle, Dokumentenarchitekturen, einzelne Hardwarekomponenten usw. beginnen sich öffentlich zugängliche Standards (Normen) und sogenannte Industriestandards am Markt durchzusetzen.

Obschon diese Tatsachen zu einer gewissen Vereinheitlichung und Transparenz im Angebot führen, werden Auswahlentscheide für Informatikmittel in zunehmendem Masse schwieriger, gilt es doch nach wie vor eine Vielzahl unterschiedlicher Kriterien mit ihren speziellen Ausprägungen – funktionale Leistungen, qualitative Aspekte wie Benutzerfreundlichkeit, Zuverlässigkeit, Sicherheit, Konformität zu den Standards usw. –, für die eigentlichen Träger – Hardware, Software, Hersteller – der angestrebten Lösung zu erfassen und entsprechend ihrer Bedeutung und ihres Erfüllungsgrades zu bewerten.

Die anhaltenden technologischen Innovationen, die ständig unübersichtlicher werdende Marktsituation und die strategische Reichweite des Einsatzes von Informatikmitteln lassen zudem Auswahlentscheide auch nicht einfacher werden.

Bekannte Methoden und Verfahren im Ueberblick

Bereits seit den Anfängen des Computereinsatzes gibt es, meist aus der Betriebswirtschaftslehre übernommen, eine ganze Reihe von Methoden und Verfahren für eine systematische Entscheidungsfindung. Diese Methoden lassen sich in **eindimensionale** und **mehrdimensionale** Verfahren einteilen. Abbildung 4 vermittelt einen Ueberblick.

Die eindimensionalen Verfahren stützen sich in der Entscheidungsfindung ausschließlich auf eine Gruppe von gleichartigen Bewertungskriterien, z. B. nur auf Kosten oder nur auf Leistungsaspekte.

Die mehrdimensionalen Verfahren versuchen dagegen, möglichst alle Gesichtspunkte, die den «Wert» einer Lösung ausmachen, zu erfassen und zumindest in einer dualen Betrachtungsweise darzustellen. Dabei werden monetäre Aspekte mit dem sogenannten Nutzwert der betreffenden Lösung (Arbeitssystem) durch eine Kosten-Nutzen-Analyse verknüpft.

Des weiteren wird zwischen **statischen** und **dynamischen** Verfahren in der Investitionsrechnung unterschieden. Der Hauptunterschied zwischen diesen beiden Verfahren ist darin zu sehen, dass die statischen, im Gegensatz zu den dynamischen Verfahren, dem zeitlichen Aspekt des Anfalls der Kosten und des Eintretens des Nutzens (z. B. Beachtung von Zinseszins) nicht Rechnung tragen.

Nachdem es beim Einsatz moderner Informatikmittel nicht mehr in erster Linie um die reine Kostenwirtschaftlichkeit, sondern zunehmend um die Unterstützung wettbewerbsorientierter (kaufentscheidender) Erfolgsfaktoren geht, kommen in zunehmendem Masse auch **unternehmensstrategische Gesichtspunkte** für die Beurteilung, insbesondere des Nutzens, zum Zuge.

Hierbei gilt es, in geeigneter Weise die aus dem informatikgestützten Arbeitssystem resultierenden Leistungs- und Wettbewerbsverbesserungen in ein monetär bezifferbares Wertsystem zu transformieren.

Traditionelle Verfahren aus der Investitionsrechnung reichen hierfür jedoch nicht mehr aus. Deshalb müssen diese Investitionen mit neuen Verfahren, die in besonderer Weise die Wirkung der Informatikmittel auf die unternehmensstrategischen Ziele berücksichtigen, beurteilt werden.

An dieser Stelle muss nicht näher auf die in Abbildung 4 gezeigten Verfahren eingegangen werden. In Kapitel B dieses Buches werden der Vorgehensrahmen und einzelne in Abbildung 4 erwähnte Verfahren im Sinne einer ganzheitlichen Methodik detailliert erläutert.

Der improvisierte Entscheid

Es sei nicht verschwiegen, dass neben einem methodisch unterstützten Vorgehen noch andere Auswahlverfahren bestehen, die ebenfalls zum Erfolg führen können. Sie unterscheiden sich jedoch grundsätzlich vom systematischen Vorgehen. Häufig wird lediglich auf eine Ad-hoc-Technik abgestellt, die zu einem mehr oder weniger improvisierten Entscheid führt. Oder es wird einfach ohne vorausgehende Evaluation eine Auswahl getroffen, oft zugunsten des sogenannten «Hauslieferanten».

Zwar können auch solche «Auswahlverfahren» zu einem richtigen Resultat führen. Der so herbeigeführte Auswahlentscheid ist aber undurchsichtig. Er stützt sich kaum auf eine nachvollziehbare Kriterienhierarchie ab, die das wirklich Wichtige in den Vordergrund rückt. Damit ist der Entscheid geprägt von einer gewissen Einseitigkeit oder sogar Voreingenommenheit und führt in der Regel nicht zur «besten» Lösung.

Grenzen der Methodik

Es liegt auf der Hand, dass auch die beste Methodik nicht Gewähr dafür bietet, auch wirklich immer den besten Auswahlentscheid zu treffen. Bei noch so grossem Bemühen seriös vorgehen zu wollen, wird man subjektive Wertvorstellungen und Einschätzungen von Situationen und Sachverhalten kaum ganz vermei-

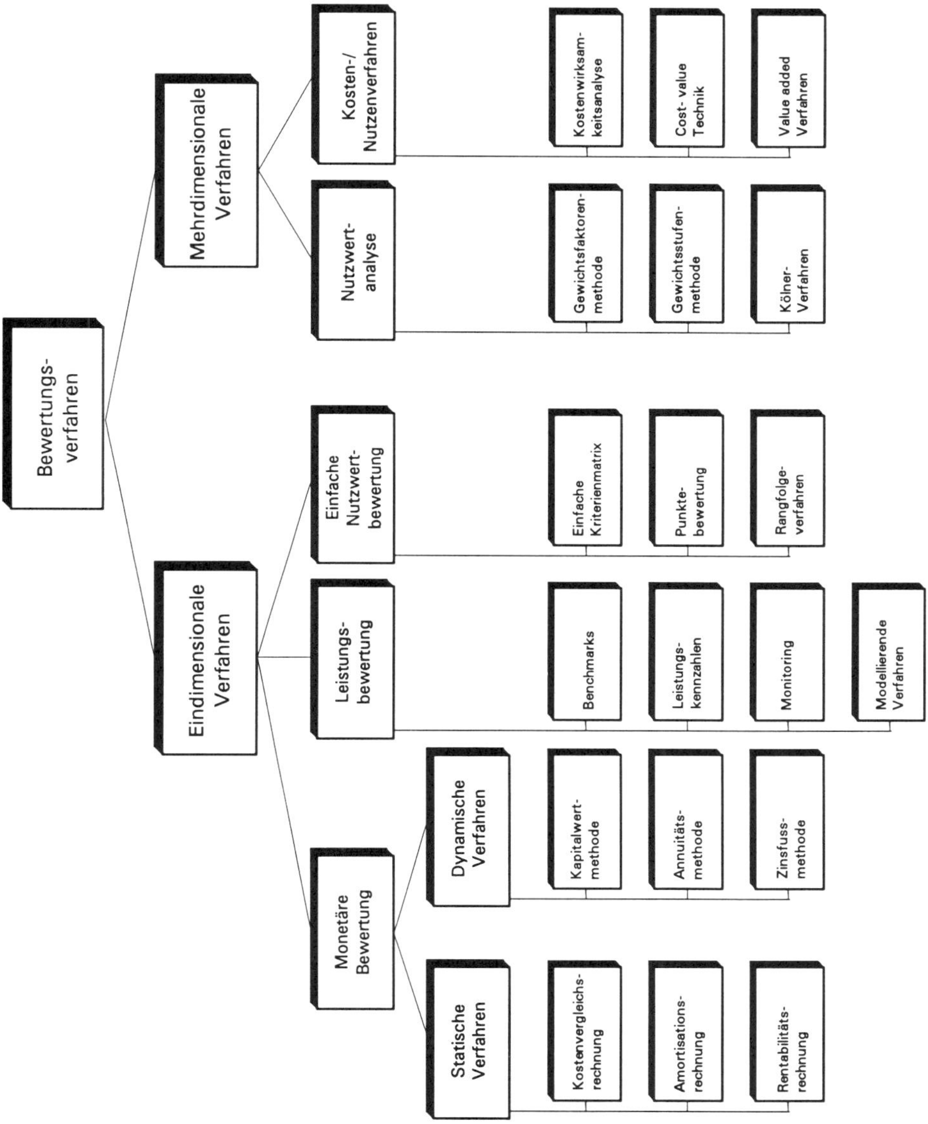

Abbildung 4: Bekannteste Verfahren für die Bewertung von Investitionen

den können. Hierzu gehören beispielsweise die nachfolgend aufgeführten Punkte:

- Lücken in der Analyse und Interpretation der Benutzerwünsche,
- Realitätsfremde Einschätzung von Zielen und Machbarem,
- Wahl der potentiellen Offertsteller,
- Unsicherheiten über den Wahrheitsgehalt von Informationen,
- Bewertungsschwierigkeiten auf der Ebene der Einzelkriterien, aber auch des Gesamtergebnisses.

Der gesamte Wert einer Informatiklösung lässt sich nicht einfach durch eine Zahl in einer bestimmten Masseinheit, sondern nur als Konglomerat aus vielen extrem unterschiedlichen Kriterien zum Ausdruck bringen. Praktisch jede Bewertungsmethode sieht sich mit der Schwierigkeit konfrontiert, Einzelbewertungen zuerst künstlich auf ein einheitliches Mass (Note bzw. Nutzwert) bringen und danach alle Einzelbewertungen zu einem Gesamturteil (Wertsynthese) zusammenfassen zu müssen.

Diese Aufrechnung (Wertsynthese) ist nicht in allen Fällen unproblematisch, besonders dann nicht, wenn bei den Alternativen nur geringe Differenzen im Gesamtergebnis vorhanden sind.

Angesichts solcher Erschwernisse wird klar, dass sich das Projektteam nur dann weitgehend gegen Fehlentscheide absichern kann, wenn es alles unternimmt, den Entscheidungsprozess bei der Auswahl von Informatikmitteln möglichst transparent zu machen. Der Entscheidungsträger muss sich allerdings bewusst sein, dass immer irgendwelche Fehlinformationen und Unsicherheiten die Auswahlentscheidung beeinträchtigen können. Um so wichtiger erscheint es, dass dem Auswahlentscheid eine **methodisch unterstützte Entscheidungsvorbereitung** vorausgeht.

5 Die methodisch gestützte Beschaffung

Die methodisch gestützte Beschaffung, der Einfachheit halber auch als Evaluation bezeichnet, besteht aus einem schrittweisen Vorgehen unter Beachtung einer möglichst ganzheitlichen Betrachtungsweise. Basis bei der Durchführung der einzelnen Schritte bilden Methoden und Verfahren aus dem Projektmanagement, Systemengineering und der Betriebswissenschaft.

Um die «richtige» Auswahl treffen zu können, müssen eine grosse Anzahl unterschiedlicher Daten gesammelt, zweckmässig aufbereitet, überprüft und beurteilt werden. Ausserdem muss die Durchführung transparent, praktikabel und wirtschaftlich sein.

Aus diesen Anforderungen an eine methodisch gestützte Beschaffung ergeben sich neben notwendigen Projektvorbereitungsarbeiten folgende wesentliche Schritte (siehe Abbildung 5):

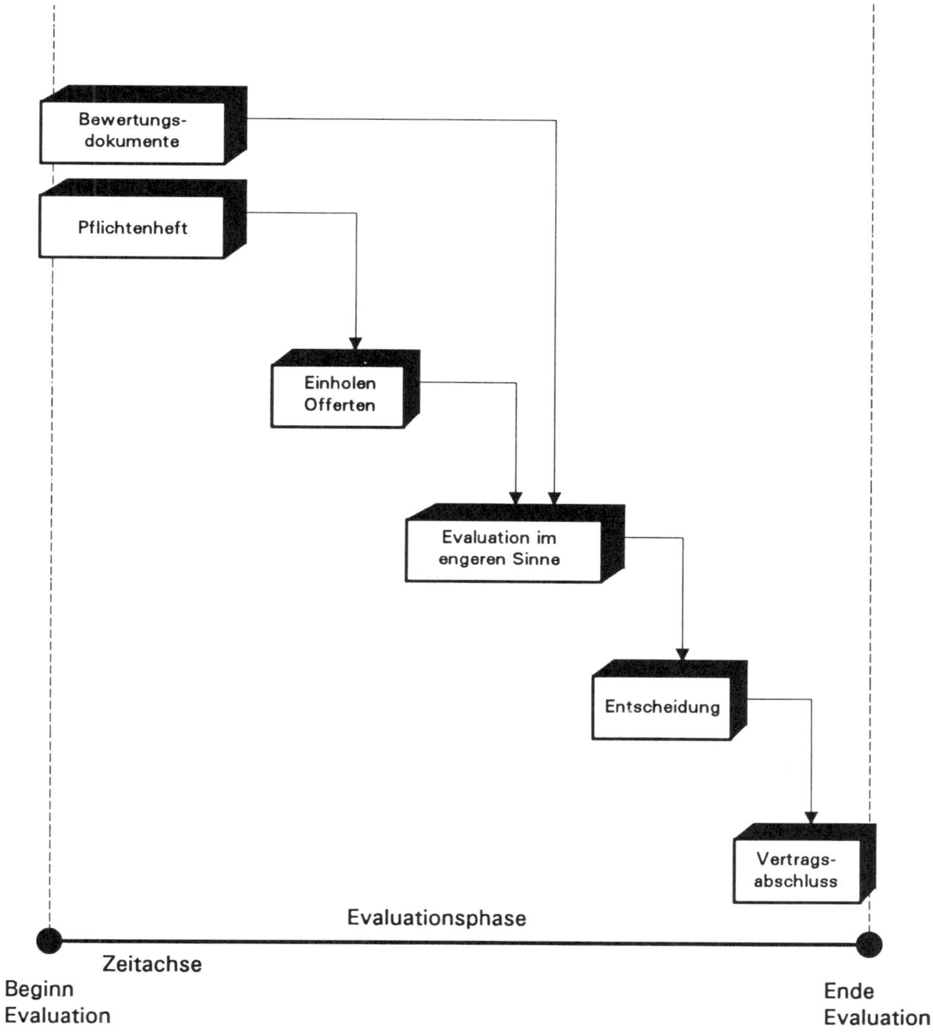

Abbildung 5: Schritte bei der methodisch gestützten Evaluation

- Ausarbeiten eines **Pflichtenheftes** (Anforderungsprofil), als Basis für die Ausschreibung und die späteren Verträge;
- Aufstellen von internen **Bewertungsdokumenten** wie Kriterienkatalog, KO-Kriterienliste, Bewertungshilfsdokumente, als Basis für die Bewertung;
- Auswählen möglicher Offertsteller (Anbieter) am Markt und Einholen von **Offerten**, als Basis für die Bewertung;

- Bewerten der vorliegenden Alternativen und Erstellen eines **Evaluationsberichtes**;
- Fällen des internen **Entscheides** und Festlegen des weiteren Vorgehens;
- Führen von Vertragsverhandlungen und **Verträge** abschliessen.

Auf die anzuwendenden Verfahren bei den einzelnen Schritten wird in Kapitel B dieses Buches näher eingegangen.
Die Vorzüge dieses schrittweisen, methodischen Vorgehens bei einer Evaluation sind insbesondere folgende:

a) Die methodisch gestützte Evaluation ist als wichtiger Teil des Konzepts zu sehen, denn im Pflichtenheft werden die Anforderungen für die Zielerreichung festgelegt. Ohne diese konzeptionelle Arbeit der Anforderungsdefinition kann kaum eine vernünftige Lösung zustandekommen.

b) Es werden mehrere Alternativen geprüft. Nur so kann überhaupt eine Auswahl für die «beste» Lösung – von der Zielerreichung und von den Kosten her gesehen – getroffen werden. Risiken werden minimiert.

c) Es wird ein ganzheitliches Vorgehen gewährleistet und subjektive Einflüsse werden möglichst zurückgedrängt. Das wirklich Wichtige wird in den Vordergrund gerückt und transparent gemacht.

d) Der frühzeitige Einbezug der Benutzer im Rahmen der Projektorganisation ist ein wesentlicher Punkt für die Motivation der Betroffenen sowie die Richtigkeit und Akzeptanz der neuen Lösung.

e) Nicht zuletzt schafft die methodisch gestützte Evaluation gute Voraussetzungen für die Vertragsverhandlungen und den Vertragsabschluss zum Absichern der Leistungen, Termine und Kosten. Unliebsame Ueberraschungen – Aufstockung der Hardware, Kosten- und Terminüberschreitungen, Lücken in der Lösung usw. – sind so weitgehend vermeidbar.

6 Anwendbarkeit

Die in diesem Buch vorgestellte Methodik lässt sich für die verschiedensten Ausgangssituationen und Beschaffungsarten anwenden wie z. B. für:

- Erst-, bzw. Neubeschaffungen,
- Ersatzbeschaffungen,
- Ausbau bestehender Systeme,
- Beschaffung kompletter Lösungen, bestehend aus Hardware, Software und Dienstleistungen,
- Beschaffung einzelner Hardwarekomponenten,

- Beschaffung nur von Software (Individual- und Fertigsoftware),
- Bezug von Dienstleistungen.

Auch die Grösse des Beschaffungsvorhabens hat auf ein methodisch gestütztes Vorgehen bei der Beschaffung grundsätzlich wenig Einfluss.

Natürlich gilt es, die Verhältnismässigkeit zwischen der Grösse des Projektes und des zu betreibenden Aufwandes für die Beschaffung zu wahren. Der «rote Faden» ist jedoch in allen Fällen beizubehalten.

Andererseits müssen unter Umständen bestimmte übergeordnete **Randbedingungen** beachtet werden. Dazu zählen z. B.:

- Richtlinien der Informatikstrategie in bezug auf die systemtechnische Plattform (Hardware, Systemsoftware), Applikationssoftware, Kommunikationsinfrastruktur usw.,
- Umweltparameter,
- politische Aspekte,
- Unternehmenskultur.

Diese Randbedingungen engen in der Regel die Lösungsalternativen und damit die Auswahlmöglichkeiten bewusst ein; sie stellen jedoch keineswegs ein Hindernis dar, um bei Beschaffungsvorhaben nicht methodisch gestützt vorzugehen.

7 Aufwand und Nutzen

Eine methodisch gestützte Evaluation kostet Zeit und somit Geld. Es stellt sich die Frage, wie hoch denn der zu betreibende Aufwand dafür sein darf.

Des weiteren ist zu hinterfragen, welches die Bezugsbasis für den zu betreibenden Aufwand sein soll: nur die Investitionskosten oder die Gesamtkosten (Investitions- und Betriebskosten) während der ganzen Lebensdauer des Systems (cost of ownership), oder der Nutzen (Kosteneinsparungen, Effizienzsteigerungen, Verbesserung der Wettbewerbsposition), der aus der neuen Anwendung resultiert?

Darüber hinaus gibt es noch eine ganze Reihe weiterer wichtiger Aspekte, die den Aufwand für ein methodisch gestütztes Vorgehen rechtfertigen, bzw. als unabdingbar erscheinen lassen. Zu nennen sind hier z. B.

- die unternehmensstrategische Reichweite des Entscheides,
- die fast irreversible Bindung an den (die) Lieferanten bzw. Hersteller,
- der starke Einfluss auf die eigene Organisation (Arbeitsabläufe und Strukturen) und die betroffenen Personen (Aufgabenveränderungen, Umschulungen usw.).

Gerade diese Aspekte lassen sich aber nur schwer oder überhaupt nicht monetär beziffern.

Dennoch gilt es, wie bereits in Abschnitt 6. erwähnt, die Verhältnismässigkeit zwischen der Grösse und Bedeutung des Projektes sowie dem zu betreibenden Aufwand für die methodisch gestützte Beschaffung zu wahren. Dieser Aufwand kann je nach Situation zwischen 2 %und 20 % oder mehr, bezogen auf die Gesamtkosten der angestrebten Lösung, ausmachen.

Wichtig erscheint in diesem Zusammenhang der Hinweis, die Evaluationsphase zügig, d. h. innert einer Durchlaufzeit von vier bis längstens neun Monaten, abzuwickeln. Evaluationsverfahren, die sich über Jahre dahinschleppen, bringen in der Regel nicht die erhofften Resultate und verschlingen zudem ein Uebermass an Geld, ganz abgesehen von Verunsicherung und Demotivation der Betroffenen.

Auf die Vorzüge einer methodisch gestützten Beschaffung wurde bereits in Abschnitt 5. hingewiesen. Es dürfen weder Schwierigkeiten noch Zeitprobleme davon abhalten, «richtig» zu evaluieren, denn dabei wird der Entscheid in einem nachvollziehbaren und bewussten Schritt für die «beste» Lösung (bestes Preis-/Leistungsverhältnis, minimale Risiken) getroffen.

B Der Vorgehensrahmen

In diesem zweiten Kapitel werden der Vorgehensrahmen und Verfahren für eine methodisch gestützte Beschaffung erläutert. Die wichtigsten Schritte eines methodischen Vorgehens wurden bereits in Kapitel A unter Abschnitt 5 kurz umrissen und in Abbildung 5 dargestellt. Diese Methodik ist als eigenständiger Baustein innerhalb eines frei wählbaren Projektmanagement-Verfahrens konzipiert und anwendbar. Sie vermittelt Strukturen und Inhalte sowie Verfahren und Hilfestellungen für:

- die **Vorbereitung** der Evaluationsphase (Abschnitt 1);
- das **Pflichtenheft**, oft auch als Anforderungsprofil bezeichnet (Abschnitt 2);
- die internen **Bewertungsdokumente** wie Kriterienkatalog mit der Gewichtung der Kriterien, die KO-Kriterienliste und weitere Bewertungshilfsdokumente (Abschnitt 3);
- das **Einholen** der **Offerten** (Abschnitt 4);
- die **Bewertung** der vorliegenden Alternativen und den **Evaluationsbericht** (Abschnitt 5);
- den **Entscheid** (Abschnitt 6) und;
- den **Vertragsabschluss** (Abschnitt 7).

Im nachfolgenden werden die einzelnen Aktivitäten mit ihrer Problematik beschrieben. Schwerpunktmässig wird dabei das Erstellen des Pflichtenheftes, der Bewertungsdokumente und das Auswahlverfahren mit der Entscheidfindung behandelt.

1 Vorbereitung der Evaluationsphase (Start)

Um eine Evaluation beginnen und erfolgreich zu Ende zu führen, müssen einige wichtige Voraussetzungen erfüllt sein. Dazu zählen neben der klaren Formulierung des Auftrags und der generellen Zielsetzung eine angemessene Projektorganisation, die Bereitstellung personeller (Mitglieder des Evaluationsteams) und eventuell auch finanzieller Ressourcen sowie bestimmte Vorleistungen wie z. B. die Analyse der Ist-Situation (Stärken/Schwächen) und konzeptionelle Ueberlegungen zur Verbesserung bzw. Neugestaltung.

Entsprechende vorhandene Dokumente werden für eine effiziente Führung des Evaluationsvorhabens und zur Erhöhung der Transparenz in einem sogenannten **Evaluationshandbuch** gesammelt und abgelegt. Eine zweckmässige Gliederung des Evaluationshandbuches, dessen Inhalt mit dem Projektfortschritt entsteht, geht aus Abbildung 6 hervor.
Die wichtigsten Aktivitäten der Vorbereitungsphase für eine methodisch gestützte Evaluation werden nachfolgend kurz beschrieben.

1.1 Generelle Zielsetzung und Auftrag

Der Entscheidungsträger, in der Regel der zukünftige Nutzer, formuliert und erteilt den **Auftrag** für die Durchführung der **Evaluationsphase**. Der Auftrag beinhaltet folgende Angaben:

- Ausgangslage/Problemstellung;
- Generelle Ziele, die es mit der geplanten Beschaffung zu erreichen gilt;
- Lösungsumriss, Abgrenzung;
- Kurze Angaben zur Projektorganisation (Details siehe unter Abschnitt 1.2);
- Randbedingungen (z. B. vorhandene Richtlinien, Informatikstrategie, Umwelt, Politik);
- Budgets für die Evaluation (z. B. für Spesen, Beraterhonorare);
- Ecktermine;
- Weiteres Vorgehen.

Nicht zuletzt durch frühzeitigen Einbezug des Entscheidungsträgers (Geschäfts-, Profitcenter-, Abteilungs-, Amtsleitung) in die Auftragsformulierung und -erteilung für die Evaluation wird der Bedeutung und Ernsthaftigkeit des geplanten Vorhabens der notwendige Nachdruck verliehen.

1.2 Projektorganisation für die Evaluation

Als einer der ersten Schritte gilt es, die **Aufbauorganisation** – gemeint ist die Zusammensetzung des Evaluationsteams – für die Beschaffungsphase festzulegen. Entweder kann auf das bereits aus früheren Projektphasen – z. B. Vorstudie, Konzeption – etablierte Team, eventuell ergänzt durch weitere Benutzervertreter und externe Experten, zurückgegriffen werden, oder es ist neu ein Projektteam (Evaluationsteam) ins Leben zu rufen. Letzteres wird dann der Fall sein, wenn die Evaluationsphase ohne nennenswerte Vorarbeiten (Vorstudie, Konzeption) angegangen werden kann.

Nähere Einzelheiten zu einer zweckmässigen Aufbauorganisation, zu den Aufgaben der Projektorgane sowie zu den personellen Voraussetzungen sind den Ausführungen in Kapitel A Abschnitt 3 zu entnehmen.

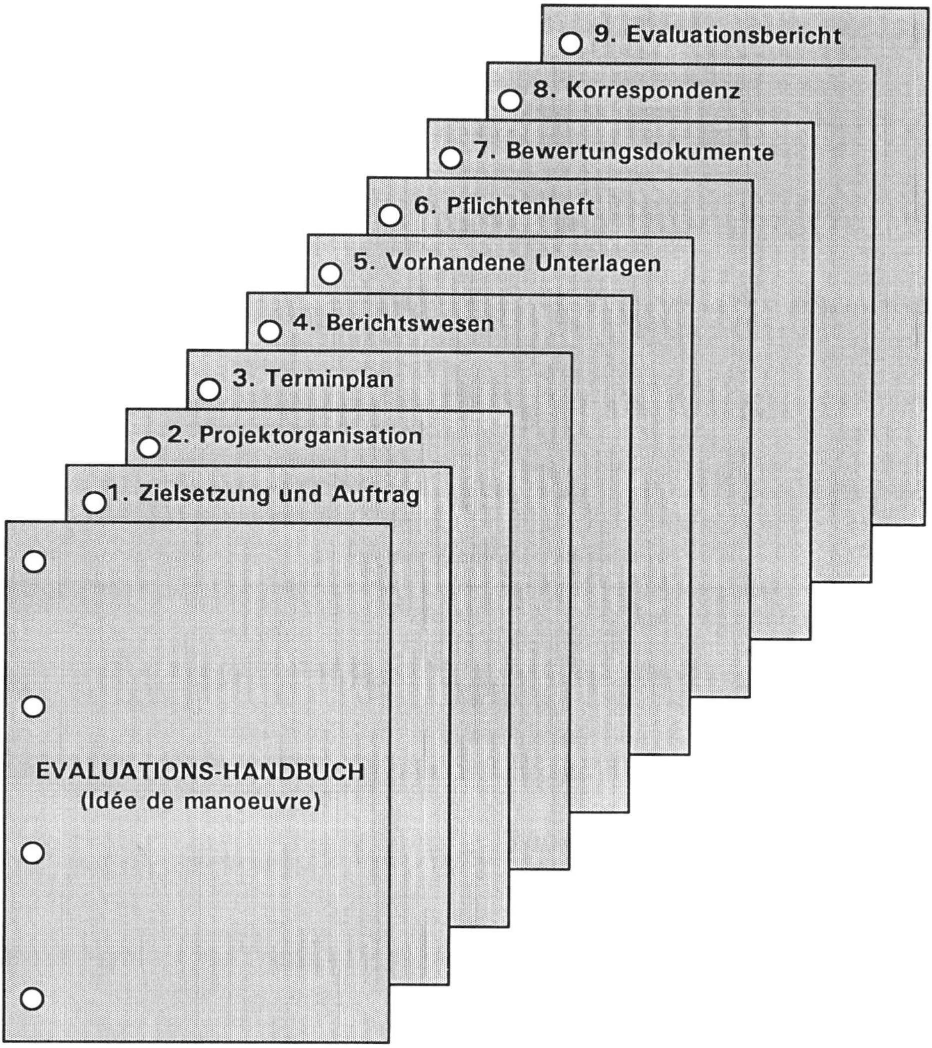

Abbildung 6: Inhalt des Evaluationshandbuches

Die für die Evaluationsphase aktuelle **Aufbauorganisation** ist schriftlich, am besten graphisch, mit Nennung der ihr angehörenden Personen festzuhalten und im Kapitel Projektorganisation im Evaluationhandbuch abzulegen.

Neben der Aufbauorganisation gilt es, weitere **organisatorische Vorkehrungen** zu vereinbaren wie z. B. Form und Umfang der Information (angemessenes Berichtswesen), Bestimmungen zur Geheimhaltung und über den Kontakt mit externen Stellen, Personaleinsatz.

1.3 Zeitliche Planung der Meilensteine und des Aufwandes

Eine methodisch gestützte Evaluation ist arbeits- und zeitintensiv. Sie ist zudem durch eine typische Wechselbeziehung zwischen dem Evaluationsteam und den Offertstellern geprägt. Es ist deshalb wichtig, bereits in der Vorbereitungsphase die Meilensteine und den zeitlichen Aufwand für einen geordneten Evaluationsablauf möglichst realistisch zu planen.

Einige Schritte, wie die Erstellung des Pflichtenheftes und der Bewertungsdokumente sowie teilweise die Auswahl der Anbieter werden parallel, andere dagegen müssen sequentiell, mit zeitlichen Unterbrechungen, abgewickelt werden (siehe Abbildung 7).
Im Normalfall ist für die komplette Evaluationsphase mit einer Durchlaufzeit von vier bis neun Monaten zu rechnen.

Die zeitliche Planung des Aufwandes und der Meilensteine ist in einem generellen **Terminplan**, siehe Abbildung 7, festzuhalten und im Evaluationshandbuch abzulegen.

Neben dem generellen Terminplan ist mit Vorteil ein aktivitäten- und personenbezogener Terminplan **(Personaleinsatzplan)** zu erstellen. Damit soll insbesondere die Belastung der einzelnen Mitarbeiter/innen des Evaluationsteams sichtbar gemacht werden.

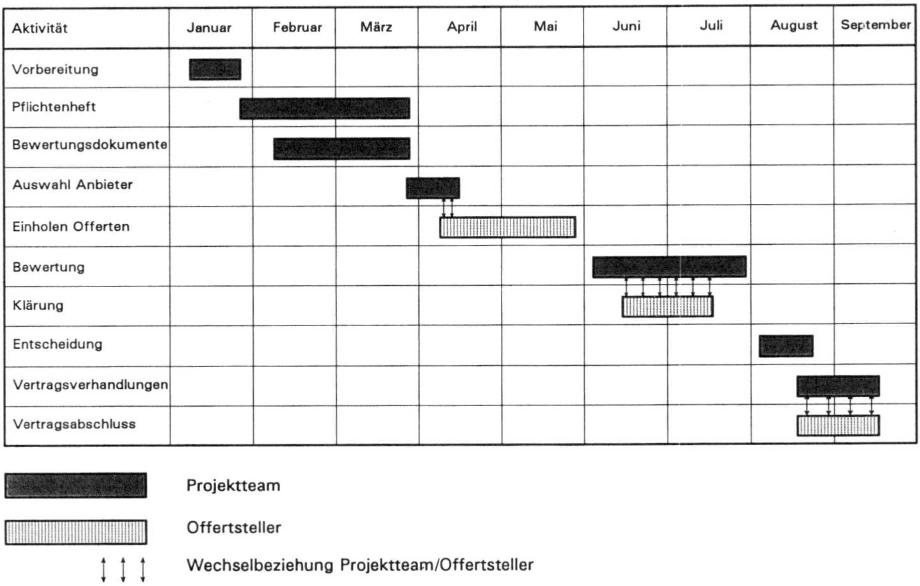

Abbildung 7: Zeitliche Planung der Meilensteine der Evaluationsphase (Beispiel)

1.4 Würdigung vorhandener Unterlagen

Wie bereits mehrfach erwähnt, setzt eine methodisch gestützte Evaluation bestimmte Vorleistungen voraus. Dazu zählen vor allem das Festhalten der **Ist-Situation** mit den vorhandenen Problemen, die Formulierung möglichst quantifizierter **Ziele** und das Aufzeigen möglicher **Lösungsvarianten** für die Verbesserung bzw. Neugestaltung. Im Rahmen des Projektmanagements sind zur Erarbeitung dieser Unterlagen die Phasen:

- Vorstudie und
- Konzeption

vorgesehen. Die Ergebnisse dieser Projektphasen sind in einer sogenannten **Machbarkeitsstudie** und im **Konzept**, welches nach Abschluss der Evaluation zu aktualisieren bzw. zu ergänzen sein wird, dokumentiert.

Es gilt nun, diese vorhandenen Unterlagen einer kurzen, kritischen Würdigung zu unterziehen, bilden sie doch eine wichtige Basis für die Ausarbeitung des Pflichtenheftes und den weiteren Evaluationsprozess.

Aus der Machbarkeitsstudie, bzw. aus dem Konzept sollten insbesondere folgende Angaben hervorgehen:

- Ausgangslage inklusive Lösungsabgrenzung;
- Ist-Situation (Applikationen, systemtechnische Plattform, Organisation) mit Stärken und Schwächen;
- Mengengerüst;
- Zielsetzung;
- Anforderungen und Lösungsansätze (Funktionen und Daten, systemtechnische Plattform, Organisation);
- Erste Kosten-/Nutzenvorschau;
- Weiteres Vorgehen (z. B. Termine).

Falls diese Angaben ganz oder teilweise fehlen, oder in ihrer Substanz zu schwach ausgeprägt sind, bleibt oft nichts anderes übrig, als diese Informationen während der Erstellung des Pflichtenheftes und der übrigen Bewertungsdokumente zu beschaffen, bzw. zu erarbeiten und festzuhalten.

Es versteht sich von selbst, dass unter solchen Bedingungen – Analysieren der Ist-Situation und des Bedarfs, Durchspielen möglicher Szenarien, Formulieren der Ziele und Anforderungen, Erarbeiten des Konzeptes – mit einem entsprechend höheren Aufwand für die Evaluation, speziell für die Erstellung des Pflichtenheftes, zu rechnen ist.

Die vorhandenen, relevanten Unterlagen (wie Machbarkeitsstudie und konzeptionelle Ueberlegungen) sind im Evaluationshandbuch einzuordnen, oder als Anhänge dazu zu führen.

Damit ist die Vorbereitung der eigentlichen Evaluationsphase abgeschlossen.

2 Pflichtenheft

Das Pflichtenheft nimmt innerhalb eines jeden Beschaffungsvorhabens eine zentrale Stellung ein. Darin werden im wesentlichen die Ziele, welche mit der angestrebten Lösung zu erreichen sind, sowie die Anforderungen und Wünsche an das zukünftige System formuliert. Die Anforderungsdefinition ist ein wichtiger Bestandteil des Konzeptes. Damit wird das Pflichtenheft zur unentbehrlichen Grundlage für die Einladung möglicher Lieferanten zur Offertabgabe. Es wird gleichzeitig mit den Bewertungsdokumenten (z. B. Kriterienkatalog) erstellt, denn die Anforderungen im Pflichtenheft entsprechen den Kriterien im Kriterienkatalog.

Das Pflichtenheft bildet die Basis für den Aufbau und die Substanz der Offerten, für eine einfachere Bewertung der Angebote sowie für die Vertragsverhandlungen und die abzuschliessenden Verträge.

Damit wird auch schnell der Zusammenhang zwischen Pflichtenheft, Kriterienkatalog und Offerten deutlich.

Inhalt des Pflichtenheftes

Der Inhalt eines Pflichtenheftes besteht im wesentlichen aus den nachstehend aufgeführten Kapiteln, wobei die entsprechenden Daten und Fakten in der Regel bereits in früheren Projektphasen (Vorstudie, Konzeption) ermittelt und aufbereitet werden:

- Darstellung der gegenwärtigen Situation, d. h. des **Ist-Zustandes** mit den bestehenden Abläufen und den eingesetzten Hilfsmitteln sowie den Problemen und Schwachstellen (vgl. Abschnitt 2.2);
- Formulierung der **Ziele,** die mit der Beschaffung erreicht werden sollen (vgl. Abschnitt 2.3);
- Beschreibung der zu lösenden Aufgaben mit ihren spezifischen **Anforderungen** (Anforderungsprofil), und zwar vor allem aus applikatorischer, leistungsmässiger Sicht (vgl. Abschnitt 2.4);
- Aufstellung des **Mengengerüstes** der Datenbewegungen und Datenbestände, bzw. **Zahl** und **Häufigkeit** der Geschäftsvorfälle (vgl. Abschnitt 2.5);
- Vorgaben für den **Offertaufbau** (vgl. Abschnitt 2.6).

Ergänzt man diese Abschnitte mit den auch bei anderen Beschaffungsvorhaben üblichen Punkten wie

- **Ausgangslage** des Nutzers bzw. Anwenders (vgl. Abschnitt 2.1),
- Angaben zu **administrativen Belangen** (vgl. Abschnitt 2.7) und
- **Fragenkatalog** (vgl. Abschnitt 2.8),

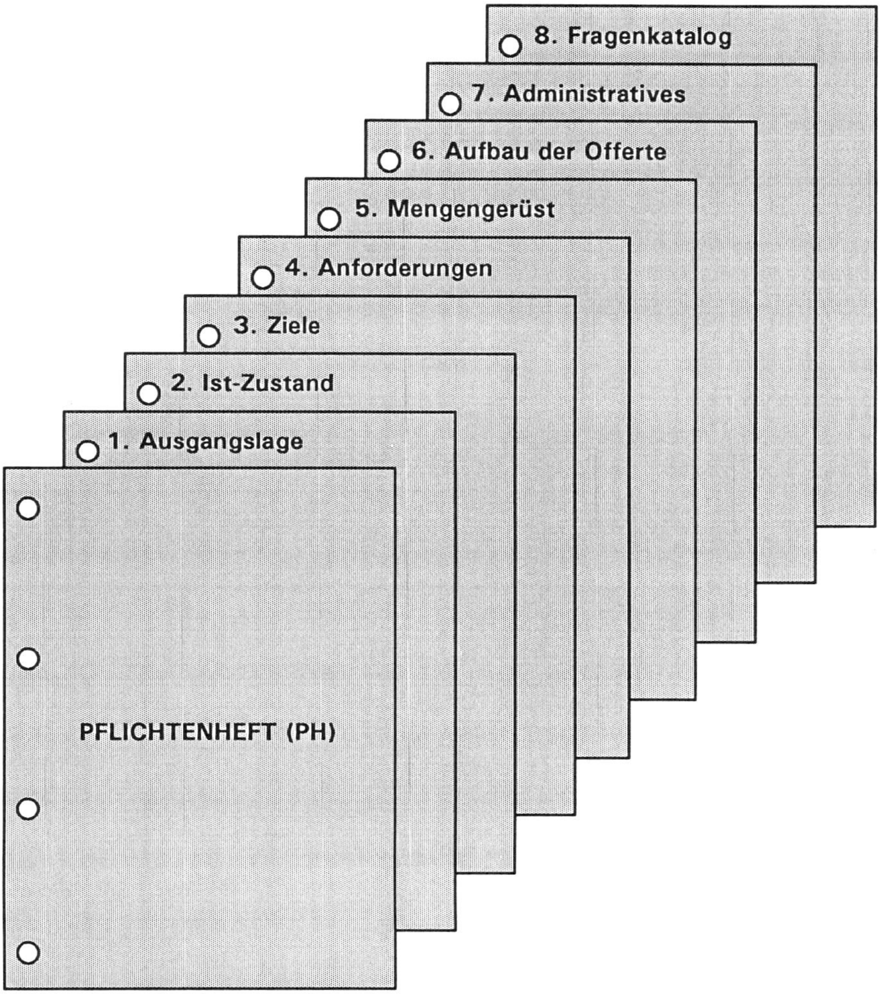

Abbildung 8: Inhalt des Pflichtenheftes

so erhält man das Gerüst des Pflichtenheftaufbaus, d. h. die unbedingt notwendigen Elemente eines Pflichtenheftes (siehe Abbildung 8).

Dieser Aufbau kann für die verschiedensten Ausgangssituationen und Beschaffungsarten sinngemäss verwendet werden.

Im nachfolgenden wird näher auf den Inhalt der einzelnen Abschnitte des Pflichtenheftes eingegangen.

2.1 Ausgangslage

In diesem ersten Kapitel des Pflichtenheftes stellt sich der Nutzer (künftige Anwender) den Offertstellern mit seiner speziellen Ausgangssituation im Zusammenhang mit der geplanten Beschaffung vor. Damit soll ein zusammenfassender Ueberblick über die Organisation sowie das Umfeld, **das vom Beschaffungsvorhaben betroffen ist,** vermittelt werden.

Eine zweckmässige Gliederung für die möglichst knapp zu haltende Schilderung der Ausgangslage geht aus Abbildung 9 und den nachfolgenden Ausführungen hervor.

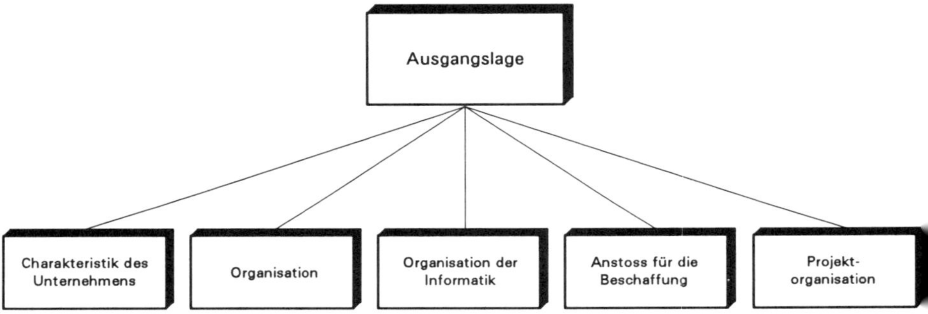

Abbildung 9: Ausgangslage

2.1.1 Charakteristik der Unternehmung (der Verwaltung)

Hier sollen die wesentlichsten Charakteristiken des von der Beschaffung betroffenen Unternehmens (der Verwaltung), bzw. des Unternehmensbereichs oder der Abteilung festgehalten werden. Hierunter fallen etwa folgende Angaben:

- Unternehmensart: Handel, Produktion, Dienstleistung, Verwaltung;
- Branche und Marktsegment(e);
- Unternehmensziele;
- Produkt- und Dienstleistungsspektrum;
- Spezielle Ausprägungen: Flexibilität, Heterogenität, Diversifikation;
- Wettbewerbsumwelt;
- Marktstellung, Umsatz.

2.1.2 *Organisation*

Hierzu zählen im wesentlichen folgende Angaben:

- Grad der Autonomie, z. B. Besitzverhältnisse;
- Eingliederung in eine mögliche übergeordnete Organisation (z. B. Firmengruppe, Konzern, Kanton);
- Organisationsstruktur (z. B. funktional, divisional);
- Führungsorganisation (z. B. strategische Grundsätze);
- Standorte (räumliche Verteilung im Inland und Ausland);
- Geschäftspartner (z. B. Kunden, Lieferanten).

Ein Geschäftsbericht oder ein Firmenprospekt kann im Sinne einer Beilage zum Pflichtenheft diese Angaben sinnvoll ergänzen.

2.1.3 *Organisation der Informatik*

Die bestehende Informatikorganisation soll hier kurz festgehalten werden:

- Einbettung der Informatik im Unternehmen (in der Verwaltung);
- Struktur und Grösse der Informatikorganisation (z. B. Organigramm);
- Aufgaben- und Kompetenzverteilung zwischen Informatik- und Fachbereichen;
- Evtl. Leitbild der Informatik.

2.1.4 *Anstoss für die Beschaffung*

Hier ist in kurzer Form auf die Hauptgründe, die zum Anstoss für die geplante Beschaffung führten, einzugehen:

- Problemstellung, Ausgangssituation;
- Hauptgründe für die geplante Beschaffung;
- Art der Beschaffung, z. B. Ersatz oder Ausbau (siehe auch Kapitel A Abschnitt 6);
- Randbedingungen.

2.1.5 *Projektorganisation*

Kurze Angaben zur Projektorganisation (Evaluationsteam), z. B. in graphischer Form, können die Schilderung der Ausgangslage sinnvoll abrunden. Es können damit auch die personellen Zuständigkeiten in der Evaluationsphase nach aussen transparent gemacht werden.

2.2 Ist-Zustand

Noch bevor man Ziele und Anforderungen formulieren kann, sind die für das jeweilige Beschaffungsvorhaben **relevanten Informationen** über den **Ist-Zustand** zu sammeln und festzuhalten. Diese Informationen sind insbesondere auch für die Offertsteller von Interesse, können sie doch mit dem Wissen über die Stärken und Schwächen aber auch über unabänderliche Randbedingungen der gegenwärtigen Situation ihre zu offerierende Lösung besser auf die Beseitigung der Probleme hin abstimmen.

Zu diesem Zweck werden vor allem die vom Beschaffungsvorhaben betroffenen vorhandenen Arbeitsabläufe (Aufgabenprozesse) mit ihren wichtigsten Ausprägungen sowie die technischen Hilfsmittel (systemtechnische Infrastruktur) festgehalten. Dabei ist es empfehlenswert, sich **auf das wirklich Wichtige des Ist-Zustandes zu konzentrieren, die sogenannte 80:20-Regel anzuwenden** und sich auf den vom **Beschaffungsvorhaben betroffenen Bereich** zu beschränken. Bei der Ist-Aufnahme kommt es also darauf an, das wirklich Relevante, sowie das richtige Mass zwischen genügendem Erkenntniswert (ca. 80 %) und minimalem Aufwand (ca. 20 %) zu finden. Dies setzt die Bereitschaft voraus, ein gewisses Mass an Unsicherheit zu ertragen und Mut zur Lücke zu haben. Eine umfassende, sehr detaillierte Ist-Wiedergabe kann schnell sehr aufwendig werden und ist im Hinblick auf die Beschaffung auch nicht notwendig.

Es ist nicht Aufgabe dieses Buches, Ist-Aufnahme-Analysetechniken zu vermitteln. Die bekanntesten Vorgehensweisen sind kurz folgende:

- Sammlung vorhandener Unterlagen (Listen, Systembeschreibungen, externe Dokumente usw.);
- Interviews (Anwender/innen, Management, Spezialisten/innen);
- Fragebogen, Selbstaufschreibung;
- Workshops;
- Beobachtung, Monitoring;
- Multimoment-Verfahren.

Detailliertere Ausführungen zu diesen Verfahren sind in der Fachliteratur zu finden.

Eine zweckmässige Gliederung des Ist-Zustandes geht aus Abbildung 10 hervor.

2.2.1 Aufbauorganisation

Hier können, ergänzend zu den Angaben in Abschnitt 2.1.2, weitere und detailliertere Informationen zur Aufbauorganisation der vom Beschaffungsvorhaben betroffenen Organisation festgehalten werden. Dazu zählen insbesondere Anga-

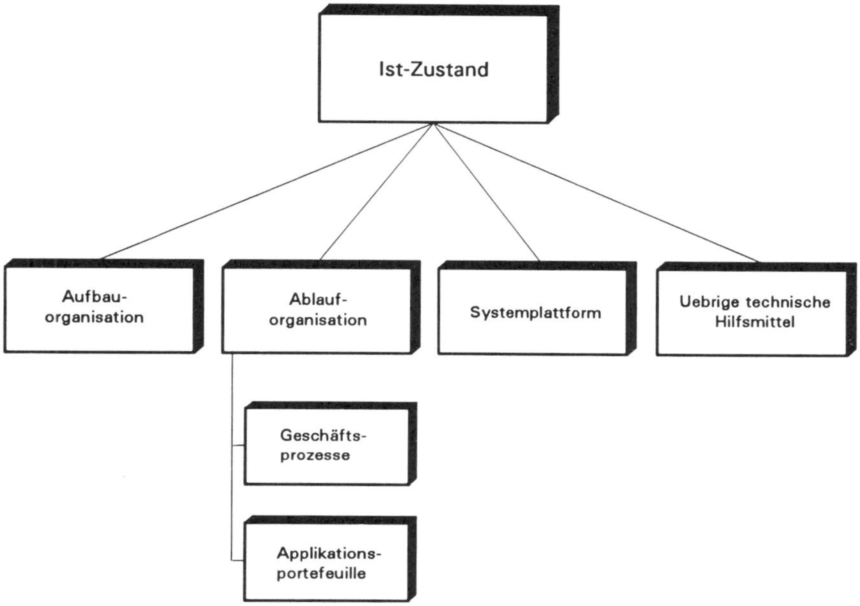

Abbildung 10: Ist-Zustand

ben zur Organisationsstruktur, zum Personal und sozialen Umfeld sowie eine Wertung der vorhandenen Aufbauorganisation.

a) **Organisationsstruktur**, z. B. geographische Verteilung, aktualisierte Organigramme, strukturelle Flexibilität, Führungsprinzipien, Funktionseinheiten und Ziele, Anzahl Personen;

b) **Personal**, z. B. Kategorien (Führungskräfte, Fachkräfte, Spezialisten/innen, Unterstützungskräfte, Hilfskräfte), Arbeitsinhalte, Anforderungen (Qualifikation), Informatik-Know-how, Belastung (Auslastung), Altersstruktur, Dauer der Firmenzugehörigkeit, Spezialitäten, soziale Aspekte;

c) **Wertung**, z. B. im Sinne einer Zusammenfassung der Stärken und Schwächen der vorhandenen Aufbauorganisation.

2.2.2 Ablauforganisation

In diesem Abschnitt sind die wichtigsten Arbeitsabläufe (Hauptaufgaben), im nachfolgenden als **Geschäftsprozesse** bezeichnet, so wie sie durch die einzelnen

Funktionseinheiten des Unternehmens fliessen, mit ihren **Hilfsmitteln** und Ausprägungen festzuhalten.

Typische Geschäftsprozesse in einem Produktionsbetrieb sind z. B. die Vertriebsabwicklung, die Produkteentwicklung oder die Montage- bzw. Fertigungsabwicklung.

Es gilt entlang dieser Prozessketten und einem Vorgehen vom Groben ins Detail, den Ist-Zustand mit seinen Applikationen und Problemen (z. B. funktionale Lücken, Medienbrüche, Doppelspurigkeiten, zu lange Bearbeitungs- und Durchlaufzeiten, Informationsdefizite) zu erfassen und darzustellen.

Dazu sind die nachfolgend beschriebenen Schritte notwendig.

2.2.2.1 Geschäftsprozesse

a) Uebersicht

Im Sinne einer Uebersicht sind die **wichtigsten Geschäftsprozesse** z. B. mit Angabe der Anzahl betroffener Arbeitsplätze, eventuell gegliedert in Teilprozesse, festzuhalten. Gleichzeitig können dabei zusätzlich Aussagen über die heutige Abdeckung durch Informatikmittel (G = gut, M = mittel, S = schwach, – = nicht vorhanden) mit Hinweisen auf die entsprechenden Applikationen sowie die Typisierung der Aufgaben gemacht werden (siehe Abbildung 11).
Aus dieser Uebersicht lassen sich bereits erste Schlüsse über mögliche Schwachstellen hinsichtlich der Unterstützung der Geschäftsprozesse durch Informatikmittel ziehen.

b) Detailangaben pro Prozess

Sofern die Angaben der Uebersicht nicht genügen, sind pro Geschäftsprozess bzw. Teilprozess die einzelnen Aufgaben mit ihren Arbeitsgängen (Aufgabenschritten) und **Aufgabeninhalten** sowie den dafür notwendigen **Informationen** (Daten, Dokumenten) festzuhalten.

Bereits vorhandene Belege, Formulare, Listen, Beschreibungen usw. liefern dafür gute Anhaltspunkte und können zur besseren und einfacheren Dokumentation des Ist-Zustandes in diesem Abschnitt dem Pflichtenheft beigefügt werden.

Selbstverständlich dürfen hier auch Angaben zu den Ordnungssystemen (Schlüssel, Struktur, Zugriffe) nicht fehlen.

Sollte der Geschäftsprozess bzw. Teilprozess bereits durch Informatikmittel unterstützt werden, so können diese Detailangaben (Funktionen, Daten) weitgehend aus der Beschreibung des Applikationsportefeuilles entnommen werden (siehe Punkt 2.2.2.2).

Geschäftsprozess	A	Teilprozess	Abdeckung durch Informatikmittel		Aufgabentypen		
			Wertung	Applikationen*)	a)	b)	c)
Marketing	3	Marktanalysen	-			x	
		Bedarfsermittlung	M	1.2, 3.1		x	x
		Produktgestaltung	-		x		
		Preisgestaltung	S	1.1		x	
		Absatzplanung	S	3.1, 4.2		x	x
		Werbung	-		x		
Verkaufsabwicklung	11	Angebotsabwicklung	-				x
		Auftragsbearbeitung	M	1.1, 1.2, 1.3			x
		Auftragsverfolgung	S	1.4			x
		Lieferung	G	1.5, 1.6, 1.7			x

*) Verweis auf Position im Applikationsportefeuille

Abdeckung durch Informatikmittel

A = Anzahl Arbeitsplätze

G = gut
M = mittel
S = schwach
\- = nicht vorhanden

Aufgabentypen

a) Einzelfallorientiert, schwer strukturierbar, dynamisch, kaum planbar
b) Sachbezogen, strukturiert, grob planbar
c) Routineorientiert, gut strukturiert, gleichbleibend, gut planbar

Abbildung 11: Uebersicht Geschäftsprozesse

c) Ablaufübersicht

Die **Arbeitsabläufe** mit ihrem Beleg- und Datenfluss (Informationsfluss) können durch graphische Darstellungen transparent gemacht werden. Insbesondere werden damit die Abhängigkeiten und Beziehungen zwischen den Prozessen sichtbar. Bereits vorhandene Funktionsübersichten, Flusspläne, Kommunikationsanalysen oder ähnliche Darstellungen können hier dem Pflichtenheft beigefügt werden.

2.2.2.2 Applikationsportefeuille

Unter dem Applikationsportefeuille sind hier diejenigen Applikationen zu verstehen, deren in Punkt 2.2.2.1 aufgeführte Geschäftsprozesse (z. B. Auftragserfassung, Kundendaten- und Artikeldatenpflege) durch Informatikmittel unterstützt werden.

a) Uebersicht

In einem zweiten Schritt können Stärken und Schwächen der vorhandenen Applikationen zutage gefördert und tabellarisch festgehalten werden.

Bewertet wird dabei der funktionale Erfüllungsgrad, die Qualität der Datenbasis sowie die übrige Softwarequalität (z. B. Wartbarkeit, Effizienz, Benutzerfreundlichkeit). Daten über das Alter der Applikation, die Verarbeitungsart (z. B. Batch, interaktiv), zu den systemtechnischen Trägern (z. B. Betriebssystem, Programmiersprache, Datenverwaltungssystem) sowie zur Anzahl Benutzer ergänzen diese Angaben (siehe Abbildung 12).

b) Datenmodell/Datenbasis

Gerade die Organisation der Datenbasis, d. h. die Forderung nach einem unternehmensweit integrierbaren, konsistenten und redundanzarmen Datenbestand sowie nach optimalen Datenstrukturen macht oft die Erneuerung wesentlicher Applikationen, namentlich derjenigen der Datenverwaltung, notwendig.

Deshalb sind hier entsprechende Angaben zur bestehenden Datenorganisation, zumindest für die Grunddaten des Unternehmens, erwünscht. Sollte ein Datenmodell vorhanden sein, kann dieses dem Pflichtenheft beigefügt werden.

c) Kommentierung der Besonderheiten

Die Besonderheiten (z. B. besondere Stärken, aber auch die markantesten Schwächen) sind stichwortartig zu kommentieren, z. B.:

Pos. 1.1 Kundenstamm
: Zu schmale Datenbasis; es fehlen insbesondere die Vergangenheitsdaten der Aufträge der letzten fünf Jahre; keine Ad-hoc-Verarbeitungsmöglichkeiten; Batch-Verbuchung der Mutationen führt zu vielen Folgeproblemen (Mehraufwand bei Fehlern);

Pos. 1.3 Auftragserfassung
: Sie ist auf eine besonders schnelle Datenerfassung hin ausgelegt; insgesamt gibt es drei unterschiedliche, exakt auf die jeweiligen Auftragsarten abgestimmte Erfassungsmasken;

Applikation	Position	Allgemeine Angaben					AZ	Vollständigkeit		übrige SW-Qualität		
		Alter	V	BS	HW	DBMS		F	D	W	E	B
Auftragsabwicklung	1			xy	xx	zz	8					
Kundenstamm	1.1	83	b					-	-	-	-	-
Artikelstamm	1.2	83	b					-	-	-	-	-
Auftragserfassung	1.3	83	i					o	o	o	+	o
Auftragsverwaltung	1.4	83	i					-	-	-	-	o
Lieferpapiere	1.5	87	b					o	o	o	o	o
Fakturierung	1.6	85	b					+	+	o	-	-
Retouren/Gutschr.	1.7	87	i					+	o	o	o	o
Rechnungswesen												
.	.											
.	.											

+ = gut, kein Verbesserungsbedarf
o = durchschnittlich, Verbesserungen erwünscht
- = schwach, Verbesserungen dringend notwendig

F = funktionale Erfüllung
D = Datenbasis
W = Wartbarkeit
E = Effizienz
B = Benutzbarkeit

V = Verarbeitungsart
b = Batch-Verarbeitung
i = Interaktive Verarbeitung

BS = Betriebssystem
HW = Hardware

DBMS = Datenbank-Managementsystem
AZ = Anzahl Benutzer

Abbildung 12: Applikationsportefeuille

Pos. 1.4 Auftragsverwaltung
Nur ein Zugriffsweg (Auftragsnummer); bei Auftragserfassung werden bereits vorhandene Aufträge nicht beachtet.

d) Uebernahme von Software und Daten

Sofern Applikationen (Software) bzw. Daten/Dokumente in das neue System zu übernehmen sind, empfiehlt es sich, die Programm- und Datenbeschreibungen als Anhang zum Pflichtenheft mitzuliefern. Darüber hinaus sind aktualisierte und exakte Angaben zur Systemplattform (Betriebssystem, DBMS usw.), zu den Datenformaten und zur Software (Architektur, verwendete Werkzeuge für das Software-Engineering, Programmiersprache) notwendig.

2.2.3 Systemplattform

In diesem Abschnitt des Pflichtenheftes sind die vorhandenen Plattformen – Hardware, Systemsoftware inkl. Kommunikation, Infrastruktur – für alle vom Beschaffungsvorhaben direkt oder indirekt betroffenen Systeme aufzuzeigen. Es geht also nicht nur um diejenigen Systeme, die ersetzt werden sollen, sondern auch um benachbarte Systeme (Umsysteme), mit denen das zukünftige System in irgendeiner Form kommunizieren können soll. Dazu zählen auch Angaben zur Kommunikationsinfrastruktur (Netzwerk).

Eine zweckmässige Gliederung dieser Angaben erfolgt nach aufbaustrukturellen und standortbezogenen Gesichtspunkten (unternehmensweite und abteilungsweite Systeme sowie Arbeitsplatzsysteme) der jeweiligen Systeme, wobei als System hier eine in sich geschlossene Funktionseinheit mit eigener Verarbeitungs- und Speicherleitung zu verstehen ist (z. B. ein PC, ein Mehrplatz-Mikrocomputer, ein Host-Computer).

Das nachfolgend gezeigte Beispiel soll die Wiedergabe der Systemplattform verdeutlichen.

a) Externe Systeme (System bei Dritten)

Geraffte, knappe Angaben mögen hier genügen.

- Hardware
  System xx;
- Systemsoftware
  Betriebssystem XVS
  Kommunikation X.XX.

b) Unternehmensweites System (Host-Computer)

- Hardware
  System xy, Model zz, Standort: RZ, Gebäude xx, seit 1986
  64 MB Hauptspeicher
  3,2 GB Disk (4 Laufwerke à 800 MB)
  2 Magnetbandstationen, Modell xx, 6250 bpi
  3 Schnelldrucker à 800 LPM (lines per minute)
  12 Terminalserver, Modell yy
  50 Bildschirmterminals, Modell bb, monochrom
  6 PC's (siehe unter Arbeitsplatzsysteme)
  12 Matrixdrucker, 180 CPS (132 Positionen)
  Netzwerk: Ethernet, verbindet Gebäude 12, 15 und 17;
- Systemsoftware
  Betriebssystem xyz, Rel. 9.9

Sprachen (Compiler, Tools) st, Rel. 9.9, xx. Rel. 99.9
Datenverwaltung (DBMS) XZ, Rel. 99.9
Kommunikation SNX;
- Infrastruktur
RZ-Raum, 120 m^2, Doppelboden, klimatisiert.

c) Abteilungsweite Systeme

(Abteilungsrechner, Server, Spezialgeräte)
- Hardware
System zy, Modell yy, Standort: Verkaufsabt., Gebäude 12, seit 1988
32 MB Hauptspeicher
1,2 GB Disk (3 Laufwerke à 400 GB)
1 Streamer-Tape, Modell bb, 600 MB;
.
.
.
- Systemsoftware;
...
...
...
- Infrastruktur;
...
...
...

d) Arbeitsplatzsysteme

- 20 x Industriestandard PC's mit MS DOS, VGA-Bildschirm, 1 MB RAM, 40 MB Disk, Floppy 1,44 MB, 6 PC's sind am Host-Computer angeschlossen;
- 4 x CAD-System, Modell cc, mit UNIX yx, 19 Zoll Monochrom-Bildschirm, 8 MB RAM, 60 MB Disk, 4 x Laserdrucker Modell SS.

Graphische Darstellungen im Sinne von Konfigurationsübersichten erhöhen die Transparenz.

Sofern die Zuordnung der Applikationen nicht schon aus der Darstellung des Applikationsportefeuilles ersichtlich ist, wäre sie hier zu den Komponenten der Systemplattform zu machen.

Angaben über die Betriebszeiten, Auslastung, Systemverfügbarkeit, das Leistungsverhalten usw. können die Schilderung der systemtechnischen Ist-Situation abrunden.

2.2.4 Uebrige technische Hilfsmittel

Hier sollen die übrigen technischen Hilfsmittel, die vom Beschaffungsvorhaben in irgendeiner Weise betroffen sind, aufgeführt werden, wie z. B.:

- Konventionelle Ablagen und Archive;
- Mikrofilm-Anlagen (z. B. Rollfilm 16 mm) und -Archive;
- Telefonzentralen und Nebenstellenanlagen Modell CC, seit 1986;
- Telex-Systeme;
- Telefax-Geräte, Modell SSX, Gruppe 3;
- Speicherschreibmaschinen, Typ xyz;
- usw.

Sofern notwendig, ist die Beziehung zwischen der Verwendung der technischen Hilfsmittel zu den unter 2.2.2.1 aufgeführten Geschäftsprozessen herzustellen.

Spezielle Probleme (z. B. Medienbrüche, Doppelspurigkeiten usw.) im Zusammenhang mit diesen technischen Hilfsmitteln sind hier kurz zu kommentieren.

2.3 Ziele

In diesem Abschnitt des Pflichtenheftes sind die Ziele, die mit der geplanten Beschaffung erreicht werden sollen, anzugeben. Ausgangspunkt für die Formulierung der Ziele ist der **Auftrag zur Durchführung der Evaluation** (siehe Abschnitt 1.1). Darin sind bereits die generellen Ziele sowie die zu beachtenden Randbedingungen festgehalten. Diese generellen Ziele und Randbedingungen gilt es hier zu konkretisieren. Die Ziele beziehen sich dabei gleichermassen auf betriebswirtschaftliche und menschlich-soziale, also nutzenrelevante wie auch auf lösungsspezifische (funktionale) Aspekte.

Aus den nutzenrelevanten Zielen und Randbedingungen (z. B. vorhandene Richtlinien, Informatikstrategie, Termine) werden die lösungsspezifischen Ziele abgeleitet, siehe Abbildung 13.

Damit handelt es sich um ein **multiples Zielsystem,** das heisst um mehrere Zielarten mit unterschiedlichem Inhalt, die jedoch miteinander in einem direkten Zusammenhang stehen.

Der Formulierung der Ziele ist ein **hoher Stellenwert** beizumessen, verkörpern sie doch den eigentlichen Grund für die geplante Beschaffung und die Grundlage für die Ermittlung des Nutzens. Der Zusammenhang zwischen Zielen und Nutzen geht aus Abbildung 13 hervor. Aus dieser Abbildung wird auch ersichtlich, dass eine Zielart gleichzeitig mehrere Nutzenausprägungen betreffen kann und dass sich die verschiedenen Nutzenausprägungen, jedoch oft erst mit Zeitverzug, gegenseitig beeinflussen.

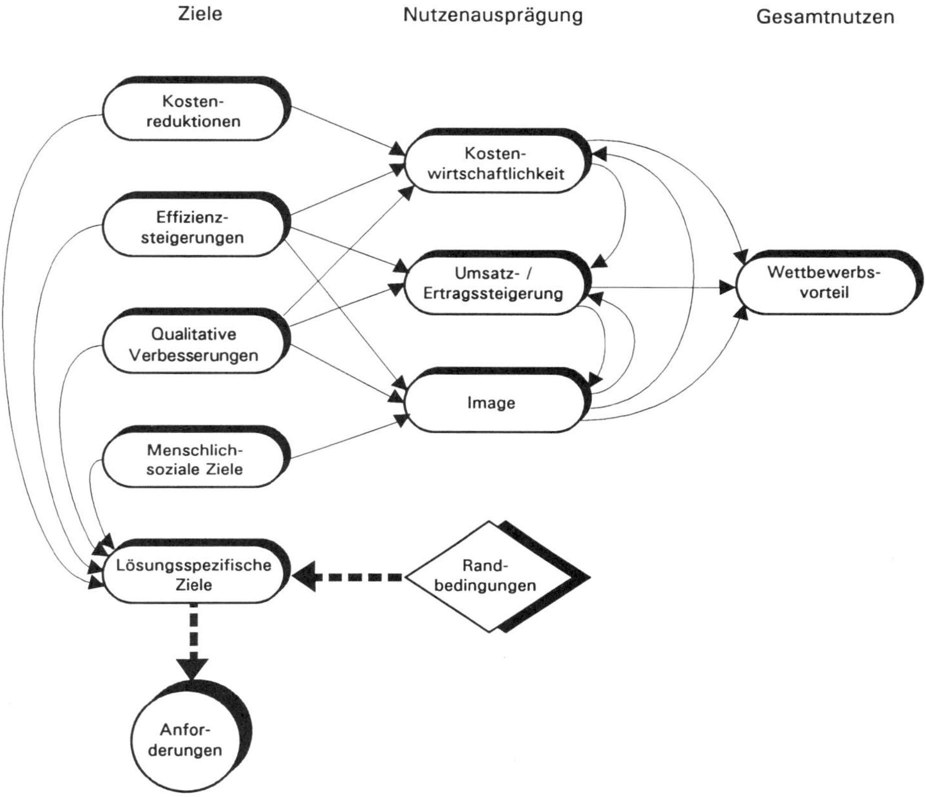

Abbildung 13: Zusammenhang Ziele und Nutzen

Von den Zielen werden darüber hinaus die Anforderungen (Kriterien) an die neue Lösung abgeleitet. Die Ziele sind damit auch massgebend für die Gewichtung der Kriterienhierarchie.

Ziele können auch zu wichtigen Vertragspunkten für das jeweilige Beschaffungsvorhaben werden.

Deshalb sind folgende **Grundsätze** bei der Aufstellung der Ziele zu beachten:

- Ziele müssen **realistisch, erreichbar** gesetzt werden,
- Ziele müssen **quantifiziert** vorgegeben werden, denn nur so kann der Grad der Zielerreichung der späteren Lösung festgestellt werden,
- Ziele sollten **nicht konkurrieren, das heisst einander gegenseitig ausschliessen;** Zielkonflikte sind von Anfang an durch Mittel-/Zweckrelationen zu vermeiden. Wo dies nicht möglich ist, sollte der Widerspruch aufgezeigt und das Schwergewicht festgelegt werden.

Die Ziele können sich sowohl auf das ganze Beschaffungsvorhaben (ganzheitliche Ziele) aber auch auf einzelne Geschäftsprozesse (Applikationen) bzw. Teilaspekte beziehen.

Eine zweckmässige Strukturierung der Ziele geht aus Abbildung 14 hervor. Entsprechend dem Nutzenäquivalent der einzelnen Ziele gilt es, eine Rangordnung zwischen den Zielen, eventuell gegliedert nach Geschäftsprozessen, aufzustellen, dies als Basis für die spätere Gewichtung der Kriterien.

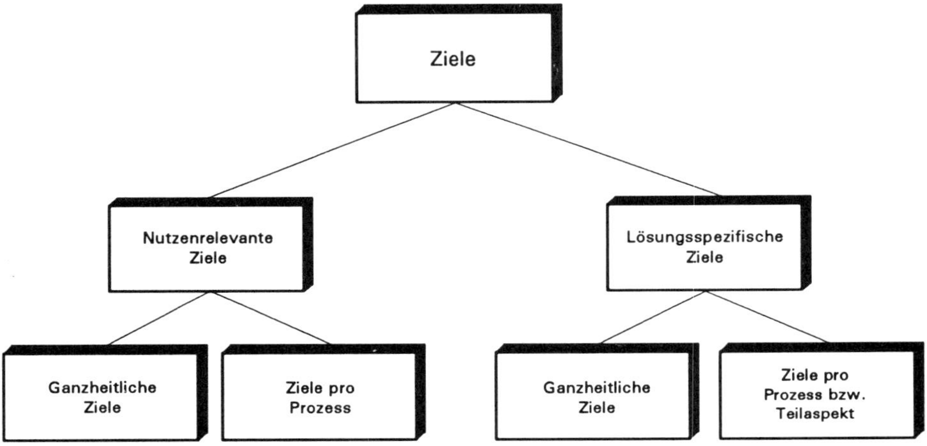

Abbildung 14: Ziele

2.3.1 Nutzenrelevante Ziele

Hier ist zwischen Zielen, welche die **Kosten**, die **Effizienz** und die **Qualität** sowie das **menschlich-soziale** Umfeld betreffen, zu unterscheiden.

Natürlich gilt es, möglichst alle Ziele zu quantifizieren und den daraus resultiernden Nutzen monetär, d. h. in Geldeinheiten zu beziffern.

Beispiele:

a) Kostenreduktion (Hard Savings)

- Wegfall der Kosten des alten Systems;
- Abbau externer Kosten;
- Reduktion von Personalkosten;

- Abbau von Fixkosten;
- Reduktion von Kapitalkosten;
- Reduktion von Infrastrukturkosten;
- usw.

b) Effizienzsteigerungen

- Verkürzung von Durchlaufzeiten;
- Bessere Steuerung von Vorgängen;
- Bessere Kapazitätsauslastung;
- Kürzere Reaktioszeiten;
- Optimierung des Mittel- und Personaleinsatzes;
- usw.

c) Ertragsverbesserungen

(resultieren in der Regel aus Effizienzsteigerungen und qualitativen Verbesserungen)

- Höherer Umsatz;
- Bessere (höhere) Verkaufspreise.

d) Qualitative Verbesserungen

- Breitere Informationsbasis;
- Höhere Aktualität und Auskunftsbereitschaft;
- Bessere Darstellungsart und Verständlichkeit;
- Bessere Arbeitsplatzgestaltung;
- Höhere Fertigungsqualität;
- Bessere Liefertreue;
- usw.

e) Menschlich-soziale Ziele

Hier geht es um Ziele, die das menschlich-soziale Umfeld betreffen. Daraus resultiert in der Regel ein erst langfristig realisierbarer Nutzen. Beispiele:

- Erhöhte Arbeitszufriedenheit durch bessere Arbeitsplatzgestaltung und somit Senkung der Personalfluktuation;
- Möglichkeit zur Höherqualifizierung und Leistungsmotivation durch bessere Arbeitsinhalte;
- Vermeidung von Gesundheitsschäden und Unfallgefahren;
- Höhere Flexibilität bezüglich des Personaleinsatzes;
- usw.

2.3.2 Lösungsspezifische Ziele

Diese Ziele beziehen sich auf die **Eckpfeiler** des zu **beschaffenden Systems,** d. h. sie beschreiben kurz und prägnant die wesentlichsten Merkmale (Funktionen, Leistungen, Ausprägungen) der neuen Lösung.

Beispiel:

- Integrierte, dialogorientierte Informatiklösung für die Auftragsabwicklung, den Einkauf und das Rechnungswesen;
- Verfügbarkeit der Systemleistung während 24 Stunden pro Arbeitstag;
- Verarbeitungs- und Speicherleistung an jedem Arbeitsplatz zur Unterstützung der Funktionen der Bürokommunikation;
- Verwendung von Systemsoftware, die den öffentlich zugänglichen Standards entspricht (Betriebssystem: UNIX, Datenmanipulationssprache: SQL).

Daraus werden die sogenannten KO-Kriterien (100 %ig zu erfüllende Kriterien, Ausschluss-Kriterien) sowie die konkreten Anforderungen an das zukünftige System und die damit verbundenen Leistungen abgeleitet.

2.4 Anforderungen

Die Definition der Anforderungen an das zu beschaffende System stellt einen Schwerpunkt innerhalb des Pflichtenheftes dar. Die Offertsteller sollen sich auf eine **präzise Formulierung der Anforderungen** abstützen können. Das heisst jedoch nicht, dass bereits komplette Lösungen, insbesondere die Systemplattform mit ihren detaillierten Leistungsmerkmalen, vorzugeben sind. Dies ist die Aufgabe der Offertsteller.

Die Anforderungen entsprechen den Kriterien und sind als Konkretisierung der Ziele zu begreifen. Sie beziehen sich auf **alle Träger** der künftigen Lösung, also auf

- die **Applikationssoftware** mit ihren Funktionen und Daten;
- die **Systemplattform**, bestehend aus Hardware, Systemsoftware und den Datennetzen sowie;
- die **Anbieter** wie Hersteller, Lieferanten und Integrationshelfer.

Für die applikationsbezogenen und systemtechnischen Komponenten der Lösungsträger sind insbesondere die nachfolgend aufgeführten Kriterien (Anforderungen) von Bedeutung:

- Vollständigkeit und Richtigkeit (Korrektheit, Konsistenz);
- Leistungsfähigkeit (Effizienz);
- Zuverlässigkeit (Integrität, Verfügbarkeit);

- Wartbarkeit (Anpassungsfähigkeit);
- Datenschutz und Sicherheit;
- Systemunabhängigkeit (Portabilität, Skalabilität, Interoperabilität);
- und die Benutzbarkeit (Ergonomie).

Einen gleichermassen entscheidenden Einfluss auf das Gelingen des Beschaffungsvorhabens haben aber auch anbieter- und realisierungsbezogene Leistungen.

Zu nennen sind hier:

- die generelle Leistungsfähigkeit und Solidität der Hersteller bzw. Lieferanten und sonstigen Integrationshelfer;
- spezifische Unterstützungsleistungen vor, während und nach der Realisierung und Einführung;
- die vertragliche Absicherung der Leistungen.

In diesem Abschnitt des Pflichtenheftes gilt es, die vorher genannten Kriterien und Aspekte möglichst bezogen auf die einzelnen Lösungsträger in Form von **Anforderungen** und **Fragen** zu formulieren. Diese Anforderungen und Fragen entsprechen somit exakt den Kriterien. Daraus wird der enge Zusammenhang zwischen Pflichtenheft und Kriterienkatalog ersichtlich. Deshalb werden das Pflichtenheft und die Bewertungsdokumente mit dem Kriterienkatalog auch gleichzeitig erstellt.

Eine zweckmässige Gliederung der Anforderungen geht aus Abbildung 15 hervor.

Das Ergebnis der Anforderungsdefinition wird auch als **Anforderungsprofil** bezeichnet.

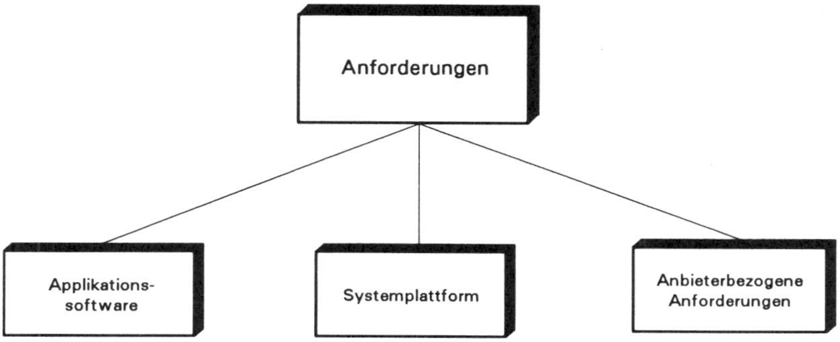

Abbildung 15: Anforderungen

2.4.1 Anforderungen an die Applikationssoftware

Bei der Formulierung von Anforderungen an Informatiklösungen stehen in der Regel applikationsbezogene Kriterien der Software mit ihren funktionalen und datenmässigen Ausprägungen im Vordergrund. Es gilt, aus den Geschäftsprozessen, so wie sie mit ihren Daten durch die Organisationseinheiten des Unternehmens fliessen und den generell benötigten Unterstützungsfunktionen einzelne Applikationen zu bilden.

Eine Applikation stellt eine zusammengehörende und in der Regel eine komplexe Aufgabenstellung dar, weshalb sie bei der Formulierung der Anforderungen in immer besser überschaubare Teile zerlegt wird. Diese Vorgehensweise wird im Rahmen des Software-Engineering auch **Strukturierung, Topdown-Vorgehen** oder **stufenweise Verfeinerung** (stepwise refinement) genannt.

Für die einzelnen Applikationen, abgetieft in Teilapplikationen und Aufgaben, sind Anforderungen an den Funktionsumfang, an die Daten sowie an die übrigen Softwarequalitätsmerkmale wie z. B. die Wartbarkeit, Effizienz, Benutzbarkeit usw. zu stellen. Damit geht es in erster Linie darum aufzuzeigen, was (Funktionen und Daten) mit welchen qualitativen Ausprägungen, d. h. wie (übrige Qualitätsmerkmale) zu lösen ist (siehe Abbildung 16).

Nicht alle Anforderungen werden auf derselben hierarchischen Ebene der Applikation gestellt. Während die Anforderungen an das «Was», d. h. an die Funktionen und Daten, erst etwa auf der dritten bis fünften Ebene der Hierarchie konkretisiert werden können, werden die meisten Anforderungen an die übrigen Qualitätsmerkmale bereits auf der ersten oder zweiten Ebene der Hierarchie formuliert, da sie sich in der Regel auf eine ganze Applikation oder auf die Gesamtheit aller Applikationen beziehen.

Eine zweckmässige Gliederung des Anforderungsprofils für die Applikationssoftware geht aus Abbildung 16 hervor.

2.4.1.1 Gesamtapplikation

Aus einer übergeordneten Sicht können hier Anforderungen an **Funktionen und Daten** betreffend die Gesamtapplikation formuliert werden. Diese beziehen sich in der Regel auf das Zusammenspiel und die Konsistenz der einzelnen Applikationen (z. B. auf die Steuerung des Gesamtsystems) sowie auf den Datenbestand im Sinne eines ganzheitlichen Datenmodells.

Gerade die ganzheitliche Organisation der Datenbasis, d. h. die Forderung nach einem unternehmensweit integrierbaren und konsistenten Datenbestand mit optimalen Datenstrukturen, gewinnt zunehmend an Bedeutung.

Sollte ein **konzeptionelles Datenmodell** über die Soll-Lösung vorhanden sein, ist dieses im Sinne einer Anforderung an die Gesamtapplikation in diesem Abschnitt darzustellen.

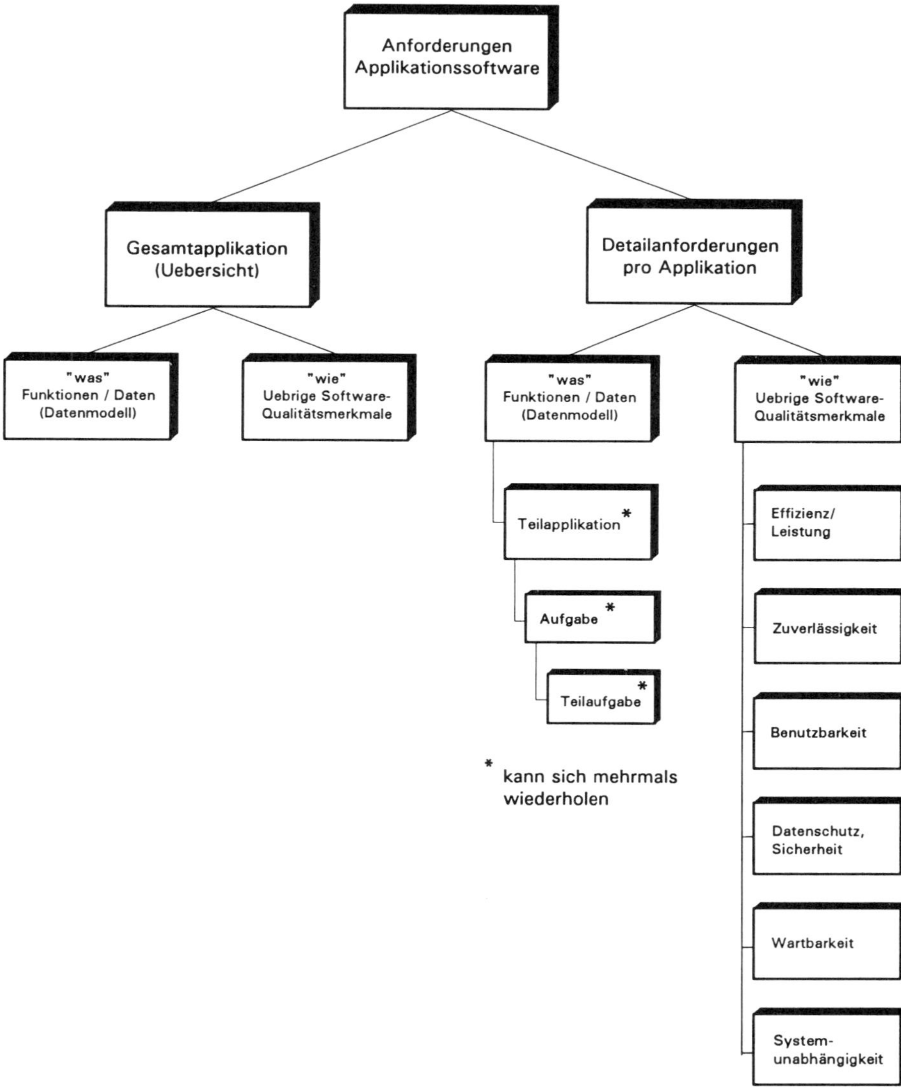

Abbildung 16: Anforderungen an die Applikationssoftware

Es können aber hier auch bereits die Anforderungen an die **übrigen Softwarequalitätsmerkmale** wie z. B. Effizienz, Zuverlässigkeit, Robustheit (siehe dazu die Ausführungen in Kapitel 2.4.1.2.2) plaziert werden, wenn man annehmen kann, dass die Software aller Applikationen praktisch aus derselben Quelle stammt und aus einem Guss hergestellt ist.

Darüber hinaus sind hier in einer **Uebersicht** die einzelnen Applikationen, eventuell mit ihren Teilapplikationen, tabellarisch festzuhalten.

Auch aus früheren Projektphasen (Vorstudie) vorhandene Ablaufübersichten bzw. Struktogramme zur Gesamtapplikation können hier ebenfalls hinzugefügt werden.

2.4.1.2 Detailanforderungen pro Applikation

Nachfolgend sind die Detailanforderungen, gegliedert nach Applikationen, aufzustellen. Der Pflichtenheftersteller beschreibt in seiner Sprache (Anwendersicht) pro Applikation vor allem, welche Aufgaben zu lösen sind (**Funktionen und Daten,** d. h. die Vollständigkeit und Richtigkeit der Lösung) und wie die Ausprägung der Lösung (**übrige Softwarequalitätsmerkmale** wie z. B. Effizienz, Benutzbarkeit) sein soll.

2.4.1.2.1 Funktionen und Daten (Vollständigkeit und Richtigkeit)

Prinzipiell kann jede Applikation unterschiedlich tief strukturiert werden. In der Regel sollten zwei bis fünf Ebenen ausreichen. Pro Ebene sollten zwischen zwei und nicht mehr als neun Elemente (Teilapplikationen, Aufgaben, Teilaufgaben) entstehen.

Von einer zu tiefen Strukturierung im Pflichtenheft ist abzuraten. Je tiefer die Strukturierung, desto schwieriger wird es, die für die spätere Bewertung unerlässliche **Vergleichbarkeit** zwischen **Anforderungsprofil** und **Leistungsprofil** herbeizuführen. Unter dem Leistungsprofil ist in diesem Zusammenhang das funktionale Leistungsvermögen der offerierten Lösung zu verstehen.

Abbildung 17 zeigt ein Beispiel für eine vernünftige Strukturierung administrativer Applikationen.

Die Top-down-Struktur macht Aussagen im Sinne von «gehört zu» und «besteht aus». Die Anforderungen an die einzelnen Aufgaben bzw. Teilaufgaben mit ihren Daten müssen mit einer geeigneten Methodik näher beschrieben werden.

Am zweckmässigsten geschieht dies durch Darstellung bzw. Beschreibung:

- des externen **Inputs**, also dessen, was an Daten in die Aufgabe (Teilaufgabe) hineingeht;
- der **Aufgabe** (Teilaufgabe) selbst mit ihren relevanten **Funktionen** und **Daten** sowie des
- externen **Outputs**, also dessen, was an Ergebnissen aus der Aufgabe (Teilaufgabe) herauskommt.

Man bezeichnet dies auch als EVA-Methodik, d. h. **E**ingabe, **V**erarbeitung, **A**usgabe oder aber auch als Daten- und Funktionsmodellierung. Neben der Beschreibung von Input und Output ist insbesondere der Verbleib der Daten im

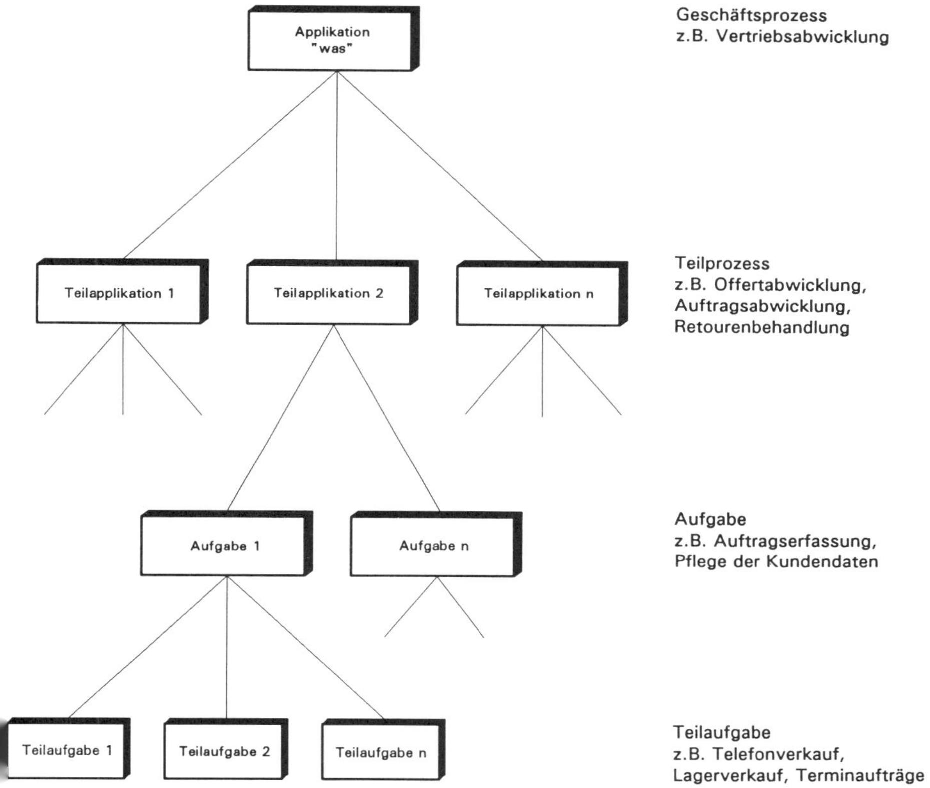

Abbildung 17: Beispiel für die Strukturierung administrativer Applikationen

System (Objekte, Datenelemente) zu erfassen und festzuhalten (siehe Abbildung 18).
Darüber hinaus sind auch die **Verknüpfungen** von Aufgaben bzw. Teilaufgaben (Schnittstellen) nach aussen oder zu anderen Aufgaben, bzw. aus anderen Applikationen, zu untersuchen und gegebenenfalls aufzuzeigen.

Selbstverständlich können auch andere Methoden, z. B. computergestützte Verfahren wie sie teilweise in einigen CASE-Umgebungen anzutreffen sind, zur Beschreibung der funktionalen Anforderungen und Daten eingesetzt werden; wichtig dabei ist, die nachfolgend aufgeführten Angaben möglichst vollständig, jedoch kurz und präzise festzuhalten.

Aufgabenbeschreibung

Aufgabeninhalt:
- Zweck, generelles Ziel der Aufgabe (Teilaufgabe);
- abzuwickelnde Funktionen;
- Formeln, Algorithmen;
- Kontrolle, Abstimmung;
- Art der Verarbeitung (batch, interaktiv);
- Verarbeitungszyklus;
- Zuteilung auf Systemplattform.

Externer Input:
- Art der Objekte bzw. Daten;
- Herkunft der Objekte bzw. Daten;
- Medien und Formatierung;
- Inhalt der Eingabedaten;
- Länge der Identfelder;
- Plausibilitätstests;
- Datenweitergabe (Datenfluss).

Datenbasis:
- Art und Inhalt der Objekte bzw. Daten;
- Verknüpfungen, Relationen;
- Organisation (z. B. sequentiell, relational);
- Zuteilung auf Systemplattform.

Externer Output:
- Zugriffspfade;
- Inhalt des Outputs (Art und Umfang);
- Reihenfolge;
- Medien und Wahl der Geräte des Outputs;
- Datenweitergabe (Datenfluss).

Schnittstellen:
- zu anderen Aufgaben (Applikationen);
- Verarbeitungsreihenfolge.

2.4.1.2.2 Uebrige Softwarequalitätsmerkmale

Im vorangegangenen Abschnitt wurden die Anforderungen betreffend Vollständigkeit und Richtigkeit pro Aufgabe bzw. Teilaufgabe beschrieben. Hier geht es darum, die übrigen Softwarequalitätsbegriffe zu verdeutlichen und festzuhalten. In der Regel genügt es, die diesbezüglichen Anforderungen lediglich pro Applikation oder gesamthaft für alle Applikationen zu formulieren. Trifft letzteres zu, so sind diese Anforderungen im Abschnitt 2.4.1.1 zu plazieren.

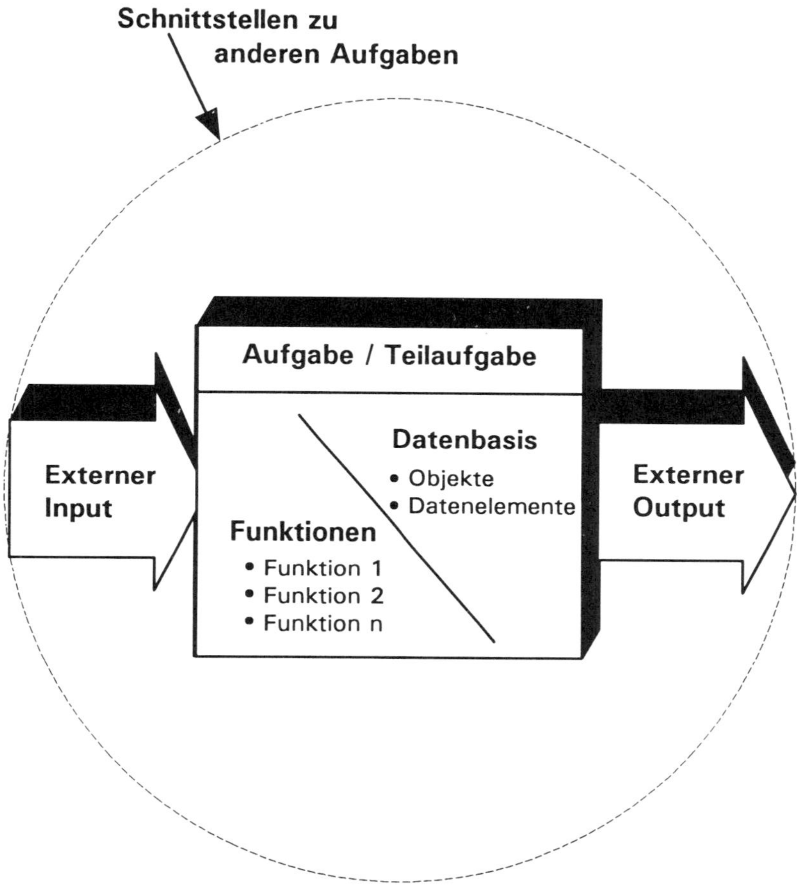

Abbildung 18: Elemente der Aufgabenbeschreibung

Der Qualitätsbegriff – vielseitige Interdependenzen

Die Qualität eines Softwareproduktes kann anhand bestimmter Eigenschaften, d. h. den in Abbildung 16 gezeigten Anforderungen bzw. Kriterien beurteilt werden. Problematisch dabei ist, dass die Softwarequalität nicht als Einheit zu verstehen ist, die sich durch Abspalten von Teilen dieser Einheit zerlegen lässt in unterschiedliche, voneinander unabhängige Qualitätsmerkmale. Softwarequalität ist vielmehr ein mehrdimensionales, vernetztes Gebilde, dessen Einzelmerkmale teils neutrale, teils ergänzende, teils konkurrierende Beziehungen zueinander aufweisen (siehe Abbildung 19).

Das Ziel einer gleich hohen Softwarequalität aller Merkmale, d. h. insbesondere die Maximierung aller Merkmale, ist praktisch unmöglich, da vielseitige Zielkonflikte bestehen.

Vor allem konkurriert das Effizienzmerkmal in starkem Masse mit den meisten anderen. Deshalb müssen bei der Anforderungsdefinition Mittel-Zweck-Relationen gebildet werden.

Nachfolgend wird näher auf die Inhalte und die daraus resultierenden möglichen Anforderungen der übrigen Softwarequalitätsmerkmale (Nr. 2 bis 7 in Abbildung 19) eingegangen.

a) Effizienz, Leistung

Ein Softwareprodukt wird als effizient bezeichnet, wenn es mit den Systemressourcen sorgfältig und sparsam umgeht, wenig Bedienungsaufwand beansprucht sowie kurze Verarbeitungs- und Antwortzeiten gewährleistet.

Effizienzbetrachtungen der Software sind nicht unwichtig. Sie sollten aber im richtigen Verhältnis zu den Leistungen und zum einhergehenden Preiszerfall der Hardware gesehen werden und sich vor allem auf einen effizienten Dialog «Mensch/Maschine» konzentrieren.

Die Anforderungen können sich auf folgende Punkte beziehen:

- Programmlaufzeiten für einzelne Aufgaben bzw. Teilaufgaben;
- Antwortzeitverhalten bei Abfragen und Verbuchungen (Updates);
- Geschwindigkeit des Bildschirmdialoges (Fenster, Menues, Eingaben);
- Zeitbedarf für Datenreorganisationen;
- Zeitbedarf für Datensicherung;
- Speicherbedarf (Hauptspeicher und externe Speicher).

b) Zuverlässigkeit, Robustheit

Unter der Zuverlässigkeit wird der Grad der Fehlerfreiheit verstanden, wobei ein Softwareprodukt verschieden schwere Fehler aufweisen kann: Analyse- und Designfehler, Programmierfehler, Dokumentationsfehler, Schönheitsfehler.

Robustheit ist ein Massstab dafür, inwieweit fehlerhaftes Verhalten der Umwelt, z. B. der Bedienung, durch das Software-Produkt erkannt und in einer definierten, vernünftigen Weise behandelt wird, ohne seine Funktionsweise zu beeinträchtigen. Im Kontext mit der Robustheit lassen sich folgende Fehler unterscheiden: Fehler in den Eingabedaten, Bedienungsfehler, Ueberlauffehler (Dateien, Zwischen- oder Endergebnisse).

Softwarequalitätsmerkmale	1 Richtigkeit, Vollständigkeit	2 Effizienz, Leistung	3 Zuverlässigkeit, Robustheit	4 Benutzbarkeit	5 Datenschutz, Sicherheit	6 Wartbarkeit, Anpassungsfähigkeit	7 Systemunabhängigkeit
1 Richtigkeit, Vollständigkeit		–	+	+ +			
2 Effizienz, Leistung	–		–	+		–	–
3 Zuverlässigkeit, Robustheit		–		+ +			
4 Benutzbarkeit		–					–
5 Datenschutz, Sicherheit		– –		+		–	–
6 Wartbarkeit, Anpassungsfähigkeit	+ +	+	+	+			
7 Systemunabhängigkeit		–				–	

\+ + sehr positive Beeinflussung
\+ positive Beeinflussung
\- negative Beeinflussung
□ keine bzw. geringe Beziehung

Abbildung 19: Beziehung der Softwarequalitätsmerkmale untereinander

Die Anforderungen betreffend Zuverlässigkeit und Robustheit können sich auf folgende Punkte beziehen:

- Verfahren des Systementwurfs;
- Modularität des Systementwurfs;
- Programmiersprache (4 GL, 3 GL);

- Datenverwaltungssystem;
- Vollständigkeits-, Existenz- und Plausibilitätskontrollen;
- Verhalten bei Fehlern und Systemzusammenbrüchen; (Fehlermeldung, Checkpoints, Restartmöglichkeiten);
- Testverfahren, Art und Weise der Qualitätssicherung;
- Anzahl realisierter Installationen;
- Novitätsgrad, Version (Release-Nr.);
- Art und Weise der Aenderungskontrolle (Change Management), Prozedere bei Release-Wechsel.

c) Benutzbarkeit

Ein Softwareprodukt wird als benutzbar und benutzerfreundlich bezeichnet, wenn es sich den Erwartungen des Benutzers entsprechend verhält und für ihn leicht zu erlernen und zu handhaben ist.

Die Benutzbarkeit drückt sich wesentlich durch den Integrationsgrad in, und die Anpassungsfähigkeit der Lösung an den natürlichen Ablauf des Aufgabenerfüllungsprozesses aus. Im Sinne einer Anpassung der Arbeitsbedingungen an den Menschen sollten vor allem hohe Anforderungen an eine menschengerechte Dialogkonzeption gestellt werden.

Nachstehende Aufzählung zeigt eine Auswahl möglicher Anforderungen, welche die Benutzbarkeit positiv beeinflussen:

- Angebot unterschiedlicher Dialogformen, Wahlmöglichkeit;
- Standardisierte Windowtechnik;
- Objektorientierte Benutzeroberflächen (Icons);
- WYSIWYG-Darstellung (what you see is what you'll get);
- Einfache Erlernbarkeit durch hohe Selbsterklärungsfähigkeit, z. B. durch die Möglichkeit wahlweise abrufbarer, verschieden umfangreicher ‹Bedienungsanleitungen›;
- Einfache Durchführbarkeit, z. B. durch klar strukturierten Dialogaufbau und -ablauf, Pull-Down-Menus, präzise Systemzustandserklärungen, eindeutige Rück- und Fehlermeldungen (Checkpoints und Restartmöglichkeiten);
- Klare, einheitliche Darstellung (Bildschirminhalte, Listen);
- Hohe Konsistenz über alle Applikationen;
- Beeinflussbarkeit des Systemverhaltens, d. h. Möglichkeit zu einem vom Benutzer bestimmten Einsteigen, Unterbrechen und Aussteigen aus dem Dialog.

d) Datenschutz/Sicherheit

Der Datenschutz soll Daten gegen unerlaubtes Lesen, Weitergeben und Verändern schützen. Der Schutz vor Datenmissbrauch, vor allem personenbezogener Daten, steht im Vordergrund (protection of privacy).

Die Sicherheit soll Daten und Programme vor dem Verlust durch technische oder menschliche Fehler, Katastrophen oder böswillige Zerstörung bewahren. Unter die Sicherheit fallen hier alle organisatorischen und softwaremässigen Massnahmen, die Daten und Programme gegen Verlust, Fälschung und unberechtigten Zugriff infolge technischer Pannen, menschlichem Versagen und unberechtigter Eingriffe sichern sollen.

Nachstehende Aufzählung gibt eine Auswahl möglicher Anforderungen, welche den Datenschutz und die Sicherheit positiv beeinflussen:

- Art und Umfang der Zutrittsberechtigung, z. B. in mehreren Stufen;
- Verarbeitung von Identifikationsdaten (Passwörtern);
- Inputkontrollen wie Prüfziffern, Prüfsummen, Identnummern, Plausibilitätstests;
- Möglichkeit von automatischen Sperrungen bei unberechtigten Zugriffsversuchen;
- Journalisierung von Zugriffsversuchen;
- Vorgaben für den Verarbeitungsablauf;
- Art und Weise der Datensicherung (Logfile, Recovery);
- Chiffrierung von Daten;
- Fehlerprotokollierung und eindeutige Wiederanlaufpunkte.

e) Wartbarkeit, Anpassungsfähigkeit

Die Wartbarkeit umfasst Eigenschaften des Softwareprodukts, welche die spätere Durchführung von potentiellen Aenderungen (Fehlerbehebungen, Anpassungen, Erweiterungen) erleichtern. Die Wartbarkeit hängt direkt von der Verständlichkeit (konzeptionelle Klarheit, Modularität) der Software ab.

Auch die Dokumentation ist ein wichtiger Indikator für die Wartbarkeit.

Die Anforderungen betreffend Wartbarkeit und Anpassungsfähigkeit können sich auf die nachstehenden Punkte beziehen:

- Benutzung zeitgemässer Entwurfs- und Programmierverfahren (hierarchisch strukturiert, objektorientiert), computergestütztes Software-Engineering (CASE);
- Zerlegung des Systems in weitgehend unabhängige Module (Modularität): änderungsanfällige Komponenten (Ein-/Ausgabe, Fehlerbehandlung) sollten in einzelnen, leicht auswechselbaren Modulen konzentriert werden;
- Trennung zwischen Datenverwaltung (Datenbank-Management-System) und Programmen;
- hoher Parametrisierungsgrad;
- Verwendung von öffentlich zugänglichen (genormten) und Industriestandard-Programmiersprachen, Tools und Datenbank-Management-Systemen (z. B. COBOL, C, SQL für Datenbanken);
- Wahrung der Konsistenz, d. h. Einheitlichkeit des Programmtextes und der Datenbeschreibungen (Namen, Bezeichnungen, erläuternde Kommentare,

übersichtliches Programm-Layout mit Absätzen, Leerzeilen, Einrücken zusammengehörender Befehlsfolgen usw.);
- Selbstdokumentierend in dem Sinne, dass aus Anweisungen, Daten- und Prozedurnamen unmittelbar ihre Bedeutung hervorgeht;
- Dokumentation: allgemeine Systembeschreibung, DV-technische Beschreibung, Bedienungsanleitung (Landessprache, didaktisch gut, vollständig, mit Beispielen, Art und Weise der Nachführung).

f) Systemunabhängigkeit, Offenheit

Mit dem Aufkommen offener Systeme sowie neuer Verarbeitungsstrukturen (Client-/Server-Konzept) gewinnen Anforderungen betreffend Systemunabhängigkeit (Hardwareunabhängigkeit) an Bedeutung.

Dabei geht es um die **Portabilität**, d. h. die Uebertragbarkeit von Applikationssoftware, damit **Interoperabilität** (Nutzung von Applikationssoftware auf unterschiedlichen Rechnern im Netzwerkverbund) sowie **Skalabilität** (Ablauffähigkeit von Applikationssoftware auf allen Klassen von Rechnern) möglich wird.

Voraussetzung hiefür ist, dass sich die Applikationssoftware auf Systemsoftware abstützt, die kompatibel ist zu offenen Standards (z. B. UNIX, SQL) und Industriestandards (z. B. MS DOS, OS/2).

Die Anforderungen an eine möglichst grosse Offenheit können sich auf folgende Punkte beziehen:

- Beachtung von Standards (Normen) der offenen Systeme: z. B. UNIX COBOL, C, SQL;
- Beachtung von Industriestandards: z. B. MS DOS, OS/2;
- Verwendung von am Markt führenden 4GL's und Datenbank-Management Systemen (RDBMS und OODBMS), die auf verschiedenen Systemplattformen angeboten werden;
- Verwendung von ‹Standard›-Applikationssoftware, die ebenfalls auf verschiedenen Systemplattformen angeboten wird;
- Vermeidung möglichst vieler verschiedener Programmiersprachen, Datenbank-Management-Systemen usw.

2.4.2 Anforderungen an die Systemplattform

Unter die Systemplattform fallen die systemtechnischen Träger der Lösung, also alle Hardwarekomponenten der Hintergrund- und Arbeitsplatzsysteme, die Systemsoftware, die Kommunikationskomponenten und, sofern noch notwendig, die Infrastruktur (Raum, Klima, Stromversorgung).

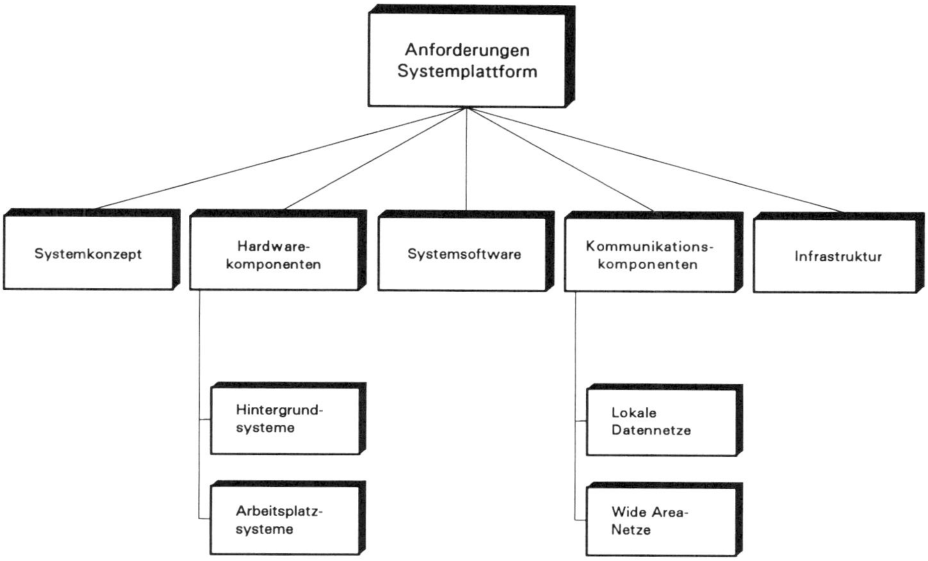

Abbildung 20: Anforderungen an die Systemplattform

Gleichzeitig werden hier auch die Anforderungen an das zugrunde liegende Systemkonzept, evtl. ergänzt durch eine Systemübersicht, definiert (siehe Abbildung 20).

Unter dem Begriff ‹**Hintergrundsysteme**› verbergen sich alle Klassen von Computersystemen (Grosscomputer, Midrange-Systeme, Mikrocomputer, alle Arten von Servern usw.), die mit ihrer Verarbeitungs- und Speicherleistung mehr als einen Arbeitsplatz gleichzeitig unterstützen können.

Unter den Begriff ‹**Arbeitsplatzsysteme**› fallen dagegen alle Endgeräte wie PC's, Workstations, Bildschirmterminals usw.

Grundsätzlich sind die **Anforderungen an die Systemplattform** im Pflichtenheft **knapp zu halten,** ist es doch in erster Linie die Aufgabe und Pflicht der Offertsteller, aufgrund der applikatorischen Anforderungen und des Mengengerüstes die richtige Leistungsstufe der verschiedenen systemtechnischen Komponenten inklusive der Datennetze zu bestimmen und zu offerieren.

2.4.2.1 Systemkonzept

Hier formuliert der Pflichtenheftersteller die Anforderungen an das Systemkonzept, d. h. an die systemtechnischen Eckpfeiler. Natürlich haben hier, sofern vorhanden, die Grundsätze der Informatikstrategie in geeigneter Weise einzufliessen, geht es doch in der Regel um eine langfristig angelegte Systemarchitektur, in welche die Applikationen möglichst flexibel zu implementieren sind.

Dabei spielen sowohl öffentlich zugängliche Standards wie auch Industriestandards und de facto Standards der führenden Hersteller eine wesentliche Rolle. Damit ist zugleich die Frage nach der **Offenheit** der Systeme (proprietäre, d. h. herstellerspezifische oder offene Systeme) zu beantworten.

Gleichzeitig gilt es, Anforderungen betreffend der Verarbeitungsstruktur und Verarbeitungsart (z. B. ein zentrales System oder viele Systeme nach dem Client-/Server-Konzept) aufzustellen.

Die Anforderungen an das Systemkonzept haben in hohem Masse Einfluss auf die übrigen Anforderungen an die Systemplattform, insbesondere auf diejenigen an die Systemsoftware.

Sie können sich, sofern überhaupt klare konzeptionelle Vorstellungen vorhanden sind, z. B. auf folgende Punkte beziehen:

- Generelle Systemarchitektur (offene Architektur oder spezifische Architektur eines Herstellers);
- Verarbeitungsstruktur und -art (zentrale/dezentrale Verarbeitungsleistung, d. h. Multi-User und Multi-Tasking oder Single-User und Multi-Tasking);
- Ausprägung der Arbeitsplatzsysteme, d. h. Terminals oder PC's bzw. Workstations;
- Verteilung der Computerleistung und der Peripheriegeräte, d. h. wo welche Systeme benötigt werden (Systemüberblick).

2.4.2.2 Hardwarekomponenten (Hintergrund- und Arbeitsplatzsysteme)

Die rasante technologische Entwicklung bei den Hardwarekomponenten (Miniaturisierung der Bauweise und Leistungssteigerung) wird auch in den nächsten Jahren bei gleichzeitig sinkenden Preisen anhalten (siehe dazu Abbildung 21).

Neue Computerarchitekturen mit immer höherer Leistung, z. B. Vector Array Prozessoren, Multiprozessoren, grössere Hauptspeicher, dedizierte Subprozessoren (z. B. Graphikprozessor), RISC-Bauweise, höhere Taktfrequenzen und Zykluszeiten, höhere MIPS-Raten (Millionen Instruktionen pro Sekunde) sowie ‹fault tolerant systems›, sind die wichtigsten Merkmale neuer (kommender) Systeme.

Bei der Computerperipherie dürften noch grössere Innovationen stattfinden. Die absehbare Entwicklung lässt aus heutiger Sicht folgendes erwarten:

- Magnetische Plattenspeicher mit noch wesentlich höheren Schreibdichten und Kapazitäten bei weiterhin sinkenden Preisen;
- Optische und magneto-optische Speicher mit riesigen Kapazitäten;
- Drucker für den Arbeitsplatz und die Abteilung (Zeilen- und Seitendrucker mit Impact- und Non-Impact-Technologie) bei stark sinkenden Preisen und satznaher Qualität.

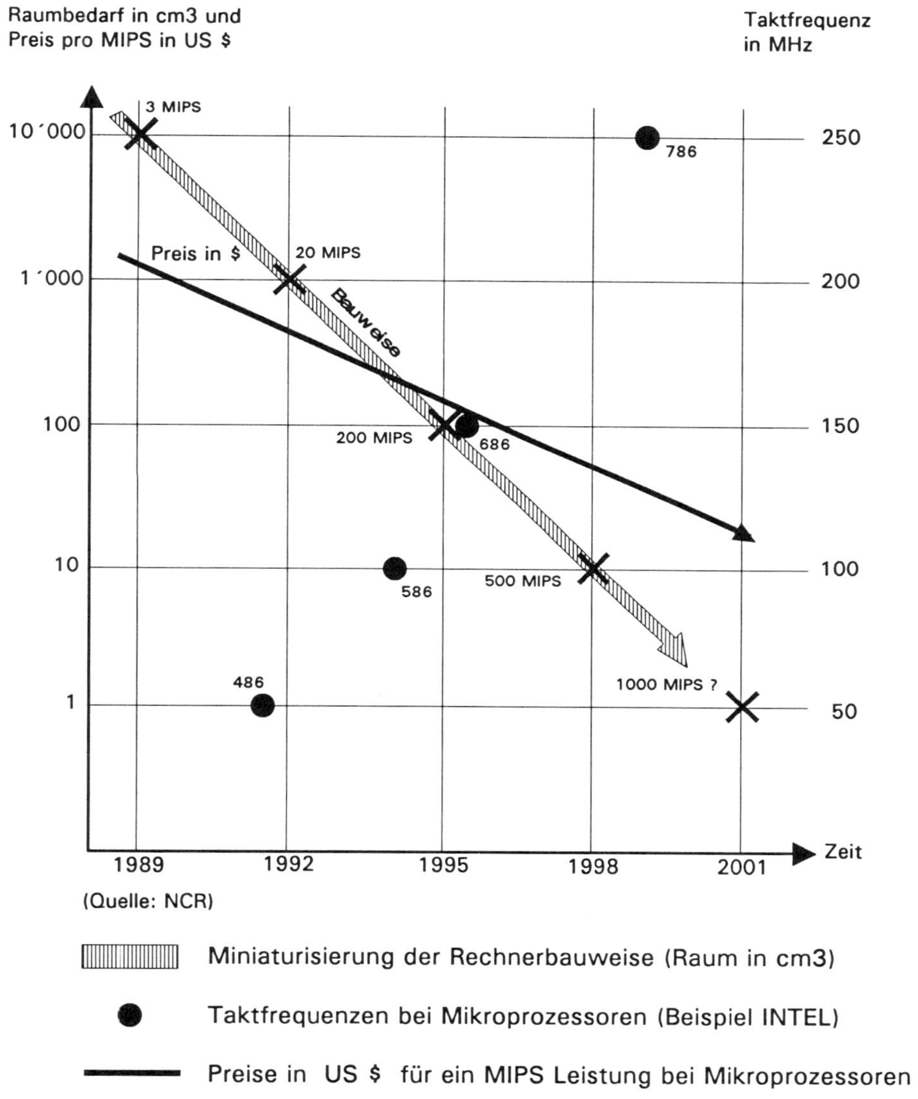

Abbildung 21: Evolution der Rechnertechnologie (Miniaturisierung der Bauweise bei gleichzeitiger Leistungssteigerung und Preissenkung)

Trends beachten

Für den Pflichtenheftersteller kommt es insbesondere darauf an, sich durch geeignete Fragen Klarheit zu verschaffen, ob die offerierten Hardwarekomponenten dem aktuellen Stand und den Trends der Technologie entsprechen, oder ob sie bereits dem ‹alten Eisen› zuzurechnen sind.

Zu ergänzen sind diese Fragen allenfalls durch Anforderungen, welche vor allem benutzerorientierte Aspekte (z. B. Ergonomie, Zuverlässigkeit, Ausbaubarkeit) betreffen.

Wie bereits in Abschnitt 2.4.2 ausgeführt, ist es die primäre Aufgabe der Offertsteller, die Leistung der einzelnen Hardwarekomponenten aufgabengerecht zu bestimmen und die richtige Leistungsstärke zu offerieren.

Hardwarekomponenten sinnvoll gliedern

Eine zweckmässige Gliederung der Hardwarekomponenten für Hintergrund- und Arbeitsplatzsysteme geht aus Abbildung 22 hervor.
Der Pflichtenheftersteller soll die Ausprägungen der wichtigsten Kriterien der verschiedenen Hardwarekomponenten in der späteren Phase der Bewertung beurteilen können.

Gezielte Fragen und Anforderungen formulieren

Nachfolgend wird in genereller Form stichwortartig auf mögliche Kriterien für Hardwarekomponenten eingegangen, die es durch Fragen und Anforderungen im Pflichtenheft zu erfassen und später zu werten gilt.

a) Leistung/Funktionalität

Bei der Beurteilung der Leistung kommt es auf das optimale Zusammenwirken aller Hardwarekomponenten mit der System- und Applikationssoftware bei einer bestimmten Arbeitslast an. Die Leistung kann deshalb nicht mittels einiger theoretischen Zahlen einzelner Hardwarekomponenten beurteilt werden.

Dennoch haben nachfolgende Ausprägungen Einfluss auf die Leistung:

- Art und Anzahl der Prozessoren;
- Taktfrequenzen, MIPS-Raten (Mio. Instruktionen pro Sekunde);
- Zugriffszeiten (in µsec oder msec);
- Uebertragungsraten (in Mbyte/sec);
- Speichergrössen;
- Ausdruckgeschwindigkeiten (Zeichen/sec, Zeilen/min, Seiten/min);
- Basisfunktionalitäten der jeweiligen Komponenten.

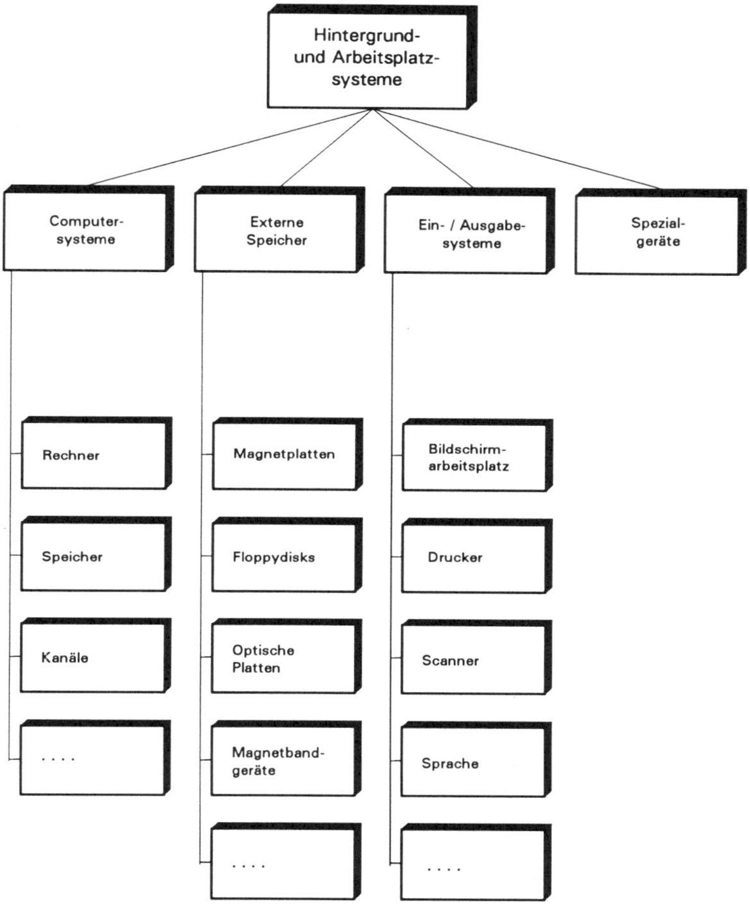

Abbildung 22: Gliederung der Komponenten für Hintergrund- und Arbeitsplatzsysteme

b) *Zuverlässigkeit, Robustheit*

Die Zuverlässigkeit der meisten Hardwarekomponenten ist heute sehr hoch, dennoch können bestimmte Verfügbarkeiten bis hin zu fehlertolerantem Verhalten gefordert werden. Positiv wirken sich auf die Zuverlässigkeit aus:

- Verwendung von Industriestandardkomponenten;
- Redundante Komponenten;
- Fehlertolerante Systeme;
- Selbstdiagnoseeinrichtungen;
- Eindeutige Zustands- und Fehleranzeigen;
- Selbstreparaturmöglichkeiten.

c) Benutzbarkeit, Ergonomie

Hier geht es darum, Anforderungen aufzustellen, die alle hardwaremässigen Eigenschaften erfassen, die das Arbeiten mit dem System erleichtern und angenehmer machen. Im Mittelpunkt stehen dabei sicherlich die Arbeitsplatzsysteme (Bildschirme) sowie spezielle Ein- und Ausgabegeräte.

Aber auch andere Hardwarekomponenten wie z. B. die Rechner selbst oder die externen Speicher können unter ergonomischen Gesichtspunkten wie Lärmentwicklung, Wärmeabgabe, Form, Einfachheit in der Bedienung usw. beurteilt werden.

Nachfolgend wird eine Auswahl möglicher Anforderungen gezeigt:

- graphikfähige Bildschirme (Grösse, Normen, Auflösung, Schärfe, Flimmerfreiheit, Farben, Höhenverstellbarkeit, Neigbarkeit usw.);
- frei bewegliche, flache und genormte Tastaturen; zusätzlich z. B. ‹Maus›;
- Qualität (Auflösung in Punkten) bei Druckern und Scannern;
- Form, Baugrösse, Design, Farbe, ‹look and feel›;
- Bedienbarkeit, Einfachheit (z. B. Startvorgänge, Medienwechsel, Papierwechsel bei Druckern, Austausch von Zubehör usw.).

d) Datenschutz/Sicherheit

Der Datenschutz und die Sicherheit werden vor allem durch organisatorische, bauliche und softwaremässige Vorkehrungen gewährleistet.

Seitens der Hardware wirken sich z. B. folgende Einrichtungen betreffend Datenschutz und Sicherheit positiv aus:

- spezielle Transaktionsmonitore;
- Schlösser an den Systemen;
- spezielle Identifikationseinrichtungen (z. B. Badge-Karten, Stimmerkennung, Bilderkennung);
- Chiffriergeräte;
- redundante Komponenten für spezielle Benutzergruppen.

e) Wartbarkeit, Ausbaubarkeit

Die Wartbarkeit wird in starkem Masse durch die Technologie und Bauweise geprägt. Je nach Komponente kann die Wartbarkeit einen unterschiedlich hohen Stellenwert einnehmen. Fehlerdiagnostikeinrichtungen, Dezentralisierung und Selbständigkeit der einzelnen Komponenten (z. B. im Sinne des Client-/Server-Konzeptes) begünstigen die Wartbarkeit und Ausbaubarkeit.

Die Ausbaubarkeit ist nach wie vor ein sehr wichtiges Kriterium. Es sagt aus, in welchem Masse die Hardware bzw. einzelne Komponenten, auch nach erfolgter Installation, ausgebaut bzw. erweitert werden können. Im einzelnen geht es dabei u. a. um

- das **Hinzufügen**, z. B. weiterer Arbeitsstationen, Peripheriegeräte;
- den **Ausbau** bestehender Komponenten, z. B. der Speicherkapazität, und
- die spätere **Ablösung** einzelner Komponenten durch analoge Komponenten, allerdings mit neuer Technologie (Migrationsfähigkeit).

In der Regel sind an die Ausbaubarkeit hohe Anforderungen zu stellen.

f) Systemunabhängigkeit, Offenheit

Gerade mit dem Aufkommen von Industriestandardsystemen gewinnt dieses Kriterium, auch bei den Hardwarekomponenten, an Bedeutung. Folglich soll der Pflichtenheftersteller auch hier bereits entsprechende Anforderungen formulieren, wenn er eine möglichst offene Systemplattform – sie wird vor allem durch die Systemsoftware gewährleistet – anstrebt:

- Einhaltung von Industrienormen bei möglichst vielen Hardwarekomponenten;
- Einhaltung von Normen und Standards bei Schnittstellen, Steckern usw.;
- Einhaltung von Standards für Formate, Zeichensätze, Auflösungen, Aufzeichnungsverfahren usw. (Wahrung der Kompatibilität zu den Standards);
- Austauschbarkeit von Komponenten, Peripheriegeräten usw.

Die Systemunabhängigkeit steigert auch die Mobilität, insbesondere von Arbeitsplatzsystemen und Peripheriegeräten.

2.4.2.3 Systemsoftware

Unter die Systemsoftware fallen die Betriebssysteme inklusive Dienst- und Verwaltungsprogramme, die Programmiersprachen inklusive Softwareentwicklungstools, die Datenverwaltungssysteme, die Kommunikationssoftware und die Benutzerschnittstellen für alle Hintergrund- und Arbeitsplatzsysteme (siehe Abbildung 23).

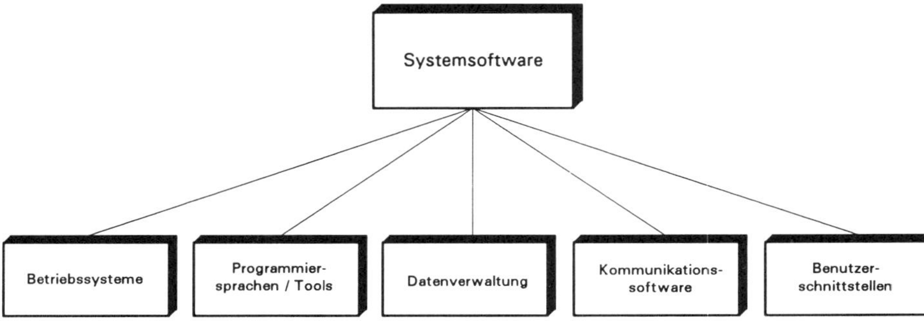

Abbildung 23: Komponenten der Systemsoftware

Betriebssysteme:

Hier geht der Trend zu hardware-unabhängigen Betriebssystemen, die den offenen Standards und Industriestandards entsprechen wie z. B. UNIX, OS/2, MS DOS. Nur noch wenige proprietäre Betriebssysteme werden ihre derzeitige Marktstellung halten können.

Programmiersprachen:

Programmiersprachen der 4. Generation (4GL) gewinnen an Bedeutung, wobei gleichzeitig einige 3GL's ihre Position festigen, z. B. COBOL und C.

Datenverwaltungssysteme:

Leistungsfähige RDBMS (**R**elationales **D**aten**b**ank-**M**anagement-**S**ystem) mit standardisierter Sprache (SQL) werden gefragt sein; verteilte Datenbanken und objektorientierte Datenbanksysteme (OODBMS) kommen auf.

Kommunikationssoftware:

Die Bedeutung der Kommunikationssoftware, insbesondere der Netzwerkbetriebssysteme, wird im Zuge der fortschreitenden Dezentralisierung von Informatikmitteln, der zunehmenden Integration unterschiedlicher Systeme in eine ganzheitliche Informationsverarbeitung sowie dem steigenden Angebot interessanter Kommunikationsdienste stark zunehmen.

- Netzwerkbetriebssysteme für LAN's (**L**ocal **A**rea **N**etwork) bilden das Rückgrat für das Client-/Server-Konzept;

- Kommunikationssoftware zur Nutzung von VAN's (**V**alue **A**dded **N**etwork) oder Electronic Mail kann gefragt sein, z. B. für EDI (**E**lectronic **D**ata **I**nterchange);
- ISDN (**I**ntegrated **S**ervices **D**igital **N**etwork)-Dienste können spezielle Kommunikationssoftware erfordern.

Benutzerschnittstellen:

Graphische, objektorientierte Benutzeroberflächen unter Multi-Windows (z. B. X.Windows, MS Windows) werden zur Standard-Benutzerschnittstelle.

Die langfristige Planung der Systemsoftware nimmt in der Regel einen immer wichtigeren Stellenwert ein. Entsprechend hoch sind die diesbezüglichen Anforderungen; sie sollen durch Festlegen von internen Standards die Basis für eine unternehmensweite, durchgängige Informationsverarbeitung schaffen. Eine wichtige Determinante für diese Anforderungen liefert das Systemkonzept (siehe Ausführungen unter 2.4.2.1).

Der Pflichtenheftersteller hat auf die Funktionalität und die übrigen Qualitätsmerkmale der Systemsoftware praktisch keinen Einfluss. Sie wird von den Herstellern aufgrund eigener Marktbeurteilungen zur Gewinnung von Wettbewerbsvorteilen oder nach den Vorgaben internationaler Standardisierungsgremien entwickelt und gepflegt.

Deshalb geht es für den Pflichtenheftersteller in erster Linie darum, bestimmte Systemsoftwarekomponenten, oft im Sinne von Musskriterien, zu fordern bzw. festzustellen, ob und wieweit die offerierten Komponenten dem Standard tatsächlich entsprechen.

Nachfolgende Tabelle (siehe Seite 74) vermittelt einen Ueberblick derzeit vorherrschender offener Standards und Industriestandards sowie proprietärer Systeme.
Bei proprietären Systemsoftwarekomponenten (z. B. herstellerspezifische Betriebssysteme, Datenverwaltungssystemen, 4GL's) dagegen lohnt sich in der Regel vor allem eine detailliertere Ueberprüfung der Funktionalität.

Entsprechend sind hier detailliertere Fragen und Anforderungen im Pflichtenheft zu formulieren. Die Kriterien (Anforderungen) für die Systemsoftware entsprechen praktisch jenen der Applikationssoftware, damit betreffen sie die:

- Funktionalität (offerierter Funktioinsumfang);
- Effizienz, Leistung;
- Zuverlässigkeit, Robustheit;
- Benutzbarkeit;
- Sicherheit;
- Wartbarkeit, Anpassungsfähigkeit;
- Systemunabhängigkeit sowie Schnittstellen zu Standards.

Systemsoftware / Typus	Betriebs-systeme	Programmier-sprachen inkl. 4 GL's	Datenver-waltung	Kommuni-kation	Benutzer-schnittstellen
Offene Standards (Normen)	UNIX (X/Open)	C (SVIO) Cobol (ANSI) Fortran Pascal (ISO) LISP C ++	C-ISAM SQL (ANSI) für RDBMS	X.400 X.500 EDIFACT FTAM X.25 ISDN ODA/ODIF	X.Windows
Industrie-standards	MS DOS OS/2	INGRES ORACLE PROGRESS NATURAL	SQL - Server SQL - BASE INGRES ORACLE INFORMIX ADABAS SYBASE	LAN-Manager NetWare TCP / IP FTP FDDI	MS Windows Presentation-Manager
Verbreitete proprietäre Systeme	OS/400(IBM) MVS (IBM) BS 2000 (Siemens) VMS (DEC) GUARDIAN (Tandem)	PL 1 (IBM) CPS (IBM) SYNON/2	DB2 (IBM) Rdb (DEC)	SNA (IBM) DNA (DEC)	MAC (Apple)

Abbildung 24: Beispiele für Systemsoftwarekomponenten mit ihren Standards sowie verbreitete proprietäre Systeme (Stand: 1991)

Die Fragestellungen und Anforderungen haben sich auf diese Kriterien zu beziehen; bei proprietären Systemen stehen dabei naturgemäss Fragen zur Funktionalität, Effizienz, Zuverlässigkeit, Benutzbarkeit und Sicherheit im Vordergrund. Bei Standardsystemen geht es, wie bereits erwähnt, vor allem darum, den Grad der Kompatibilität zum Standard herauszufinden.

2.4.2.4 Kommunikationskomponenten

Weil einerseits die Kommunikation im lokalen Bereich wie auch für den Fernbereich zunehmend an Bedeutung gewinnt und Bestandteil einer integrierten Informationsverarbeitung wird, andererseits vielfach heterogene Systemwelten miteinander zu kommunizieren in der Lage sein müssen, sind vom Pflichtenheftersteller entsprechende Anforderungen an die Kommunikationskomponenten zu formulieren. Gemeint sind damit die lokalen Datennetze (z. B. LAN, **L**ocal **A**rea

Network, und PABX, **P**rivate **A**utomatic **B**ranch E**X**change) sowie die Einrichtungen zur Datenfernübertragung und Nutzung der Kommunikationsdienste (WAN, **W**ide **A**rea **N**etwork, sowie MAN, **M**etropolitan **A**rea **N**etwork) im Sinne der unteren Schichten des ISO/OSI-Modells.

Die Anforderungen an die verschiedenen Kommunikationsdienste sowie an das Netzwerkmanagement (Netzwerkbetriebssysteme) sind unter der Systemsoftware im Abschnitt 2.4.2.3 bereits zu formulieren.

Hier geht es um Anforderungen an die Kommunikationskomponenten, z. B. betreffend:

- Topologie des LAN's (z. B. Ethernet oder Token-Ring);
- Uebertragungsmedien (z. B. Thick Ethernet, Glasfaser);
- Standortspezifische, bautechnische Gegebenheiten (Ausdehnung);
- Netzzugangseinheiten, Endgeräteschnittstellen (z.B. Transceiver, Terminalserver);
- Brücken (Verbindungen von Netzen, auch unterschiedlicher Topologie und Medien);
- Leistungsdaten (Durchsatz, bezogen auf alle Komponenten, Anzahl anzuschliessender Stationen);
- Erweiterbarkeit;
- Sicherheit, Robustheit;
- Interfacekarten für ISDN-Dienste (z.B. Telefax, Swissnet);
- Normenkonformität.

2.4.2.5 Infrastruktur

Unter Infrastruktur ist die gesamte Einsatzumgebung der Systemplattform zu verstehen, d. h. die erforderlichen Umweltbedingungen wie Raum, Klima und Strom. Die Bedeutung dieser Kriterien ist infolge des enormen Technologiefortschritts und der daraus resultierenden Miniaturisierung der Hardware sowie der damit verbundenen drastischen Verringerung der Wärmeabgabe stark rückläufig. Für die Arbeitsplatz- und die meisten Hintergrundsysteme sind heute spezielle Raum- und Klimaanforderungen überflüssig. Hingegen gewinnen bauliche Massnahmen zur Gewährleistung der Sicherheit zunehmend an Bedeutung.

Sollten an die Infrastruktur spezielle Bedürfnisse bestehen, so sind hier im Pflichtenheft entsprechende Anforderungen und Fragen in folgenden Punkten zu formulieren:

Bauliche Voraussetzungen:

- Grösse und Anordnung der Räume;
- Ausbau der Räume (Doppelboden, Doppeldecke, Schallisolation, Beleuchtung, Sonnenschutz usw.);
- Kabelschächte für Leitungen (Netzwerk).

Klimatisierung:

- Art und Leistung der Klimaanlage.

Sicherheitsvorkehrungen:

- Zutrittssicherung;
- Brandschutz (Verhütung, Meldung, Brandbekämpfung);
- Ablageeinrichtungen für Datenträger (Floppies, Magnetbänder, optische Platten usw.) z. B. in feuersicheren Schränken.

Elektrische Versorgung:

- notwendige Stromarten und Leitungen;
- Notstromversorgung.

Zubehör und Mobiliar:

- Datenträger (Medien) und deren Aufbewahrung, Schneid- und Trennmaschinen, Mobiliar (Schränke, Tische, Stühle).

2.4.3 Anbieterbezogene Anforderungen

Eine erfolgreiche Beschaffung von Informatikmitteln und deren spätere zielkonforme Nutzung hängt nicht nur von der Güte der Applikationssoftware und der Systemplattform, sondern ebenso von der Seriosität und der Fachkompetenz der Leistungen der Hersteller, Lieferanten und sonstigen Integrationshelfern ab. Deshalb hat der Pflichtenheftersteller entsprechende anbieter- und unterstützungsbezogene Anforderungen zu formulieren (siehe Abbildung 25).

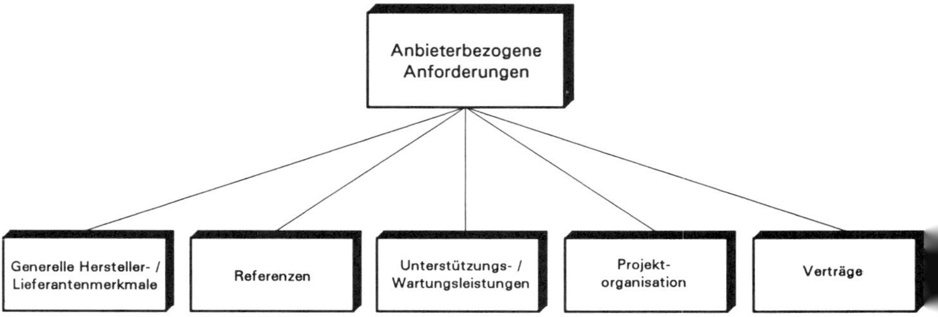

Abbildung 25: Anbieterbezogene Anforderungen

Gerade auch wegen der mehrjährigen und oft nur schwer lösbaren Bindung an die Hersteller bzw. Lieferanten sind diese Anforderungen besonders wichtig.

2.4.3.1 Generelle Hersteller/Lieferantenmerkmale

Auf dem Markt für Informatikmittel tauchen in immer stärkerem Umfang neue Firmen auf. Kleine von einst zählen zu den Leistungsfähigsten von heute. Einige der einst grossen, etablierten Herstellern kamen in finanzielle Nöte, wurden aufgekauft oder verschwanden ganz.

Im Grundsatz sollte gelten, dass nur von innovativen, fachlich im jeweiligen Bereich (Segment) kompetenten und finanziell gesunden Herstellern bzw. Lieferanten langfristig Kontinuität am Produkt sowie in der Unterstützung und Wartung zu erwarten sein dürfte. Diese Aspekte sollen hier vor allem erhellt und bewertet werden.

In der Regel richten sich die Anforderungen an mehrere Realisierungspartner z. B. an:

- Hersteller der Software;
- Hardwarehersteller und
- Lieferanten im Sinne des Systemintegrators.

Mögliche Beurteilungskriterien, deren Substanz und Wahrheitsgehalt, es vornehmlich durch Fragen in Erfahrung zu bringen gilt, sind z. B. folgende:

- Marktstellung (Grösse, finanzielle Lage, Wachstum, Innovationskraft);
- Standort(e) (Entwicklung, Herstellung, Unterstützung, Schulung);
- Know-how, Fachwissen im jeweiligen Segment;
- Uebereinstimmung des Beschaffungsvorhabens mit den strategischen Zielen (Produkten) der Anbieter bzw. Hersteller;
- Besitzverhältnisse (Wer steckt dahinter?);
- Allgemeines Geschäftsgebaren, Kontinuität;
- Bestehende Geschäftsverbindungen.

2.4.3.2 Referenzen

Einen wichtigen Anhaltspunkt über die Leistungsfähigkeit und Glaubwürdigkeit der Hersteller bzw. Lieferanten liefern Referenzauskünfte. Deshalb soll der Pflichtenheftersteller Angaben über drei bis fünf Referenzprojekte verlangen.

Wesentlich dabei ist, dass Referenzen gefordert werden, die vom Umfang und Schwierigkeitsgrad her vergleichbare Lösungen mit, falls möglich, analogen Produkten (Hardware und Software) aufweisen.

Die Fragen zu den Referenzen sollen den Grad der Zufriedenheit der Kunden zu Tage fördern und vor allem auf folgende Punkte Antworten geben:

- Lieferantenseitiges Leistungsvermögen
  - Qualität der Produkte (Software und Systemplattform);
  - Einhaltung von Terminen, Preisen, Zusagen, sonstigen vertraglichen Vereinbarungen;
  - Qualität der Unterstützung und Betreuung vor und nach der Installation;
  - Grad der Zielerreichung.
- Allgemeines Geschäftsgebaren
  - Politik (z.B. bei Preisanpassungen, Ankündigung neuer Produkte);
  - Kulanzverhalten.
- Know-how-Potential: Verfügt der Lieferant über die notwendige fachliche Kompetenz?

2.4.3.3 Unterstützungs- und Wartungsleistungen

Aufgabengerechte und kompetent ausgeführte Unterstützungs- und Wartungsleistungen ermöglichen in der Regel erst die Einführung und den effizienten Betrieb der Systeme. Der Pflichtenheftersteller hat deshalb die für ihn relevanten Unterstützungs- und Wartungsleistungen zu fordern. Sie können sich auf alle Träger der Lösung (Applikationen und Systemplattform) und auf alle vom Beschaffungsvorhaben betroffenen Personengruppen (Informatikspezialisten, Benutzer) beziehen.

Im wesentlichen haben die Hersteller bzw. Lieferanten und sonstigen Integrationshelfer folgende Leistungen zu erbringen:

- Beratung und Planung;
- Schulung bis hin zu ‹on-the-job Training›;
- Installation von Hardware und Software;
- Realisierungsunterstützung;
- Mitwirkung bei der Abnahme;
- Support bei Problemen und Fehlern bis hin zur Fehlerbehebung;
- Wartung und Weiterentwicklung.

Es gilt, konkrete Anforderungen z. B. bezüglich Quantität, Termine, zeitliche Aspekte (innerhalb und ausserhalb der Normalarbeitszeit), Einsatzbereitschaft, Eskalationsprozedere, Interventionszeiten ab Störungsmeldung, Ersatzteilhaltung, Standorte, Changemanagement, Kompatibilität usw. an die vorher aufgeführten Leistungen zu knüpfen.

2.4.3.4 Projektorganisation für die Realisierung

Zumindest bei grösseren und komplexeren Beschaffungsvorhaben ist der Hersteller bzw. Lieferant in einer angemessenen Form in die Projektorganisation zur Einführung der Lösung einzubinden, und zwar gestützt auf

- den Wunsch nach einer besseren Planung, Ueberwachung und Steuerung von Qualität, Terminen und Kosten sowie
- das Bedürfnis nach einem transparenten Leistungsnachweis.

Der Pflichtenheftersteller soll hier entsprechende Anforderungen formulieren u. a. bezüglich

- lieferantenseitige Aufbauorganisation und personelle Besetzung der Projektorgane (Projektlenkung, Projektleitung und Projektmitarbeiter/innen);
- Projektplanung, insbesondere Termine (Lieferung, Installation, Abnahme, Aufnahme der produktiven Nutzung) für einzelne Realisierungseinheiten und das Gesamtsystem;
- anzuwendende Projektmanagementverfahren;
- einzusetzende Hilfsmittel bis hin zum computergestützten Projektmanagement (z.B. bestimmte Softwarepakete auf PCs),
- Informationsfluss und Berichtswesen.

2.4.3.5 Verträge

Die Frage nach der Gestaltung der Verträge ist ein weiteres wichtiges Beurteilungskriterium. Die Verträge stellen im Falle eines Fehlschlages der Einführung die wesentliche Voraussetzung zur Durchsetzung von Ansprüchen gegenüber den Lieferanten dar. Die Anforderungen an die wichtigsten Vertragspunkte sind deshalb bereits im Pflichtenheft zu fixieren.

Die von der SVD und der BüFA (heute SWICO) erarbeiteten Modelle für allgemeine Geschäftsbedingungen sind darüber hinaus eine ausgezeichnete Empfehlung für die Gestaltung der Verträge, deren Einhaltung in der Evaluation bewertet werden sollte (siehe dazu die SVD-Publikation ‹Informatik-Vertragsmodelle›).

Der Anwender wird in der Regel mehrere Verträge unterschiedlicher Typen (eventuell mit mehreren Lieferanten) – für den Erwerb der Applikationssoftware, der Hardwarekomponenten, der Systemsoftware sowie der Wartung der Hardware und Software – abzuschliessen haben, was die Frage nach der Gesamtverantwortung nicht erleichtert.

Nachfolgend werden die Anforderungen an die wichtigsten Vertragspunkte in einer universellen Sicht, also nicht bezogen auf einen einzelnen Vertragstyp, und nicht abschliessend festgehalten:

a) Vertragsgegenstand

- klar geregeltes Vertragsverhältnis, z. B. GU-Verhältnis;
- Zusammenhang zwischen Pflichtenheft, Offerten und Verträgen verankern (nur jeweils aktualisierte Dokumente anführen);
- Lieferumfang und alle Leistungen detailliert und exakt festhalten.

b) Preise

- feste Preise inkl. aller Nebenkosten und eindeutige Bezugsbasis; wichtig bei Pauschalpreisen;
- Regelung der Preisgestaltung für Aenderungen, Erweiterungen usw. nach Vertragsabschluss;
- Regelung der Preisaufschläge bei Dauerschuldverhältnis (Begrenzung, Indexierung).

c) Zahlungsbedingungen

- ‹Zug-um-Zug-Prinzip› (Aufteilung der Zahlungen);
- Restzahlung nach Abnahme, bzw. Annahme;
- Garantierückbehalt, z. B. während eines Jahres.

d) Gewährleistung

- Recht auf Nachbesserung;
- Recht auf Preisminderung, Schadenersatz;
- Wandelung, d. h. Aufhebung des Vertrages.

e) Termine

- verbindlicher Terminplan für Lieferung, Installation, Abnahme;
- Konsequenzen bei Nichteinhaltung.

f) Garantie

- Verpflichtung zur unentgeltlichen Behebung von Fehlern, Beseitigung von Störungen, z. B. während sechs oder 12 Monaten nach Abnahme;
- Unterhaltssicherung während z. B. mindestens acht Jahren nach Abnahme;
- Liefergarantie für Ausbauten während z. B. mindestens acht Jahren nach Abnahme.

g) Eigentums- und Nutzungsrechte

- uneingeschränktes Nutzungsrecht (z.B. zeitlich, örtlich), mögliche Restriktionen schriftlich fixieren;
- Herausgabe bzw. Hinterlegung des Source-Codes;
- Möglichkeit von Probeinstallationen mit Rückgaberecht.

h) Kompatibilität

- Gewährleistung der Kompatibilität bei Ausbauten und neuen Softwarereleases während z. B. mindestens acht Jahren nach Abnahme.

i) Abnahme/Annahme

- Regelung des Abnahmeprozedere;
- Annahme, z. B. nach Ablauf der Garantieperiode und unter Vorbehalt nicht erkennbarer Mängel.

j) Erfüllungsort/Gerichtsstand

- genaue Definition (Adresse, Raum-Nummern usw.);
- inländisches Recht;
- Gerichtsstand nach Wahl des Pflichtenhefterstellers.

2.5 Mengengerüst, Verarbeitungshäufigkeiten

Das Mengengerüst und die Verarbeitungshäufigkeiten geben Auskunft, welche und wieviele Daten

- in die Systeme, bzw. Applikationen, in welchen Zeitperioden hineingehen (Input) und zu verarbeiten sind;
- permanent, d. h. zugriffsbereit zu speichern sind (Datenbestände) und
- aus den Systemen, bzw. Applikationen in welchen Zeitperioden herauskommen (Output).

Damit bezieht sich das Mengengerüst gleichermassen auf Datenbewegungen und Datenbestände (siehe Abbildung 26). Auch die Art der Daten (z.B. ASCII-Daten wie Zahlen und Texte, Graphik, Bild, Sprache, Video) ist hier festzuhalten.

In Verbindung mit den applikatorischen Anforderungen kann mit diesen Angaben die Verarbeitungs-, Speicher-, Kommunikations- und Outputleistung der Systemplattform durch die Offertsteller bestimmt werden.

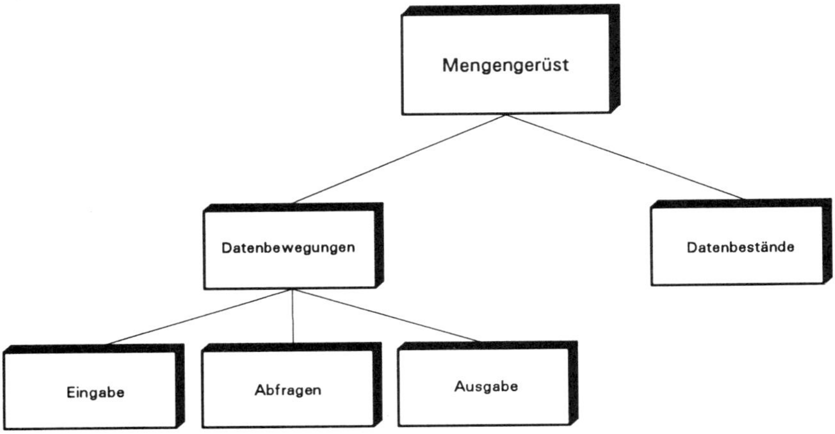

Abbildung 26: Mengengerüst

Wichtig ist es bei diesen Angaben, auf den Soll-Zustand und zukünftige Entwicklungen (Tendenzen) während der Lebensdauer der Lösung (z.B. acht Jahre oder mehr) abzustellen.

Unterliegen vor allem Datenbewegungen grösseren Schwankungen pro Zeiteinheit, so sind nicht nur Durchschnittswerte, sondern auch die Spitzenwerte speziell zu vermerken (saisonale Schwankungen, Tages-, Monatsspitzen usw.).

2.5.1 Datenbewegungen

Hierbei handelt es sich im wesentlichen um das tabellarische Aufstellen des **Input**- und **Outputvolumens**, bezogen auf bestimmte Zeitperioden (z.B. pro Stunde, Tag, Monat, Jahr). Eine zweckmässige Gliederung der Datenbewegungen erfolgt nach

- **Eingabe** (z.B. Eingabebelege, Buchungen, Zugänge, Abgänge, Mutationen von Datenbeständen);
- **Abfragen** (dies ist eine spezielle Art von Input und Output, die jedoch die Systeme je nach Abfrageart ganz erheblich belasten können) und
- **Ausgabe** (z.B. Dokumente, Listen, Datensätze in Form von Files).

Neben den mengen- und zeitmässigen Angaben zum Datenanfall sind Aussagen zur Anzahl davon betroffener Arbeitsplätze in einigen Fällen sinnvoll, wobei es Aufgabe der Offertsteller ist, aufgrund des gesamten Datenanfalls allenfalls bessere Vorschläge hinsichtlich Anzahl elektronisch auszurüstender Arbeitsplätze zu machen.

Das Beispiel in Abbildung 27 soll diese Zusammenhänge verdeutlichen.

Datenbewegungen	Anz.	Art	M	Anzahl, Durchschnitt	P	Anzahl, Spitze, Maximum	Bemerkungen
Eingabe:							
- Kundenaufträge	7	A	B	3500	m	250	pro Stunde zwischen 10. 00 Uhr und 12.00 Uhr
Anzahl Artikelpos.				3		15	
- Artikelmutationen	2	A	B	150	m	1200	einmal pro Jahr, bei Sortimentswechsel
- Verkaufskatalog Anzahl Seiten	1	B	P	250	j		Bilder werden "gescannt"
•							
Abfragen:							
- Lagerbestandes-auskünfte	7	A	B,P	500	m	100	pro Stunde
•							
Ausgabe:							
- Auftrags-bestätigungen		A	P	700	m	1000	pro Monat, bei Terminproblemen
- Fakturen		A	P	3700	m	2100	am 1.Tag des Monats (Sammelrechnungen)
- Gutschriften		A	P	200	m	500	bei vielen Retouren

<u>Art = Art der Daten</u>
A = ASCII-Dateien
B = Bild
G = Graphik
C = Compound Document

Anz. = Anzahl Arbeitsplätze

<u>M = Medium</u>
B = Bildschirm
P = Papier
CD = CD-ROM
E = EDI (elektron. Uebermittlung)
F = Telefax

<u>P = Periode</u>
t = täglich
w = wöchentlich
m = monatlich
j = jährlich

Abbildung 27: Beispiel Mengengerüst für Datenbewegungen

2.5.2 *Datenbestände*

Hierbei handelt es sich um das Erfassen und die tabellarische Aufstellung der wichtigsten **Datenbestände** aus Anwendersicht, d. h. diejenigen Datenbestände, die für den Anwender transparent und bestimmbar sind.

Es ist Sache der Offertsteller, aus diesen Angaben unter Berücksichtigung der Datenbewegungen und applikatorischen sowie systemtechnischen Gesichtspunkte den Speicherbedarf (Hauptspeicher und externe Speicher wie Magnetplatten, optische Platten usw.) der zu offerierenden Systeme zu ermitteln. Der Speicherbedarf ist dabei so zu kalkulieren, dass genügend Platz für die Software (Systemsoftware und Applikationen) und Zwischendateien (Log-Files, temporäre Dateien z. B. für Zwischenergebnisse, Druckfiles usw.) gewährleistet ist.

Diesen Sachverhalt gilt es, auf der Basis der vorliegenden Offerten im Rahmen der Bewertung zu überprüfen.

Ein Beispiel über die Angabe von Datenbeständen geht aus Abbildung 28 hervor.

Datenbestände	Art	Anzahl heute	Anzahl Maximum	Bemerkungen
Kunden	A	5500	8000	in 6 Jahren wird Maximum erreicht
Artikel	A	15000	20000	
Fakturen für 1 Jahr	A	24000	30000	die letzten 6 Monate in direktem Zugriff
Verkaufskatalog Anzahl Seiten	B	500	600	aktuelles Jahr und Vorjahr sind zu speichern
•				
•				

Art = Art der Daten
A = ASCII-Dateien
B = Bild
G = Graphik
C = Compound Document

Abbildung 28: Beispiel Mengengerüst für Datenbestände

2.6 Aufbau und Inhalt der Offerte

In diesem Abschnitt des Pflichtenheftes werden die Vorgaben für den Offertaufbau gegeben, dies im Interesse möglichst vollständiger und transparenter Offerten. Zudem wird damit die Informationsgewinnung und die Vergleichbarkeit der verschiedenen Angebote stark erleichtert.

Der Aufbau der Offerte wurde so gewählt, dass er praktisch den Hauptpunkten der Anforderungen des Pflichtenheftes bzw. den Kriterien im Kriterienkatalog entspricht.

Deshalb ist der Offertsteller anzuhalten, zwingend den vorgegebenen Offertaufbau zu beachten, er ist aber zu verpflichten, jeden allfälligen Punkt, den er für zutreffend, änderungsbedürftig oder fehlend hält, unmittelbar, präzis und knapp zu kommentieren (Aufklärungspflicht).

Eine zweckmässige Gliederung der Offerte geht aus Abbildung 29 hervor. Nachfolgend wird stichwortartig auf die wichtigsten Punkte des Offertaufbaus eingegangen.

2.6.1 Vorstellen Offertsteller

Hier soll sich der Offertsteller mit seinen allfällig notwendigen Partnern (z.B. Unterlieferanten, Integrationshelfer, usw.) kurz vorstellen.

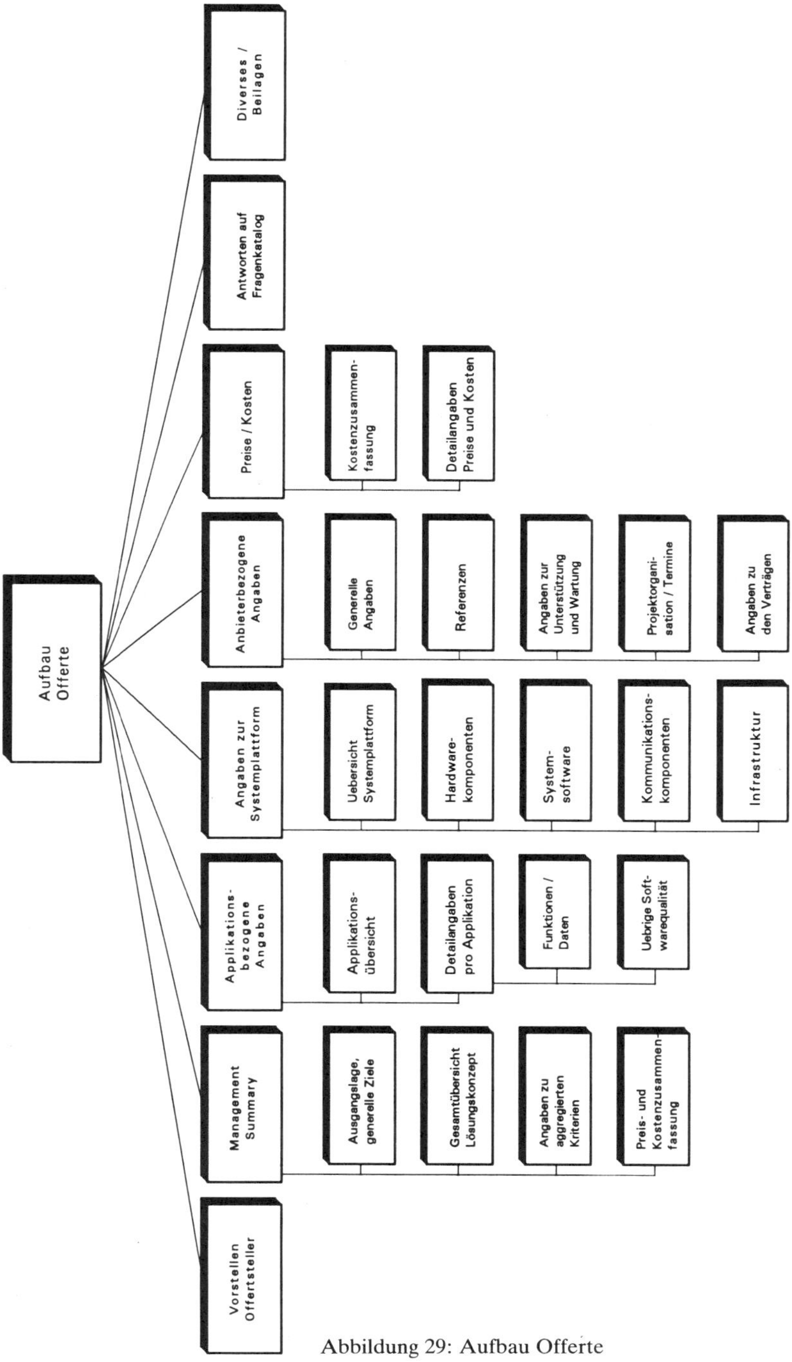

Abbildung 29: Aufbau Offerte

Zu diesen Angaben zählen:

- Organisation (Hauptsitz, Niederlassungen);
- Marktstellung (Umsatz, Anzahl beschäftigte Personen, Entwicklung der letzten Jahre);
- Produkte- und Leistungsschwerpunkte

usw.

Eine Firmenbroschüre kann diese Daten abrunden.

2.6.2 Management Summary

Die wichtigsten Daten und Fakten der offerierten Lösung sind hier in knapper Form zusammenzufassen.

Zweckmässige Gliederung:

2.6.2.1 Ausgangslage und generelle Ziele

- Organisation und Ablauf betreffend Offertstellung;
- Quittierung der Ausführungen zu den Punkten Ausgangslage, Ist-Zustand und Ziele des Pflichtenheftes.

2.6.2.2 Gesamtübersicht Lösungskonzept

- Schematische Darstellung der Lösung bezogen auf alle Lösungsträger (Software, Systemplattform);
- Kurzbeschrieb der Lösung;
- Aufzeigen von Realisierungseinheiten (Phasen);
- Besondere Stärken, mögliche Risiken, nicht erfüllbare Anforderungen.

2.6.2.3 Angaben zu aggregierten Kriterien

Unter den Angaben zu den sogenannten aggregierten Kriterien sind hier zusammenfassende Aussagen zu gleichen Kriterien aus den verschiedenen Lösungsträgern zu verstehen, z. B. betreffend

- Leistung;
- Zuverlässigkeit;
- Datenschutz/Sicherheit.

Wünscht der Pflichtenheftersteller diese globalen Aussagen, so sind sie hier zu verlangen.

2.6.2.4 Preis- und Kostenzusammenfassung

Gemäss den Ausführungen unter 2.6.6.1.

2.6.3 Applikationsbezogene Angaben

Diese Angaben haben sich strikt nach der Reihenfolge der diesbezüglichen Anforderungen unter Punkt 2.4.1 des Pflichtenheftes zu richten.

Zweckmässige Gliederung:

2.6.3.1 Applikationsübersicht

- Schematische bzw. tabellarische Darstellung der Applikationen (Teilapplikationen) im Sinne eines Funktionsmodelles;
- Konzeptionelles Datenmodell;
- Informationsfluss, Datenfluss;
- Zuordnung auf Systemplattform.

2.6.3.2 Detailangaben pro Applikation

- Kurzbeschrieb, konzeptionelles Design;
- Abgewickelte Funktionen, gemäss Anforderungsprofil;
- Daten, gemäss Anforderungsprofil;
- Uebrige Softwarequalitätsmerkmale gemäss Anforderungen;
- Beantwortung von Fragen;
- Nicht oder nur teilweise erfüllte Anforderungen sind zu kommentieren.

2.6.4 Angaben zur Systemplattform

Auch diese Angaben haben sich strikt nach der Reihenfolge der diesbezüglichen Anforderungen zu richten.

Zweckmässige Gliederung:

2.6.4.1 Uebersicht Systemplattform

- Schematische Darstellung der Konfiguration;
- Angaben zur Architektur;
- Kurzbeschrieb der wichtigsten systemtechnischen Komponenten;
- Besonderheiten, Spezialitäten.

2.6.4.2 Hardwarekomponenten

gegliedert nach:

a) Hintergrundsystemen;
b) Arbeitsplatzsystemen;

und jeweils in (vergleiche Abbildung 22):

a) Computersysteme;
b) Externe Speicher;
c) Ein-/Ausgabesysteme;
d) Spezialgeräte;

- Kurze, präzise Angaben zur offerierten Leistung;
- Kommentierung von Anforderungen;
- Beantwortung von Fragen;
- Datenblätter.

2.6.4.3 Systemsoftware

gegliedert nach:

a) Betriebssystemen;
b) Programmiersprachen, Tools;
c) Datenverwaltung;
d) Kommunikationssoftware;
e) Benutzerschnittstellen;

- Kurze, präzise Angaben;
- Kommentierung von Anforderungen;
- Beantwortung von Fragen;
- Datenblätter.

2.6.4.4 Kommunikationskomponenten

- Kurze, präzise Angaben zur Kommunikationsinfrastruktur (Datennetze, übrige Komponenten) mit Leistungsangaben;
- Evtl. graphische Darstellung,
- Kommentierung von Anforderungen;
- Beantwortung von Fragen;
- Datenblätter.

2.6.4.5 Infrastruktur

- Raum;
- Klima;
- Strom;
- Kontroll- und Ueberwachungseinrichtungen;
- Beantwortung von Fragen.

2.6.5 Anbieterbezogene Angaben

Aus diesen Angaben sollen insbesondere die unterstützungs- und realisierungsbezogenen Leistungen sowie Referenzen und Stellungnahmen zu vertraglichen Punkten hervorgehen.

Zweckmässige Gliederung:

2.6.5.1 Generelle Angaben zum Offertsteller (Systemintegrator, Hersteller)

- Kommentierung von Anforderungen;
- Beantwortung von Fragen;
- Evtl. ergänzende Angaben zu 2.6.1.

2.6.5.2 Referenzen

- Referenzangaben vergleichbarer Lösungen (Firma, Name des Ansprechpartners);
- Möglichkeiten für Besichtigungen, Vorführungen usw.;
- Beantwortung von Fragen.

2.6.5.3 Angaben zur Unterstützung und Wartung

- Kommentierung aller für diese Beschaffung notwendigen Unterstützungsleistungen sowie Bezifferung der zeitlichen Aufwendungen (Tage, Monate);
- Schulungsplan;
- Beschreibung der notwendigen Wartungsleistungen (für alle Lösungsträger);
- Beantwortung von Fragen.

2.6.5.4 Projektorganisation/Termine

- Aufbauorganisation und personelle Angaben;
- verbindlicher Terminplan unter Beachtung von Realisierungseinheiten;
- Kommentierung von Anforderungen;
- Beantwortung von Fragen.

2.6.5.5 Angaben zu den Verträgen

- Kommentierung von Anforderungen;
- Beantwortung von Fragen;
- Vorschläge für die Formulierung der wichtigsten Vertragspunkte;
- Vertragsentwürfe, Vertragsmuster.

2.6.6 Preise/Kosten

Hier sind **alle** Preise und Kosten, die für den Pflichtenheftersteller als externes Entgelt im Zusammenhang mit dieser Beschaffung im Sinne von Investitionskosten und Betriebskosten anfallen, transparent, d. h. nachvollziehbar aufzuführen. Dies bedeutet, dass die Preise und Kosten, gegliedert in **Kostenarten** (z.B. Applikationssoftware, Hardware, Systemsoftware, Netzwerk, Unterstützungsleistungen usw.) und **komponentenweise** anzugeben sind.

Zweckmässige Gliederung:

2.6.6.1 Kostenzusammenfassung

- Möglichst kompakte Kostenzusammenfassung pro Realisierungseinheit und Kostenart;
- Investitions- und Betriebskosten inkl. aller Nebenkosten.

Beispiel:

- Softwarekosten Applikation 1;
- Softwarekosten Applikation 2;

.

.

- Hardwarekosten;
- Systemsoftwarekosten;
- Kosten Kommunikation;
- Infrastrukturkosten;
- Kosten für Projektleitung;
- Kosten für Einführung;
- Nebenkosten/Diverses.

2.6.6.2 Detailangaben zu Preisen und Kosten

- Detaillierte, nach Applikationen und Komponenten gegliederte Preisangaben;
- Kosten für alle Unterstützungsleistungen, detailliert mit dem dahinterstehenden Zeitaufwand beziffert.

2.6.7 Antworten auf Fragenkatalog

Sofern im Pflichtenheft ein separater Fragenkatalog vorhanden ist, sind hier die entsprechenden Antworten festzuhalten.

2.6.8 Diverses/Beilagen

Es ist dem Offertsteller freigestellt, hier noch weitere Informationen oder andere Abschnitte einzufügen.

2.7 Administratives

In diesem Abschnitt des Pflichtenheftes sind alle administrativen Angaben im Zusammenhang mit der Beschaffung in knapper Form aufzuführen. Eine zweckmässige Gliederung dieser Angaben geht aus Abbildung 30 hervor.

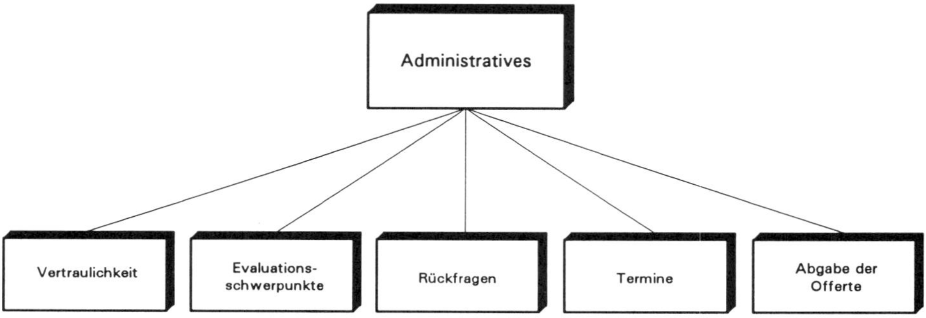

Abbildung 30: Administrative Punkte im Pflichtenheft

2.7.1 Vertraulichkeit, Copyright, Rückgabe

Die Bedingungen des Pflichtenhefterstellers zu diesen Punkten sind im Pflichtenheft schriftlich festzuhalten.

In bezug auf Vertraulichkeit und Copyright soll der Offertsteller zumindest ermächtigt werden, den Inhalt des Pflichtenheftes oder Teile davon:

- allen Stellen zugänglich zu machen, welche an der Offertstellung beteiligt sind;
- anderen Firmen zugänglich zu machen, die Teile der Offerterstellung übernehmen (z.B. Software durch Drittfirmen). In einem solchen Fall sind diese Drittfirmen dem Pflichtenhefthersteller zu melden.

In der Regel ist es nicht ratsam, den Verteiler in das Pflichtenheft aufzunehmen.

Ob die Pflichtenhefte nach dem Evaluationsentscheid von den Offertstellern zurückverlangt werden, steht im Ermessen des Pflichtenhefterstellers.

2.7.2 Evaluationsschwerpunkte, Budgetrahmen

Es kann vorteilhaft sein, den Offertstellern die Schwerpunkte der Bewertung zu nennen, damit sie sich auf das wirklich Wichtige bei der Ausarbeitung der Offerte konzentrieren.

Darüber hinaus bleibt es dem Pflichtenhefthersteller überlassen, ob er einen Budgetrahmen (obere Limite) für die anzustrebende Lösung vorgeben will. Die Vorgabe eines Budgetrahmens birgt die Gefahr in sich, dass die Offerten mehr finanz- als lösungsbezogen erstellt werden.

2.7.3 *Rückfragen zum Pflichtenheft*

Rückfragen zum Pflichtenheft sind von den Offertstellern entweder telefonisch oder schriftlich möglich. Die Stelle, an die Rückfragen zu richten sind, ist namentlich, z. B. mit interner Telefonnummer, bekanntzugeben.

2.7.4 *Termine im Beschaffungsablauf*

Alle für die Beschaffung wichtigen Termine sind in das Pflichtenheft aufzunehmen:

- Abgabetermin des Pflichtenheftes;
- Abgabe der Offerten;
- Gespräche mit Offertstellern;
- Besichtigung von Referenzinstallationen;
- Evaluationsentscheid;
- Vertragsabschluss.

2.7.5 *Abgabe der Offerte und weiteres Vorgehen*

Die Offertsteller sind darauf aufmerksam zu machen, dass nur Offerten berücksichtigt werden, welche sich nach dem unter Punkt 2.6 vorgegebenen Offertaufbau richten.

Den Offertstellern ist darüber hinaus bekanntzugeben,

- an wen die Offerten einzureichen sind;
- wieviele Exemplare benötigt werden und
- ob an die Gültigkeitsdauer besondere Ansprüche gestellt werden, z. B. drei Monate nach Abgabedatum.

Orientierung über Evaluationsentscheid:

Es ist im Pflichtenheft festzuhalten, wie nach Abschluss der Evaluationsphase die Offertsteller über den Evaluationsentscheid orientiert werden. Es besteht jedoch keine Verpflichtung, die Gründe für den Entscheid bekanntzugeben.

2.8 Fragenkatalog

Der Pflichtenheftersteller kann mit einem Fragenkatalog auf die gezielte Beantwortung einzelner Punkte drängen, die er sonst mühselig aus den oft voluminösen

Prospekten zusammensuchen muss. Mit diesen Fragen verschafft er sich möglichst breite Informationen über den Offertsteller und seine offerierte Lösung.

Fragen sollen so gestellt werden, dass sie in der Regel mit Zahlen (Zeiten, Mengen, Beträgen) oder mit ja/nein beantwortet werden können. Der Fragenkatalog ist am zweckmässigsten analog den Anforderungen im Pflichtenheft zu gliedern.

Anmerkung:

Anstelle eines separaten Fragenkataloges können die Fragen auch im Anschluss an die Ausführungen im Abschnitt 4 (Anforderungen) mit dem Vermerk «Fragen» gestellt werden.

3 Bewertungsdokumente

Die Ausarbeitung der Bewertungsdokumente – hierunter fallen der Kriterienkatalog und weitere Bewertungshilfsdokumente sowie die KO-Kriterienliste (Kriterien, die 100 %ig zu erfüllen sind) – erfolgt **gleichzeitig** mit der Erstellung des Pflichtenheftes. Es handelt sich dabei um ‹interne› Dokumente als Hilfsmittel für das Evaluationsteam (siehe Abbildung 31). In diesen Bewertungsdokumenten werden insbesondere die gewichtete Kriterienhierarchie – sie entspricht in der Struktur exakt den Anforderungen im Pflichtenheft – sowie Aussagen zum erforderlichen Erfüllungsgrad (state of the art) der einzelnen Kriterien, im Sinne eines vorbereitenden Schrittes für die eigentliche Bewertung, festgehalten. Daraus folgt, dass die Bewertungsdokumente bereits vor dem Versand des Pflichtenheftes und damit auch vor dem Eintreffen der Offerten fertig sind. Dies ist eine wichtige Voraussetzung zur Wahrung der Objektivität.

Dazu gehört auch, dass nach dem Eintreffen der Offerten die Gewichte nicht mehr verändert werden. Damit sei nochmals auf den engen Zusammenhang zwischen Kriterienhierarchie und Pflichtenheft hingewiesen.

Nachfolgend wird näher auf die einzelnen Verfahrensschritte zur Erstellung der Bewertungsdokumente sowie auf deren Inhalt eingegangen.

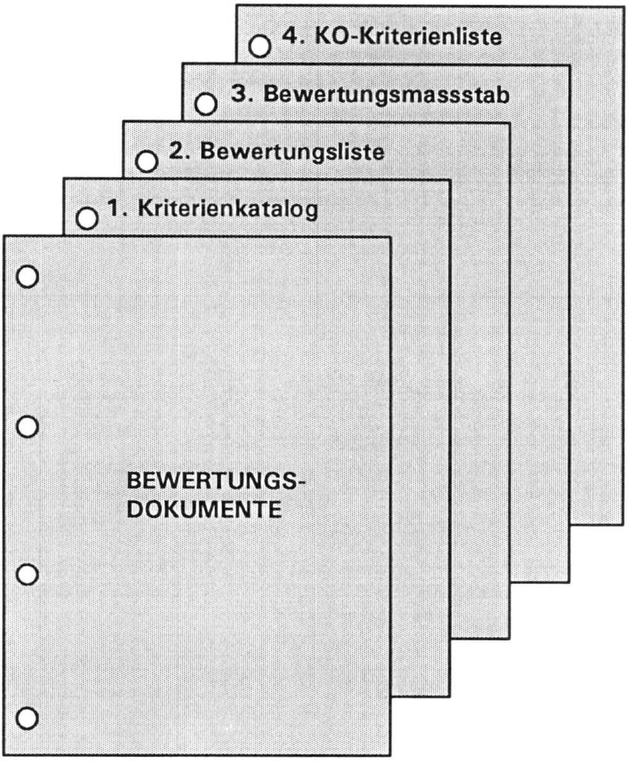

Abbildung 31: Bewertungsdokumente

3.1 Kriterienkatalog

Die Aufstellung des Kriterienkataloges erfolgt parallel mit der Definition der Anforderungen im Pflichtenheft und entspricht damit dem Anforderungsprofil der angestrebten Lösung (siehe dazu die Ausführungen in Abschnitt 2.4). Folglich haben der Kriterienkatalog und die Anforderungen im Pflichtenheft praktisch dieselbe Struktur.

Die in Abbildung 32 gezeigten Kriterienbereiche (Applikationssoftware, systemtechnische Kriterien, anbieterbezogene Kriterien) stehen in direktem Zusammenhang mit den Preisen und Kosten, die ebenfalls zu erfassen und zu beurteilen sind. Diese Kriterienbereiche werden entsprechend der Anforderungsdefinition in die sogenannten Hauptkriterien unterteilt, wobei Preise und Kosten für Wirtschaftlichkeitsüberlegungen gesondert aufzubereiten sind. Damit ist bereits die Grobstruktur des Kriterienkataloges vorgegeben.

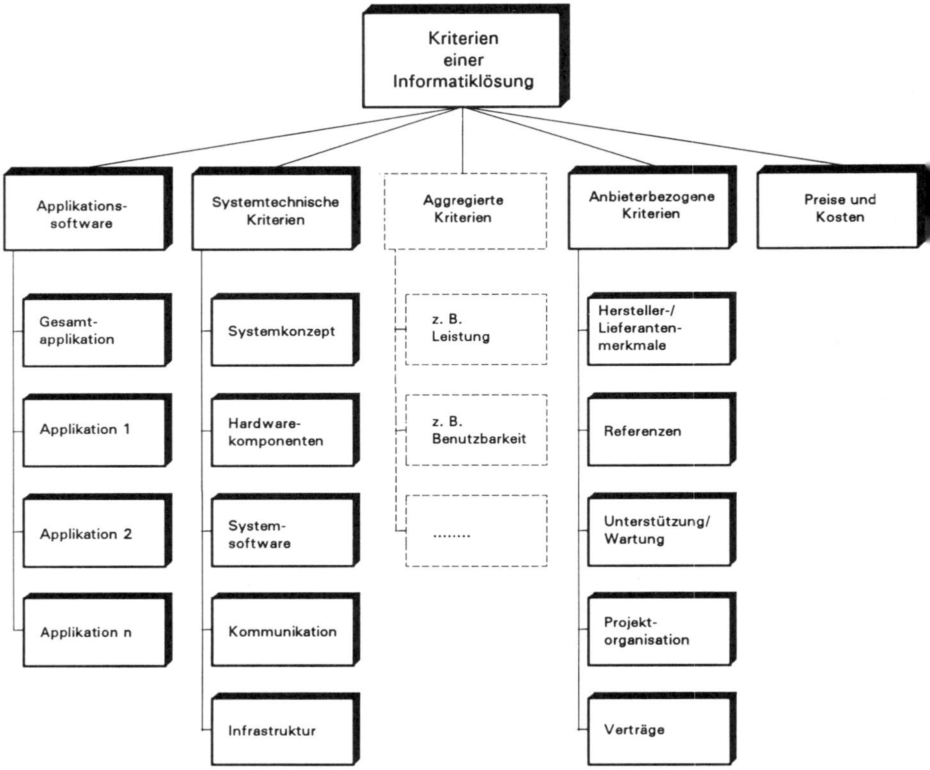

Abbildung 32: Kriterienbereiche und Hauptkriterien einer Informatiklösung

Aggregierte Kriterien:

Die sogenannten aggregierten Kriterien stellen eine Besonderheit dar. Sie resultieren vom Charakter her gesehen aus einer Zusammenfassung gleicher Einzelkriterien aus der Applikationssoftware und allen systemtechnischen Kriterien. Damit wird es z. B. möglich, die Leistung oder die Benutzbarkeit der Gesamtlösung ganzheitlich über alle Lösungsträger hinweg zu erfassen und darzustellen. Auf diese Weise entsteht eine zweite Sicht für die Beurteilung der künftigen Lösung.

3.1.1 Generelle Hinweise

Die nachfolgenden Ausführungen gelten analog für die Anforderungsdefinition im Pflichtenheft und sind deshalb auch als Ergänzung zu Abschnitt 2.4 zu verstehen.

Dekomposition

Da die Hauptkriterien nicht unmittelbar messbar sind, muss zu deren Beurteilung eine Zerlegung, d. h. Dekomposition der Hauptkriterien erfolgen. Mit der Zerlegung der Hauptkriterien in Teilkriterien wird eine zunehmende Konkretisierung und Operationalisierung erreicht, bis – erst nach mehreren Stufen – bewertbare bzw. messbare Einzelkriterien – sie entsprechen den einzelnen Anforderungen im Pflichtenheft – entstehen. Darüber hinaus werden in der Regel die Kriterien auf den einzelnen Ebenen – Hauptkriterien, Teilkriterien, Einzelkriterien – mit einer Gewichtung entsprechend ihrer Bedeutung zur Erreichung der Ziele versehen.

Kriterienunabhängigkeit

Die Dekomposition von Kriterien schließt ein, dass die einzelnen Kriterien der nächsttieferen Ebene zueinander kompatibel sind, d. h. dass sie verträglich sind und zusammen das nächsthöhere Kriterium wieder ergeben. Die Kriterien dürfen sich inhaltlich, also sachlich nicht überlappen (Unabhängigkeit), wenn sie zu übergeordneten Kriterien zusammengefasst werden sollen.

Die Einzelkriterien liefern ihren eigenen Beitrag zur Gesamtbewertung. Daraus folgt, dass bei Ueberlappungen einzelner Kriterien diese mehrfach bewertet und damit das Gesamtergebnis verfälschen würden. Die Unabhängigkeit von Kriterien ist auch eine notwendige Vorbedingung für die Anwendung von Intervall- und Verhältnisskalen. Es sei jedoch bereits an dieser Stelle darauf hingewiesen, dass sich eine vollkommene, reine Kriterienunabhängigkeit in der Praxis nicht immer erreichen lässt, dennoch sollte sie angestrebt werden.

Tiefe der Strukturierung

Die Tiefe der Strukturierung im Kriterienkatalog reicht in der Regel bis zu ein bis zwei Ebenen vor der letzten Ebene der Dekomposition, also ohne Aufführung der eigentlichen Einzelkriterien. Sie muss so tief sein, dass jedes der gewählten aggregierten Kriterien eindeutig erfasst werden kann. Dies ist deshalb wichtig, damit die im Kriterienkatalog aufgeführten Kriterien nach einzelnen anderen Gesichtspunkten (Kriterien) zusammengefasst (aggregiert) werden können.

Zusammenhang zwischen Anforderungsprofil, Kriterienkatalog und Bewertungsliste

Der Zusammenhang, bzw. die Identität zwischen dem **Anforderungsprofil** im Pflichtenheft und der **Kriterienhierarchie**, festgehalten im Kriterienkatalog und der Bewertungsliste, wird in Abbildung 33 verdeutlicht.

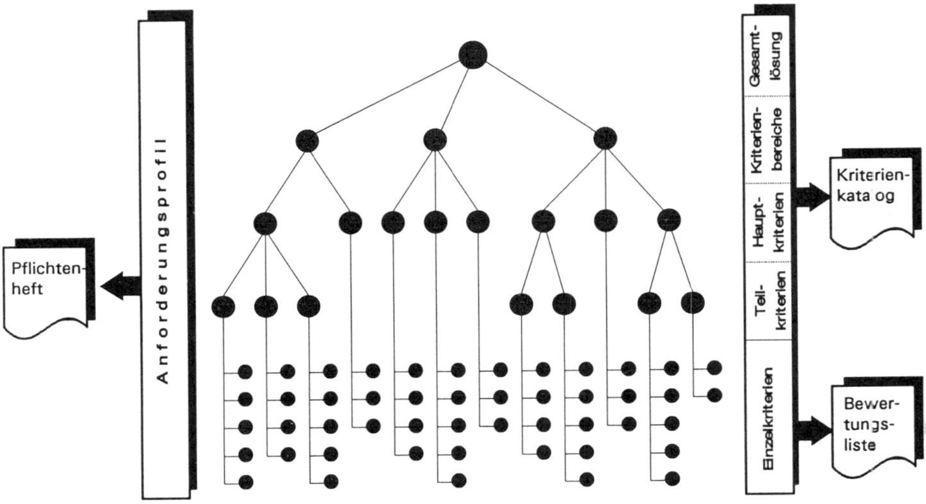

Abbildung 33: Zusammenhang Anforderungsprofil – Kriterienkatalog – Bewertungsliste

Vor allem aus Gründen der Ueberschaubarkeit und einer einfacheren Handhabung der eigentlichen Bewertung wird die Kriterienhierarchie in zwei getrennten Dokumenten, dem **Kriterienkatalog** und der **Bewertungsliste,** festgehalten.

3.1.2 Erstellung und Inhalt

Der Kriterienkatalog besteht im wesentlichen aus zwei Teilen:

a) den Kriterien der oberen Ebenen der Kriterienhierarchie mit ihren relativen und absoluten Gewichten (siehe in Abbildung 34, Abschnitt A) und

b) freiem Platz für spätere Eintragungen der Ergebnisse aus der Offertbewertung (siehe Abbildung 34, Abschnitt B).

Basis für die Erstellung des Kriterienkataloges bildet das Anforderungsprofil bzw. die Kriterienhierarchie.

Dabei sind folgende Ueberlegungen und Schritte nötig:

- Entwurf des Formulars, evtl. auf der Basis einer Tabellenkalkulationssoftware wie z. B. Excel oder Lotus;
- Eintragung der Kriterien auf jeder Ebene, entsprechend der Dekomposition bzw. der Anforderungsdefinition des Pflichtenheftes;
- Durchführung der Gewichtung (siehe 3.1.2.1);

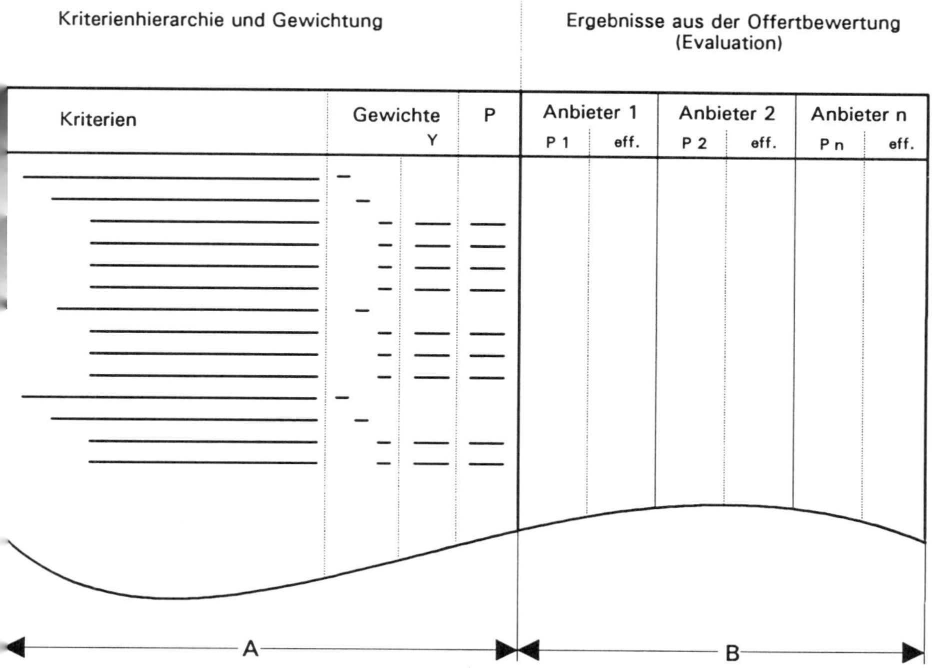

P = Summe Soll-Punkte aus Bewertungsliste

P1, P2, Pn = Punkte effektiv erreicht

eff. = (Gewicht x P1 bzw. P2 bzw. Pn) : P

Y = absolutes Gewicht

Abbildung 34: Inhalt des Kriterienkatalogs

- Ermitteln der absoluten Gewichte ‹Y›;
- Eintragen der maximal erreichbaren Punkte ‹P› pro Kriterium (siehe 3.1.2.2);
- Bezeichnung der aggregierten Kriterien.

Das Aufstellen des Kriterienkataloges, die Gewichtung und die Ermittlung der maximal erreichbaren Punkte erfolgen gemeinsam mit der Anfertigung der Bewertungsliste. Damit ist der in Abbildung 34 mit ‹A› bezeichnete Teil des Kriterienkataloges im Sinne eines vorbereitenden Schrittes erstellt. Die Eintragungen aus der Offertbewertung, also die Zielerfüllung der offerierten Leistungen der einzelnen Anbieter, erfolgen viel später, nämlich erst zum Zeitpunkt der Bewertung (in Abbildung 34 mit ‹B› bezeichnet). Ein Beispiel eines Kriterienkataloges geht aus Abbildung 35 hervor.

		Rel. Gewicht in %					Gew.		Anbieter 1		Anbieter 2		Anbieter 3	
Kriterien	**A**	**E1**	**E2**	**E3**	**E4**	**E5**	**Y**	**P**	**P1**	**eff. 1**	**P2**	**eff. 2**	**P3**	**eff. 3**
1 Applikationssoftware		47					47.00							
11 Applikation 1			30				14.10							
111 Funktionen und Daten				60			8.64							
Teilapplikation 1					22		1.86							
Aufgabe 1						33	0.61	20						
Aufgabe 2						40	0.74	28						
Aufgabe n														
Teilapplikation 2					15		1.27							
Aufgabe 1														
.....														
.....														
Teilapplikation n														
.....														
.....														
112 Uebrige Softwarequalität				40			5.64							
Effizienz, Leistung	L													
Zuverlässigkeit	Z													
.....														
....														
12 Applikation 2			40				18.80							
.....														
.....														
2 Systemtechnische Kriterien		20					20.00							
21 Systemkonzept														
22 Hardwarekomponenten														
221 Hintergrundsysteme														
Leistung	L													
Zuverlässigkeit	Z													
Benutzbarkeit	B													
.....														
222 Arbeitsplatzsysteme														
Leistung	L													
.....														
.....														
23 Systemsoftware														
.....														
3 Anbieterbezogene Kriterien		33					33.00							
31 Generelle Merkmale														
.....														
.....														
.....														
.....														
Gesamtbewertung		100												

A = Art der aggregierten Kriterien
E 1 bis E 5 = Ebene 1 bis Ebene 5
Y = absolutes Gewicht
P = Summe Soll-Punkte aus Bewertungsliste
P 1, P 2, P 3 = Punkte effektiv erreicht
eff. 1 bis eff. 3 = effektiv erreichter Wert

Beispiel: eff. 1 = (Y · P 1) : P

Abbildung 35: Beispiel eines Kriterienkatalogs (erstellt mit Excel)

3.1.2.1 Gewichtung

Innerhalb einer Ebene (Hierarchiestufe) werden die einzelnen Kriterien entsprechend ihrer Bedeutung gewichtet. Eine Gewichtung ist deshalb angezeigt, weil der Beitrag der einzelnen Kriterien zur Erreichung der Ziele recht unterschiedlich hoch sein kann. Die Ziele sind also ausschlaggebend für die Wichtigkeit der einzelnen Kriterien, bzw. Anforderungen. Wichtige Kriterien erhalten dadurch ein höheres, weniger wichtige Kriterien dagegen ein tieferes Gewicht.

Bei der Gewichtung wird in der Regel der relative Anteil der einzelnen Kriterien in einer Ebene durch Angabe von Prozentzahlen ausgedrückt. Innerhalb einer Ebene bilden die Prozentzahlen in der Summe aller Kriterien den Wert 100. Damit sind bestmögliche Voraussetzungen für eine realitätsnahe Bewertung gegeben.

Wesentlich dabei ist, dass die Gewichtung der Kriterien sich an den Zielen des Beschaffungsvorhabens orientiert. Es empfiehlt sich, zumindest für die höheren Ebenen, die Gewichte nach der unter Ziffer a) beschriebenen Methodik zu ermitteln. Für tiefere Ebenen können einfachere Verfahren, wie unter Ziffer b) beschrieben, zur Bestimmung der Gewichte durchaus genügen.

a) Methodische Bestimmung der Gewichte (Paarvergleich)

Für jede Ebene werden die Kriterien jeweils in einer Matrix dargestellt (siehe Abb. 36). Es empfiehlt sich, nicht mehr als maximal neun Kriterien pro Ebene zu wählen. Die Anzahl Kriterien in einer Ebene wird durch die vorstehend beschriebene Dekomposition bestimmt.

Nun wird innerhalb einer Ebene jedes Kriterium mit jedem anderen paarweise verglichen, und gemäss nachstehender Aufstellung werden bei jedem Vergleich für beide Kriterien (A und B genannt) jeweils in der Summe 10 Punkte vergeben:

A / B: Beziehung der Kriterien zueinander:

9 1 Kriterium A ist sehr viel wichtiger als Kriterium B
(Kriterium B spielt gegenüber A praktisch kaum eine Rolle);
8 2 Kriterium A ist viel wichtiger als Kriterium B;
6 4 Kriterium A ist wichtiger als Kriterium B;
5 5 Beide Kriterien sind etwa gleich wichtig;
4 6 Kriterium A ist weniger wichtig als Kriterium B;
2 8 Kriterium A ist viel weniger wichtig als Kriterium B;
9 Kriterium A ist sehr viel weniger wichtig als Kriterium B;
(Kriterium A spielt gegenüber B praktisch kaum eine Rolle).

Dieser Sachverhalt soll am Beispiel der Bestimmung der Gewichte der obersten Ebene für eine schlüsselfertige Lösung verdeutlicht werden (vergleiche Abbildung 36).

Kriterien	Kriterien			Punkte	Gewicht
	1	2	3	absolut	in %
1 Applikationssoftware		8	6	14	47
2 Systemtechnische Kriterien	2		4	6	20
3 Anbieterbezogene Kriterien	4	6		10	33
Summe				30	100

Abbildung 36: Beispiel für die Gewichtung der Kriterienbereiche (Ebene 1)

Zeile und Kolonne 1:
Die Applikationssoftware ist viel wichtiger als die systemtechnischen Kriterien, also 8:2, und wichtiger als die anbieterbezogenen Kriterien, also 6:4.

Zeile und Kolonne 2:
Die systemtechnischen Kriterien sind weniger wichtig als die anbieterbezogenen Kriterien, also 4:6.

Zeile und Kolonne 3:
Die Bewertung hat sich bereits ergeben.

Die Quersumme der vergebenen Punkte führt zu den absoluten Punkten pro Kriterium, bei der Applikationssoftware in diesem Beispiel also zu 14 Punkten. Diese absoluten Punkte müssen nun in das relative Gewicht, d. h. in Prozentwerte (Nutzwert) bezüglich der Gesamtheit aller Kriterien in der betreffenden Ebene umgerechnet werden.

Dazu dient folgende Formel:

$$\frac{100}{\text{Summe (absolut)}} \cdot \text{Punkte (absolut)}$$

Die Summe (absolut) aller absoluten Punkte, also die Basis für die Umrechnung in Prozente, lässt sich nach folgender Formel überprüfen:

$$\text{Summe (absolut)} = 5\,n\,(n - 1)$$

n ist dabei die Anzahl der Kriterien. Wenden wir diese Formel auf das Beispiel an (n ist hier = 3), so ergibt sich die Summe (absolut) wie folgt: $5 \times 3\,(3 - 1) = 30$.

Für das in Abbildung 36 gewählte Beispiel ergeben sich nun folgende relative Gewichte:

Applikationssoftware	47 %
Systemtechnische Kriterien	20 %
Anbieterbezogene Kriterien	33 %

Damit entspricht für diese Beschaffungssituation die Gewichtung der Realität, d. h. der Bedeutung der Kriterien untereinander zur Erreichung der Ziele. Es fördert in diesem Beispiel den relativ geringen Stellenwert der systemtechnischen Kriterien (der Hardware und der Systemsoftware) zutage.

Die Gewichte der jeweils höheren Ebene sind bei den tieferen Ebenen entsprechend nachstehender Formel zu berücksichtigen (Beispiel mit 3 Ebenen):

$$\frac{E1 \quad E2 \quad E3}{100 \quad 100 \quad 100} \cdot 100$$ (E1, E2, E3 sind relative Gewichte in % in der ersten, zweiten und dritten Ebene)

Die Zerlegung der Kriterien über mehrere Stufen (Dekomposition) und die Anwendung der Methode des Paarvergleichs zur Bestimmung der Gewichte für die Kriterien innerhalb der einzelnen Ebenen führt in der Regel zu sehr unterschiedlich hohen absoluten Gewichten der Einzelkriterien. Dies ist offensichtlich, denn die Höhe des absoluten Gewichtes hängt ab von der Höhe des relativen Gewichtes, der Anzahl der Ebenen, die durchlaufen werden, um bewertbare Einzelkriterien zu erhalten, und schliesslich von der Anzahl der Einzelkriterien. Es führt praktisch dazu, dass z.B. für unterschiedliche Applikationen der Beitrag gleicher Einzelkriterien (z.B. gleicher Funktionen) zum Gesamtergebnis verschieden hoch bewertet wird. Dies ist jedoch bewusst so gewollt, um eben der unterschiedlichen Bedeutung der einzelnen Kriterien zur Zielerreichung gerecht zu werden.

Für die Praxis empfiehlt es sich, den Paarvergleich und damit die **Bestimmung der Gewichte im Evaluationsteam in offener Diskussion** durchzuführen. Dies ist die beste Voraussetzung für eine realitätsbezogene und zielkonforme Gewichtung.

b) Vereinfachtes Verfahren

Die Zerlegung der Kriterien über mehrere Stufen (Dekomposition) in bewertbare Einzelkriterien führt dazu, dass der Beitrag eines einzelnen Kriteriums am Gesamtergebnis nur ein paar Promille oder Bruchteile davon ausmacht. Obwohl grundsätzlich auf der untersten Ebene eine Gleichgewichtigkeit der Kriterien angestrebt werden sollte, ist sie in der Praxis jedoch nur selten zu erreichen.

Dennoch erhebt sich die Frage, ob der Aufwand für die Anwendung der Methode des Paarvergleiches zur Bestimmung der Gewichte für die unteren Ebenen und die Einzelkriterien noch vertretbar und sinnvoll ist, oder ob auf einfachere Verfahren zurückgegriffen werden soll. Für die Anwendung eines einfachen Verfahrens auf den unteren Ebenen spricht auch die Ueberlegung, dass es beim Aufstellen der Kriterien vor allem darauf ankommt, die möglichen Unterschiede in den offerierten Leistungen und Funktionen der verschiedenen Anbieter herauszufinden. Es geht primär nicht darum, einen globalen Wert für eine Lösung – was ohnehin nicht objektiv feststellbar wäre – zu ermitteln, sondern es geht vielmehr darum, Unterschiede sowie Rangfolgen der offerierten Lösungen zutage zu fördern und mit Punkten zu bewerten. Deshalb kann hier auch ein recht einfaches Verfahren zur Ermittlung der Gewichtung tauglich sein.

Dieses Verfahren geht davon aus, dass alle Kriterien in einer Ebene mehr oder weniger gleichgewichtig sind und somit auch einen gleichen Wert, z. B. 3, erhalten. Sollten im Sinne einer Ausnahme einige Kriterien den Durchschnitt von ihrer Bedeutung her ganz wesentlich, bzw. wesentlich übersteigen, oder umgekehrt wesentlich darunter liegen, so erhalten sie den Wert 9 bzw. 6 oder 1.

Danach gilt folgende Regel:

3 = Wert der meisten Kriterien (Durchschnitt);
6 = Ausnahmen, wesentlich über dem Durchschnitt der meisten Kriterien;
9 = Ausnahmen, ganz wesentlich über dem Durchschnitt der meisten Kriterien;
1 = Ausnahmen, wesentlich unter dem Durchschnitt der meisten Kriterien.

Damit können extreme Unterschiede in der Bedeutung der Einzelkriterien auf einfache Art einigermassen gerecht ausgeglichen werden.

3.1.2.2 Ermitteln der Soll-Punkte

Nachdem die eigentlichen bewertbaren Kriterien, die Einzelkriterien also, erst in der Bewertungsliste erfasst werden, ist ihre Punktesumme als Anzahl Soll-Punkte (in Abbildung 34 mit ‹P› bezeichnet) in den Kriterienkatalog zu übertragen. Die Höhe dieser Punktesumme (P) sollte innerhalb des gleichen Kriterienbereiches, bzw. Hauptkriteriums, wenn immer möglich einigermassen mit dem Gewicht (Y), d. h. der Bedeutung im Kriterienkatalog und der Anzahl der Einzelkriterien in der Bewertungsliste harmonieren. Es macht in der Regel wenig Sinn, ein Kriterium mit einem sehr geringen Gewicht in z. B. 40 Einzelkriterien, dagegen ein Kriterium mit einem grossen Gewicht in beispielsweise nur 3 Einzelkriterien aufzusplittern. Dieser Sachverhalt lässt natürlich auch Rückschlüsse auf die Gewichtung zu. Dort, wo sehr viele Einzelkriterien in der Bewertungsliste anfallen, sollte das Gewicht im Kriterienkatalog auch hoch sein; jedoch sind in der Praxis Ausnahmen möglich.

3.2 Bewertungsliste

In der Bewertungsliste (siehe Abbildung 38) werden die untersten Ebenen der Kriterienhierarchie – also die bewertbaren, messbaren Einzelkriterien – mit ihren maximal erreichbaren Nutzwerten (Punkten) festgehalten. Gleichzeitig gilt es dabei, möglichst Aussagen über die Art sowie den maximal und minimal zulässigen Grad der Zielerfüllung (Messgrösse für den Nutzwert) festzuhalten.

Gerade dieser Schritt ist oft nicht einfach, verlangt er doch profunde, aktualisierte Fachkenntnisse, um realitätsnah das Machbare (state of the art) festzulegen. Dabei ist auch der Eigenart (siehe unter 3.2.1) des jeweiligen Einzelkriteriums Rechnung zu tragen.

3.2.1 Die Eigenart der Einzelkriterien

Die mit Hilfe der Dekomposition gewonnenen Einzelkriterien sind recht verschiedener, teils quantitativer und teils qualitativer Natur, und ihr Beitrag zur Zielerfüllung – auch als Nutzwert bezeichnet – ist in der Regel unterschiedlich hoch.

Eine Reihe von Kriterien lassen sich nach **quantitativen Gesichtspunkten** mit Hilfe von Intervall- und Verhältnisskalen gut bewerten, z. B. die Datenübertragungsrate in Bit/sec. Dabei handelt es sich also um feststellbare, messbare Grössen.

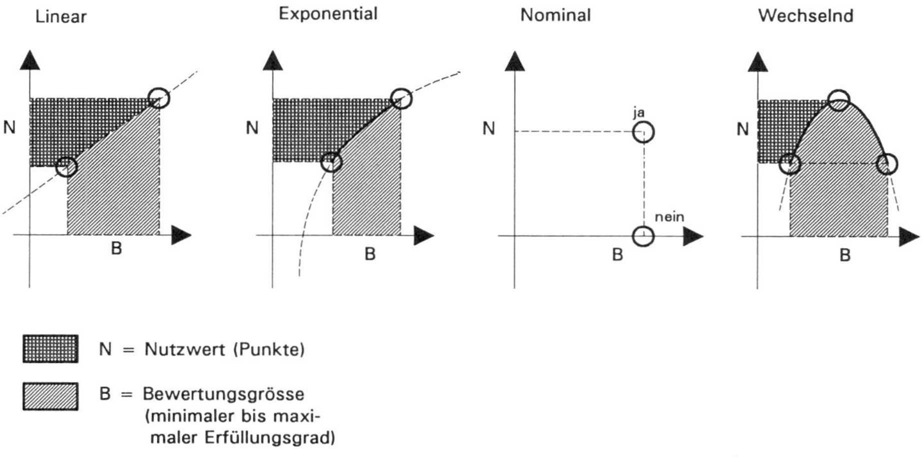

Abbildung 37: Beispiele von Nutzwertfunktionen bei Einzelkriterien

Für eine andere Gruppe von Kriterien lassen sich nur **qualitative**, d. h. verbale, beschreibende und vergleichende Aussagen wie gross, klein und mittel machen, die über Umwege für die Bewertung zu quantifizieren sind, z. B. die Innovationskraft der Anbieter.

Eine weitere Gruppe von Kriterien lassen sich hingegen nur mit **ja** oder **nein** bewerten, weil es bei dieser Gruppe darum geht, ob Funktionen oder Leistungen vorhanden oder nicht vorhanden sind (nominale Wertaussage), z. B. das Vorhandensein von OCR-B-Schrift bei einem Drucker.

Abbildung 37 verdeutlicht die Eigenart der Einzelkriterien sowie den Zusammenhang zwischen Nutzwert und Bewertungsgrössen an einigen Beispielen. Darüber hinaus gibt es noch die Begriffe der sogenannten **KO-Kriterien** und **Wunschkriterien**.

Die KO-Kriterien sind solche, die unbedingt erfüllt sein müssen; sie sind die Mindestvoraussetzung, damit das betreffende Angebot weiter in der Evaluation behandelt werden kann.

Die Wunschkriterien dagegen sind zur Erbringung der geforderten Funktionen und Leistungen nicht unbedingt erforderlich; deren Erfüllung ist jedoch wünschenswert im Sinne von «nice to have».

3.2.2 Erstellung und Inhalt

Auch die Bewertungsliste – es ist aus Gründen der einfacheren Handhabung pro zu bewertende Offerte je eine zu erstellen – besteht im wesentlichen aus zwei Teilen:

a) den Kriterien der untersten Ebenen der Kriterienhierarchie mit ihren, evtl. gewichteten, Soll-Punkten (in Abb. 38 mit ‹P› bezeichnet) und Angaben zur Messgrösse (möglichst Minimum und Maximum des Erfüllungsgrades) und

b) freiem Platz für spätere Eintragungen der Bewertungen der offerierten Leistungen, d. h. der Benotung und der effektiv erreichten Punkte, evtl. versehen mit Kommentaren und Daten aus der Offertanalyse.

Die Bewertungsliste wird, wie bereits vorher erwähnt, gemeinsam mit dem Kriterienkatalog erstellt. Die Eintragungen von Daten aus den Offerten erfolgen erst im Zeitpunkt der Offertanalyse, bzw. der Bewertung.

Die Soll-Punkte pro Einzelkriterium (P) ergeben sich aus dem Gewicht (G) – für die Gewichtung reicht das unter 2.1.2.1 Ziffer b) beschriebene Verfahren aus –, multipliziert mit der maximalen Zielerfüllung (Basis ist die beste Note der Skalierung).

B ist die maximale Punktesumme aller Einzelkriterien, welche in den Kriterienkatalog, in Abbildung 34 mit ‹P› bezeichnet, zu übertragen ist.

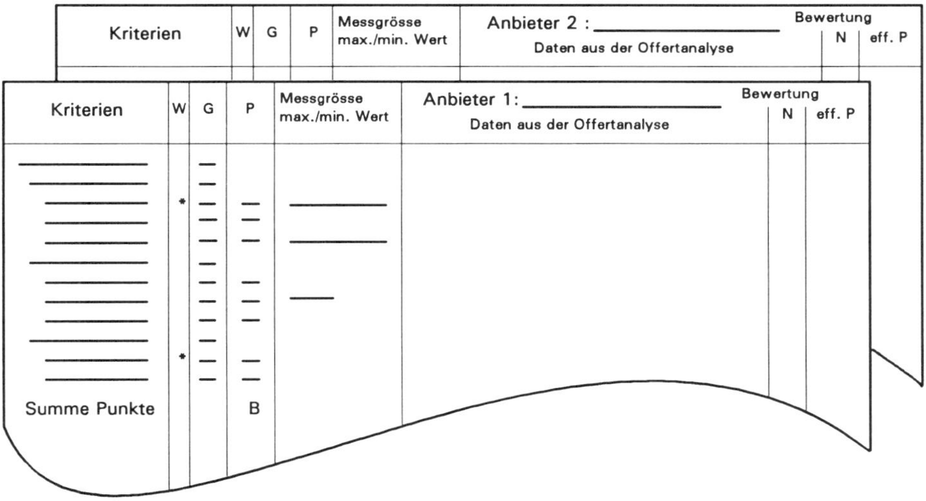

W = Wunschkriterien

G = Gewicht

P = Soll-Punkte
(maximale Anzahl Punkte)

B = Summe Soll-Punkte

N = Note

Abbildung 38: Inhalt der Bewertungsliste

3.3 Bewertungsmassstab (Skalierung)

Für eine Bewertung des Erfüllungsgrades der offerierten Leistungen, Funktionen und Eigenschaften muss ein geeigneter Massstab (Skala) festgelegt werden. Denn die qualitativen und quantitativen Ausprägungen der Einzelkriterien bzw. deren Erfüllungsgrad müssen in rechenbare Werteinheiten (z.B. in eine Anzahl Punkte) transformiert werden.

Damit wird der subjektive Einfluss der Bewertung deutlich, denn es ist nicht immer ganz einfach, den Erfüllungsgrad mit dem richtigen Wert auszudrücken. Deshalb ist es wichtig, durch eine umfassende Dekomposition möglichst viele, einfach und klar bewertbare Einzelkriterien zu erhalten.

Es ist eine praxisnahe **Bewertungsskala**, an der sich das Evaluationsteam zu orientieren hat, aufzustellen.

3.3.1 Skalierungstypen

Für die Genauigkeit und den Bezug zur Praxis ist der verwendete Skalentyp ausschlaggebend.

Man unterscheidet folgende Skalentypen:

a) **Nominalskalen**. Hier wird lediglich bewertet bzw. geprüft, ob ein Kriterium ein Ziel erfüllt, oder nicht (ja oder nein, bzw. vorhanden oder nicht vorhanden);

b) **Ordinalskalen**. Sie unterscheiden bei der Bewertung eines Kriteriums in Grösser-/Kleiner-/Gleich-Relationen und bestimmen somit die Rangfolge der bewerteten Alternativen. Die Alternative eines Kriteriums mit der besten Zielerfüllung erhält die höchste, die Alternative mit dem schlechtesten Erfüllungsgrad die niedrigste Platzziffer. Die Problematik dieser Art der Bewertung liegt vor allem darin, dass die Bedeutung der Abstände zwischen den Rängen nicht zum Ausdruck kommen kann, und dass bei Wegfall oder Hinzukommen einer Alternative die übrigen Relationen nicht mehr stimmen;

c) **Kardinalskalen** (Intervall- und Verhältnisskalen). Hier entsprechen die numerischen Differenzen der Erfüllungsgrade den Nutzwertunterschieden. Auf dieser Basis kann im Vergleich zu Ordinalskalen eine wesentlich genauere und differenziertere Bewertung erzielt werden. Die Spreizung der Bewertungsskalen ist vom Informationsniveau abhängig; je grösser der Informationsgehalt ist, desto differenzierter kann die Bewertungsskala gewählt werden, z. B. von 0 bis 9.

3.3.2 Festlegen der Skalierung

Zur Durchführung einer Nutzwertanalyse werden zweckmässigerweise **Kardinalskalen** verwendet. Nur sie erlauben Aussagen über den Abstand des Erfüllungsgrades der einzelnen Alternativen und ermöglichen die Aufrechenbarkeit (Wertsynthese) der Kriterien. Nominale und ordinale Aussagen müssen daher in eine kardinale Skala transformiert werden.

Skalenbreite

Die Breite der Skala soll eine möglichst genaue Einstufung zulassen, jedoch nicht mehr als 10 Stufen umfassen. In der Praxis haben sich Skalenbreiten von bis zu 5 Stufen sehr gut bewährt (siehe nachfolgendes Beispiel). Es sollte der einfacheren Handhabung wegen grundsätzlich vom Wert 0 ausgegangen, und es sollten nur positive, ganzzahlige Werte (Noten) verwendet werden. Die gewählte Skalenbreite gilt für alle Kriterien.

Beispiel zur Skalierung:

4 = sehr gut, d. h. genau richtig erfüllt;
3 = gut, d. h. mit einigen, jedoch unwesentlichen Abstrichen erfüllt;
2 = ausreichend, d. h. mit spürbaren Abstrichen noch brauchbar;
1 = schwach, d. h. nur mit erheblichen Abstrichen (Nachteilen) brauchbar;
0 = nicht erfüllt, nicht vorhanden, unbrauchbar.

Was Ja/Nein-Entscheidungen betrifft, so muss zwingend die Ja-Entscheidung mit dem höchsten und die Nein-Entscheidung mit dem niedrigsten Wert, also im obigen Beispiel mit der Note 4 bzw. 0, versehen werden.

Die effektiven Werte (Punkte) pro Einzelkriterium ergeben sich, wie bereits bei der Beschreibung der Bewertungsliste erläutert, als Produkt aus der effektiven Zielerfüllung (Note) und dem Gewicht. So erhält man den Wert oder den Beitrag (Nutzwert) des betreffenden Einzelkriteriums zum Gesamtergebnis. Dieser Wert wird allerdings noch durch die Gewichtung in den höheren Kriterienebenen oft stark relativiert.

3.4 KO-Kriterienliste

Eine besondere Bedeutung erlangen die sogenannten KO-Kriterien, auf die bereits in Abschnitt 3.2.1 hingewiesen wurde. Sie sind auf jeden Fall zu erfüllen, damit die betreffende Lösung überhaupt Aussicht auf Erfolg haben kann. Das Nichtgenügen, auch nur bezüglich eines Kriteriums, bedeutet das KO, also das Ausscheiden für die betreffende Offerte.

Die KO-Kriterien müssen sehr sorgfältig ausgewählt werden und ergeben sich normalerweise aus den im Pflichtenheft aufgeführten Randbedingungen und/oder absoluten Forderungen.

In der Praxis sollten nicht mehr als etwa ein Dutzend KO-Kriterien formuliert werden. Sie sind in einer Liste festzuhalten und dienen dem Evaluationsteam vor allem für die Vorevaluation (siehe Abschnitt 5.1).

4 Einholen der Offerten

Die Pflichtenhefte sollen nicht wahllos und an möglichst viele Offertsteller versandt werden. Es kommt vielmehr darauf an, gezielt die «richtigen» Anbieter zur Abgabe einer Offerte einzuladen.

Der Anwender sieht sich als Folge der stürmischen Marktentwicklung in der Informationstechnologie einer kaum noch überblickbaren Informationsflut und Angebotsvielfalt ausgesetzt. Der Auswahlprozess der in Frage kommenden Anbieter kann deshalb nur auf der Basis eines systematischen Vorgehens und profunder Marktkenntnisse erfolgen.

In diesem Abschnitt werden die Marktvielfalt im Umriss aufgezeigt sowie Hilfestellungen und praktische Tips für die Auswahl möglicher Offertsteller vermittelt.

Diese Vorauswahl der Anbieter hat natürlich einen sehr hohen Stellenwert im gesamten Evaluationsprozess. Deshalb ist dieser Schritt sehr sorgfältig und unter voller Wahrung der Unvoreingenommenheit bei gleichzeitiger Ausschöpfung der Chancen und Möglichkeiten des Marktes auszuführen mit dem Ziel, die vielversprechendsten drei bis maximal acht Anbieter zu bestimmen und zur Offertabgabe einzuladen.

Die konkreten Anforderungen, welche an die Anbieter zu stellen sind, können dem Abschnitt 2.4.3.1 des Pflichtenheftes entnommen werden.

4.1 Der Markt, ein Ueberblick

Der Markt für Informatikmittel ist sehr vielfältig, diffus und verändert sich permanent. Neue Hersteller und Anbietergruppierungen tauchen am Markt immer wieder auf. Einige der etablierten Firmen dagegen verlieren ihre einstige Bedeutung, fusionieren oder verschwinden ganz. Dies gilt gleichermassen für Hardwarehersteller, Softwarehäuser, Händler und sonstige Integrationshelfer.

In einer ersten groben Zuordnung kann in folgende Lieferantengruppierungen unterschieden werden:

- Hardwarehersteller (Computer, Peripheriegeräte, Komponenten, Kommunikationssysteme);
- Softwarehäuser (Systemsoftware, Standardsoftware, Individualsoftware),
- Systemhäuser, Systemintegratoren;
- Fachhändler;
- Service-Anbieter;
- Berater;
- Anwender.

Die Leistungen dieser Anbietergruppen überlappen, ergänzen und konkurrenzieren sich allerdings. Der Kampf um Marktanteile bei sinkenden Preisen und Gewinnmargen sowie der Wunsch vieler Anwender zu offenen Systemen erzwingen Kooperationen zwischen Hardwareherstellern, Softwarehäusern, Händlern, Serviceanbietern und sonstigen Integrationshelfern. Eine zunehmende Vernetzung und Internationalisierung der Anbieter ist die Folge (siehe Abbildung 39).

Dies ist eine Ursache für das diffuse Marktbild, denn praktisch jede Anbietergruppe kann ‹alles› (z.B. Hardware, Systemsoftware, Applikationssoftware, Dienstleistungen) offerieren und als Lieferant in Frage kommen.

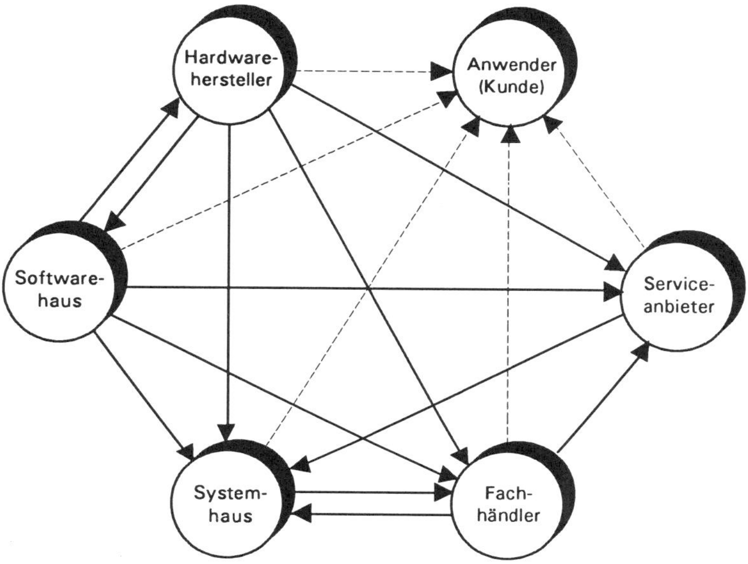

Abbildung 39: Vernetzung der Anbietergruppen zum Nutzen des Anwenders

Aus plausiblen Gründen kann es nicht Aufgabe dieser Publikation sein, auf einzelne Firmen im Sinne einer Lieferantenübersicht mit den jeweiligen Produkten, Dienstleistungen und Spezialitäten einzugehen. Es wird dagegen nachfolgend versucht, die Besonderheiten der verschiedenen Lieferantengruppierungen, so wie sie sich Anfang dieses Jahrzehnts am Markt präsentieren, im Umriss darzustellen.

a) Hardwarehersteller

Bei den Hardwareherstellern ist weltweit ein Konzentrationsprozess im Gange. Zumindest im oberen und mittleren Computersegment, das von US-amerikanischen und japanischen Firmen dominiert wird, dürfte die Anzahl der Hersteller weiterhin rückläufig sein. Im unteren Marktsegment – z. B. massenproduzierte PCs, Speicher, Peripheriegeräte – dürften dagegen asiatische Hersteller als Billiganbieter weiter an Bedeutung gewinnen.

Die etablierten Computerhersteller sind praktisch ausnahmslos mit eigenen Niederlassungen, teilweise auch Entwicklungs- und Produktionsstätten, in den meisten Ländern Europas vertreten. Einige der Computerhersteller produzieren und unterhalten nicht nur Hardware, sondern auch System- und Applikationssoftware. Dass diese Software in der Regel proprietären Charakter hat und den Anwender stark an die jeweilige Hardwareplattform bindet, liegt auf der Hand.

Die entsprechenden Vertriebsorganisationen der Computerhersteller betreuen in der Regel einerseits nur noch Grosskunden und andererseits ihre Vertriebspartner in Form sogenannter VAR's (**v**alue **a**dded **r**eseller) und Händler.

Die VAR's rekrutieren sich aus Software- und Systemhäusern sowie sonstigen Integrationshelfern, die Händler dagegen aus Computer-Shops, Warenhäusern oder anderen bewährten Verkaufskanälen. Durch diese Distributionsorganisation entsteht für den jeweiligen Hardwarehersteller ein weitverzweigtes und von aussen nur schwer durchschaubares Verkaufsnetz.

Die Unterstützungs- und Wartungsleistungen stellen die Computerhersteller in der Regel allen Kunden ihrer Produkte, also auch denjenigen, die von VAR's und Händlern bedient werden, zur Verfügung.

b) Softwarehäuser

Bei den Softwarehäusern ist nach mehreren und vom Wesen her unterschiedlichen Betätigungsfeldern zu differenzieren, wobei die Globalisierung der Märkte, das Fallen der Grenzen nach Osten und der Europäische Markt eine zunehmende Herausforderung für das Wirken der Softwarehäuser bedeutet.

Art der Software (Sparten):

Die einen Softwarehäuser konzentrieren sich auf **Systemsoftware** und **Softwarewerkzeuge** (z.B. Betriebssysteme wie UNIX, MS DOS, OS/2 oder Datenbank-Managementsysteme bis hin zu kompletten CASE-Umgebungen), andere auf **horizontale Standardsoftware** (z.B. Textverarbeitung, Tabellenkalkulation, E-Mail, Graphikunterstützung bis hin zur integrierten Bürokommunikationssoftware), eine dritte Gruppe auf **vertikale Standardsoftware** (z.B. Vertriebsabwicklung, Rechnungswesen, Produktionsplanung und -steuerung), wieder andere auf **Branchensoftware** (z. B. Spitalwesen, Banken, Getränkehandel) und eine letzte Gruppe auf **Individualsoftware**.

Natürlich sind auch Softwarehäuser anzutreffen, die sich erfolgreich in mehreren Sparten behaupten.

Geschäftsarten:

Im Bereich der Software muss mindestens nach den drei Geschäftsarten **Produktgeschäft, Projektgeschäft** und **Dienstleistungen** unterschieden werden.

Beim Produktgeschäft wird Software im Sinne eines Produktes, vergleichbar mit einem Verbrauchsartikel, entwickelt und unterhalten. Hohe Funktionalität und Universalität, aber auch weitgehende Fehlerfreiheit und tiefe Preise, dank meist sehr hoher Verkaufseinheiten, sind die wichtigsten Merkmale.

Das Produktgeschäft bezieht sich vor allem auf Systemsoftware und Softwarewerkzeuge, aber auch auf horizontale und vertikale Standardsoftware inklusive Branchensoftware. Hier spielt die Internationalität eines Softwarehauses, und zwar wegen der weltweiten Nachfrage, die immer weniger durch nationale Einflüsse (Sprachen, länderspezifische Vorschriften usw.) gehemmt werden kann, eine wichtige Rolle.

Im Projektgeschäft und bei den Dienstleistungen dominieren meist nationale, lokal ansässige Softwarehäuser. Allerdings gibt es auch Beispiele dafür, wie durch eine internationale Arbeitsteilung Individualsoftware in Billiglohnländern wie Indien oder Irland produziert werden kann.

Ziemlich diffus ist die Geschäftsart Dienstleistungen, weil sich dahinter bei jedem Anbieter etwas anderes verbergen kann.

Marktstruktur der Softwarehäuser:

Die Anbieterseite im schweizerischen, aber auch deutschen Softwaremarkt gilt im Vergleich zu den USA oder anderen Ländern Europas als stark **zersplittert.** Die extreme Arbeitsmarktsituation in den 80er Jahren ermöglichte es jedem rührigen Programmierer, sich formell als Ein-Mann-(Frau)-Unternehmen zu etablieren, während er/sie de facto weiterhin überwiegend für seinen früheren Arbeitgeber tätig war.

Wen wundert es daher, dass z. B. in der Schweiz über 80 % der rund 800 Softwarefirmen in die Kategorie der 1- bis 5-Personenbetriebe einzureihen sind, oder dass die zehn grössten deutschen Softwarehäuser am Umsatz nur einen Anteil von rund 11 % haben, während es in den vergleichbaren Märkten England und Frankreich mehr als 20 % und in Schweden sogar über 40 % sind. Diese Daten belegen, dass der Softwaremarkt in der Schweiz und auch in Deutschland in erster Linie aus einer Vielzahl kleiner und mittlerer Unternehmen besteht.

c) Systemhäuser, Systemintegratoren

Diese Gruppierungen, oft entstanden aus Softwarehäusern, Serviceorganisationen und Hardwarehändlern, bieten ihren Kunden meist schlüsselfertige Informatiklösungen an bzw. helfen mit bei der Integration unterschiedlichster Komponenten zu einem Gesamtsystem. Sie kaufen Hardware- und Softwareprodukte, oft aus mehreren Quellen, mit Rabatt ein, um sie ‹vergütet› mit eigenen Leistungen (z.B. Individualsoftware, Anpassung an Schnittstellen, Integration von Spezialitäten) am Markt im Sinne einer **Gesamtlösung** anzubieten. Damit wird die Ueberlappung insbesondere mit den Softwarehäusern deutlich.

Einige der Systemhäuser und -integratoren arbeiten im Verhältnis eines VAR's, bzw. Händlers mit Computerherstellern sehr eng, teilweise exklusiv zusammen, wieder andere konkurrenzieren die Computerhersteller mit Hardwareprodukten (meist Speicher, Peripheriegeräte), die sie von sogenannten PCM- und Peripherie-Herstellern (plug compatible manufacturer) billig einkaufen und in die Lösungen integrieren.

Damit eröffnen sich Systemhäusern und -integratoren interessante Perspektiven, können sie doch als Generalunternehmer Geschäfte mit unterschiedlichsten Komponenten und meist noch zu attraktiven Preisen schlüsselfertig abwickeln.

d) Fachhändler

Die Fachhändler sind heute ein wichtiger Absatzkanal für die Computerhersteller aber auch für einige Softwarehäuser, zumindest für das untere Produktsegment (PCs, Workstations, Peripheriegeräte, horizontale Standardsoftware). In diesem Produktsegment – Systeme und Software werden wie Verbrauchsartikel analog zu Fotoapparaten, Fernsehern usw. verkauft – stehen Fertiglösungen und naturgemäss der Preis im Vordergrund.

Abhängig von Grösse, Fachkompetenz und den damit verbundenen Unterstützungsleistungen werden mehrere Klassen von Fachhändlern unterschieden.

e) Serviceanbieter

In diese Gruppe fallen Service-Rechenzentren, Schulungs- und Trainingsunternehmen, Dienstleister zur Unterstützung der Benutzer bis hin zum Facility Management, aber auch Anbieter von Netzwerk-Diensten (VAN's, d. h. **V**alue **A**dded **N**etworks) z. B. zur Nutzung von EDI (**E**lectronic **D**ata **I**nterchange) oder weltweiter E-Mail-Systeme. Der Trend zu Netz- und Mehrwertdiensten führt auch hier zu einer verstärkten Globalisierung der Serviceunternehmen.

f) Berater

Bei den Beratern ist zwischen ‹echten› Beratern und solchen Firmen zu unterscheiden, die das Wort Beratung zur Verschleierung ihrer Haupttätigkeit, z. B. den Verkauf von Software bzw. Hardware, gebrauchen.

Der ‹echte› Berater verkauft keine Produkte, und er ist absolut herstellerneutral sowie unabhängig. Er nimmt eine Mittlerrolle zwischen Lieferant und Anwender ein und wirkt primär beratend bei strategischen, konzeptionellen und organisatorischen Fragestellungen mit. Auch ein effizientes Projekt-Controlling (Coaching des Projektes) gehört zu den wichtigen Aufgaben des ‹echten› Beraters.

Natürlich erbringen auch Hersteller, Software- und Systemhäuser sowie die sonstigen Realisierungshelfer wertvolle Beratungsleistungen, diese stehen jedoch unmittelbar im Zusammenhang mit ihren jeweiligen Produkten und Lösungen, deshalb sollte man hier eher von Unterstützern und weniger von Beratern sprechen.

g) Anwender

Gemeint sind hier die Informatik-Organisationseinheiten bei Anwendern. Gerade Grossfirmen beschäftigen heute eine Vielzahl von Informatikfachkräften, sei es in der Softwareentwicklung oder im Benutzer-Support (Information Center) bzw. im Rechenzentrum. In der Regel ist dieses Personal mit der Wahrnehmung eigener Aufgaben beschäftigt bzw. überlastet – der Anwendungsrückstau ist auch Anfang der 90er Jahre meist noch beachtlich –, so dass Anwender kaum als potentielle Lieferanten für Informatikmittel am Markt zu finden sind.

Die Situation kann sich jedoch ändern, wenn Firmen ihre Informatik-Organisation ausgliedern und die entsprechenden Aktivitäten in einem Profitcenter konzentrieren und so ihre Leistungen am Markt anbieten. Dann werden aus internen Informatikabteilungen Softwarehäuser, Systemintegratoren und Service-Anbieter (siehe dazu die Ausführungen von a bis e dieses Abschnitts).

Diese kurze Schilderung der wichtigsten Akteure im Markt verdeutlicht die vielfältigen Ueberlappungen und das diffuse Bild.

Vermehrte Kooperationen zwischen den einzelnen Gruppierungen, insbesondere auf europäischer und globaler Ebene, können dem Anwender (Kunden) nur zugute kommen, auch wenn bei diesem Kooperations- und Bereinigungsprozess so manche Anbieter auf der Strecke bleiben dürften.

4.2 Auswahl der Anbieter (Offertsteller)

Zur Auswahl der in Frage kommenden Anbieter braucht es umfassende und aktualisierte Marktkenntnisse, um eben über die Angebotspalette, die Leistungsfähigkeit und den Ruf der möglichen Lieferanten Bescheid zu wissen.

Randbedingungen:

Zudem wird die Auswahl der Anbieter sehr stark von den nachstehend aufgeführten Punkten beeinflusst bzw. präjudiziert:

- Erstanschaffung/Ersatzanschaffung/Ausbau bestehender Systeme;
- Rücksichtnahme auf interne Richtlinien (z.B. Informatikstrategie, Konzepte, Methoden, Standards);
- Berücksichtigung von Produkten der sogenannten «Hauslieferanten»;
- Grössenordnung der Systeme;
- Art der Applikationen (administrativ, technisch usw.);
- Fertigsoftware/Entwicklung von Software;
- Geographische Gesichtspunkte;
- Konkurrenzverhältnisse;

usw.

Marktwissen aktualisieren:

Für den Anwender stellt sich die Frage, wie er sein Wissen über den Markt vervollständigen bzw. aktualisieren kann. Möglichkeiten dazu können sein:

- Besuch einschlägiger Messen, Kongresse, Seminarien, Veranstaltungen von Anwenderorganisationen (wie z. B. die SVD) und Verbänden;
- Erfahrungsaustausch mit befreundeten, ähnlich gelagerten Geschäftspartnern;
- Studium von Fachliteratur (Zeitschriften, Computerzeitungen, Büchern);
- Durchsicht von Nachschlagewerken (z.B. ISIS-Report);
- Beizug von Beratern.

Vor-Ausschreibung:

Wenn die Randbedingungen und das Wissen über den Markt nicht ausreichen, drei bis acht potentielle Offertsteller zu identifizieren, so ist eine sogenannte **Vor-Ausschreibung,** die den Kreis der möglichen Anbieter wesentlich weiter fasst, notwendig.

Für diese Vor-Ausschreibung bildet das Pflichtenheft die Basis. Es ist im Sinne eines starken Konzentrates als Vor-Ausschreibung neu abzufassen. Darin werden die Ausgangslage kurz geschildert, die wichtigsten Ziele aufgezeigt sowie die Anforderungen, allerdings auf einem hohen Aggregationsniveau, und die Eckdaten zum Mengengerüst festgehalten. Fragen betreffend die Erfüllung der KO-Kriterien runden die Vor-Ausschreibung sinnvoll ab.

Die Antworten auf diese Vor-Ausschreibung haben in bezug auf die Evaluation die Wirkung eines Vorfilters, denn der grosse Kreis der vermuteten Offertsteller wird in der Regel sehr schnell auf ein vernünftiges Mass – vielleicht drei bis acht – reduziert. Gleichzeitig wird damit das aktuelle Marktangebot in seiner ganzen Breite gesiebt.

Man kann sich danach beim weiteren Vorgehen auf die erfolgsversprechendsten Offertsteller konzentrieren.

4.3 Versand des Pflichtenheftes

Nachdem die potentiellen Offertsteller feststehen, wird ihnen das Pflichtenheft versehen mit einem Begleitbrief, als Einladung zur Abgabe eines **verbindlichen Angebots** zugestellt.

In Abschnitt 7 des Pflichtenheftes (siehe 2.7 Administratives) wird der Offertsteller über die administrativen Punkte wie z. B. Vertraulichkeit, Zuständigkeiten bei Rückfragen zum Pflichtenheft, Termine, Schwerpunkte der Bewertung und weiteres Vorgehen orientiert. Deshalb genügt ein kurz gefasster Begleitbrief mit rechtsgültiger Unterschrift; damit wird seitens des Anwenders nicht zuletzt die Ernsthaftigkeit für das Beschaffungsvorhaben dokumentiert.

Aufgaben der Offertsteller:

Der Offertsteller wird das Pflichtenheft einer ersten Würdigung hinsichtlich fachlicher Richtigkeit und Erfüllbarkeit unterziehen. Er wird auch seine Erfolgsaussichten abschätzen.

Bei negativen Ergebnissen wird er dem Anwender seinen Entschluss, keine Offerte abzugeben, mitteilen und die Unterlagen zurücksenden.

Ist der Offertsteller am Geschäft interessiert, so wird er die Offerte in der gewünschten Form und termingerecht ausarbeiten und in der geforderten Anzahl dem Pflichtenheftersteller zustellen.

Entdeckt er im Pflichtenheft Mängel, wird er sie mit dem Anwender klären und ausräumen. Damit kommt der Offertsteller seiner Verpflichtung zur Unterbreitung von Verbesserungsvorschlägen nach.

Die ausgearbeitete Offerte ist ein rechtsverbindliches Dokument und wird in der Regel, zumindest in einer bereinigten Fassung, zum Vertragsgegenstand. Damit sei auf den hohen Stellenwert der Offerte hingewiesen.

5 Evaluation im engeren Sinn

In diesem Abschnitt wird die Evaluation im engeren Sinne, d. h. die Bewertung der auf der Basis des Pflichtenheftes eingegangenen Offerten beschrieben. Bei dieser Bewertung müssen zunächst die Vollständigkeit und der Wahrheitsgehalt der in den Offerten enthaltenen Angaben verifiziert werden. Diese Abklärungen können aufwendig und zeitraubend sein und verlangen zudem ein hohes Mass an fachlicher Kompetenz. Dennoch wäre es unklug, diese Aufgabe etwa aus Zeitmangel nicht mit der nötigen Gründlichkeit auszuführen. Leistungen, die zwar versprochen wurden, aber nicht erbracht werden können, lassen sich auch durch vertragliche Absicherung kaum erzwingen.

Die Bewertung der überprüften, gegebenenfalls ergänzten und ausgewerteten Offerten wird aufgrund der in den Bewertungsdokumenten festgelegten Kriterien vorgenommen.

Das gewählte mehrdimensionale Bewertungsverfahren sieht ein schrittweises Vorgehen vor und sorgt dafür, dass subjektive und emotionelle Einflüsse weitgehend zurückgedrängt werden. Das Resultat der Bewertung, ermittelt auf der Basis einer Nutzwert- und Kostenwirksamkeitsanalyse, wird im Sinne einer Entscheidungsgrundlage im sogenannten **Evaluationsbericht** festgehalten (siehe Abbildung 50).

Damit wird die Transparenz und Nachvollziehbarkeit der Bewertung sichergestellt.

Bildlich gesehen kann die Evaluation auch als zunehmend verfeinerte Filterung der Offerten dargestellt werden, die zum Ziel hat, die «optimale» Lösung auszusieben (siehe Abbildung 40). Die drei Filterstufen lassen sich dabei wie folgt charakterisieren:

Vorfilter

Auswahl der potentiellen Offertsteller durch Marktanalyse und Evaluation der auf dem Markt vorhandenen Anbieter (siehe Abschnitt 4, Einholen der Offerten).

Grobfilter

Vorevaluation der eingereichten Offerten aufgrund der Mindestvoraussetzungen (Vollständigkeit, KO-Kriterien, minimaler Erfüllungsgrad, Kosten) und Ausschluss derjenigen, welche auch einzelnen dieser Mindestforderungen nicht genügen (siehe Abschnitt 5.1).

Feinfilter

Detailevaluation der nach der Vorevaluation weiter zu berücksichtigenden Offerten auf der Basis einer Nutzwertanalyse und der ermittelten Kosten.

Nachfolgend wird näher auf die einzelnen Verfahrensschritte bei der Bewertung sowie auf den Inhalt des Evaluationsberichtes eingegangen.

5.1 Vorevaluation

Die eingegangenen Offerten sind einer ersten, kritischen Würdigung zu unterziehen. Im wesentlichen geht es dabei um

- **Vollständigkeitskontrollen**: Basis bilden die Aufbauvorgaben für die Offerte und die Struktur des Anforderungsprofils im Pflichtenheft;
- die Beurteilung der **Qualität** der Offerte bezüglich Darstellung, Klarheit, Konsistenz;
- die Ueberprüfung der Angaben betreffend die **Erfüllung** der **KO-Kriterien**;
- eine **Grobbeurteilung** des mutmasslichen **Erfüllungsgrades**, gemessen am Anforderungsprofil, und nicht zuletzt um
- eine **grobe Kostenbeurteilung**.

Es empfiehlt sich, die bei der Grobanalyse gewonnenen Eindrücke und Erkenntnisse, aber auch die dabei festgestellten Unklarheiten und Fragen, pro Offerte in Hilfslisten zu notieren (siehe Abbildung 41).

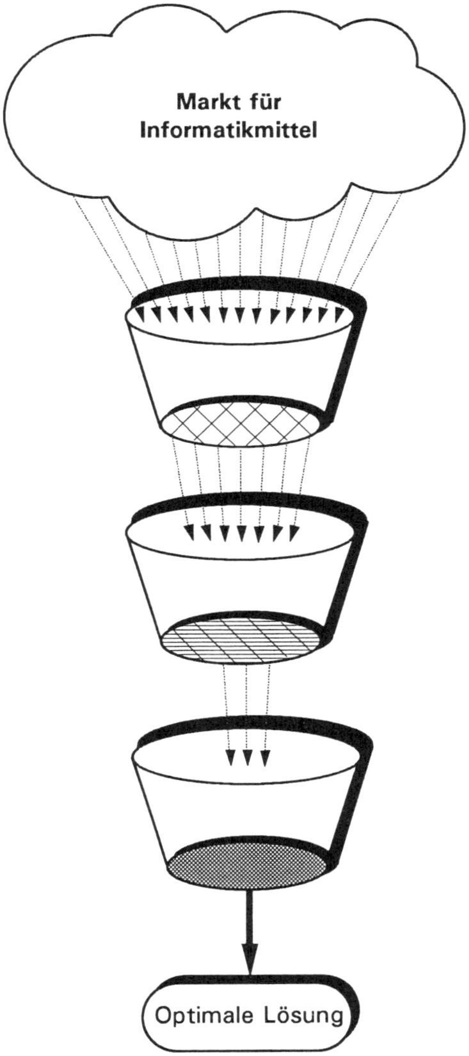

Vorfilter

durch: Marktanalyse und Auswahl der Anbieter

Basis: Marktkenntnisse

Grobfilter

durch: Vorevaluation der Offerten

Basis: Vollständigkeit, KO-Kriterien, Mindestforderungen

Feinfilter

durch: Detailevaluation der Offerten

Basis: Nutzwertanalyse, Kosten

Auswahlentscheidung

durch: Kosten / Nutzwert-Gegenüberstellung und Risikobeurteilung

Basis: Nutzwertprofil, Kostenwirksamkeit

Abbildung 40: Phasen der Auswahl von Informatiklösungen als Offert-Filter

Checkliste/Mängelliste für Rückfragen

Mängelliste Offerte	Sachbearbeiter		Datum .... Blatt .../...
Mängel / Unklarheit	**Aktion**	**Termin**	**Kommentar / Antwort**

Abbildung 41: Hilfsliste für Grobanalyse der Offerten

Diese Phase der Offertüberprüfung und Informationsgewinnung ist geprägt durch eine Wechselbeziehung zwischen Evaluationsteam und den Offertstellern.

Damit wird sichergestellt, dass Missverständnisse, Fehlinformationen oder nicht selten auch beschönigende Unwahrheiten von Anfang an aufgedeckt und beseitigt werden können. Dabei empfiehlt es sich, den Offertstellern Gelegenheit zu einer Präsentation ihres Lösungsvorschlages zu geben. Hierbei können oft schon recht wichtige Eindrücke zur Lösungsidee, aber auch über den Offertsteller selbst gewonnen werden.

Die Vorevaluation hat zum Ziel, die Zahl der in der meist sehr aufwendigen Detailevaluation weiter zu untersuchenden Angebote auf ein vertretbares Mass zu reduzieren.

Wichtig ist, dass die fehlenden bzw. ergänzenden Angaben von den Offertstellern **schriftlich** in Form von **Nachträgen** oder einer **bereinigten Offerte** nachgeliefert werden.

Grobbeurteilung:

Hier erwächst dem Evaluationsteam die anspruchsvolle Aufgabe, die Offerten auf einem sehr hohen Niveau bewerten zu müssen. Deshalb dürfen hier die Bewertungsmassstäbe nicht allzu hoch angesetzt werden.

Die Mindestvoraussetzungen, damit eine Offerte die Vorevaluation übersteht, beziehen sich normalerweise auf folgende Punkte:

- Die **Vollständigkeit** und **Qualität**, d. h. die Güte der Offerte ist im grossen und ganzen, evtl. durch schriftliche Nachträge ergänzt bzw. durch Abgabe einer bereinigten Version, gewährleistet;
- Die **KO-Kriterien** werden erfüllt;
- Der **voraussichtliche Erfüllungsgrad** beträgt auf der Ebene der Hauptkriterien im Durchschnitt nicht weniger als 70 %, d. h. gravierende Lücken und Mängel sind auf den ersten Blick nicht erkennbar;
- Die **Kosten** übersteigen den auf der Basis einer Wirtschaftlichkeitsrechnung ermittelten Rahmen nicht sehr wesentlich.

Alle Offerten sind an diesen Punkten im Sinne einer Grobbeurteilung zu messen, und die wichtigsten Daten und Fakten sind schriftlich festzuhalten.

Diese Grobbeurteilung übt eine gewollte Filterfunktion aus, mit dem Ziel, die uninteressantesten Angebote auszuscheiden (siehe Abbildung 42).

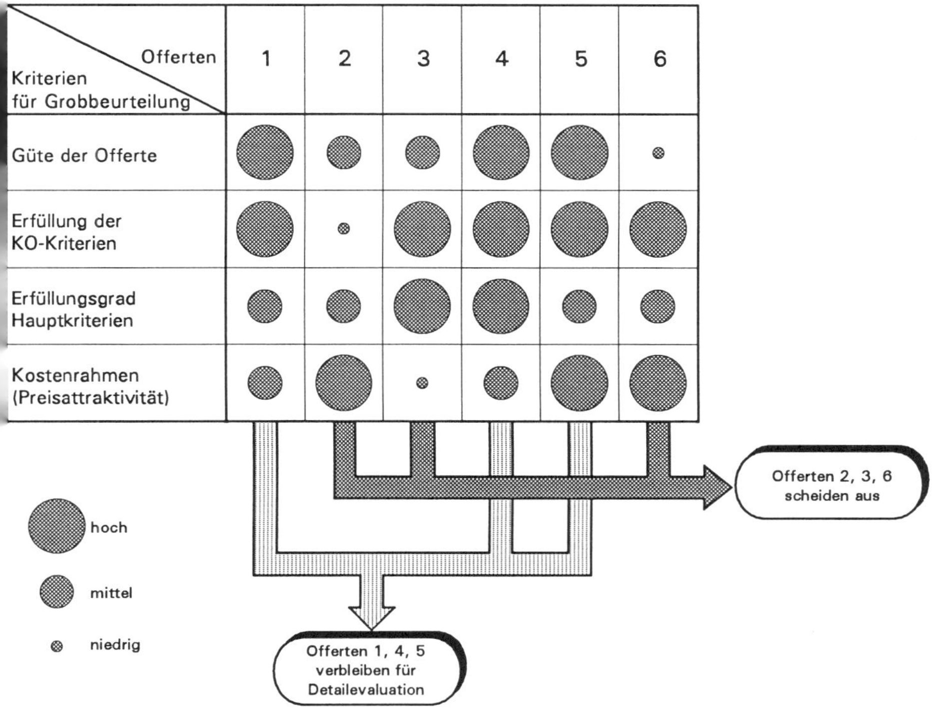

Abbildung 42: Filterfunktion der Vorevaluation

Im in Abbildung 42 gewählten Beispiel müssen die Offerten 2, 3 und 6 aus folgenden Gründen ausscheiden:

- Offerte 2: Die KO-Kriterien werden nicht erfüllt.
- Offerte 3: Die Preise fallen völlig aus dem Rahmen; die offerierte Lösung ist viel zu teuer und daher uninteressant.
- Offerte 6: Die Offerte ist trotz wiederholter Nachbesserungen immer noch sehr lückenhaft und daher unbrauchbar.

Bleiben danach weniger als **zwei** Offerten im Rennen, so waren die KO-Kriterien bzw. die Anforderungen wahrscheinlich zu anspruchsvoll. Die Vorauswahl bzw. das Anforderungsprofil ist dann zu überprüfen. Vielleicht war auch die Auswahl der Offertsteller ungünstig.

Es ist zu überlegen und zu entscheiden, welche Korrekturmassnahmen zu treffen sind, und ob die Evaluation überhaupt fortzusetzen oder abzubrechen ist.

5.2 Detailevaluation

Die nach der Vorevaluation verbleibenden Offerten sind nun im Detail zu analysieren. Der Erfüllungsgrad der Anforderungen (Kriterien) und die Kosten der offerierten Lösungen sind möglichst exakt zu ermitteln. Im wesentlichen geht es dabei um

- eine detaillierte Offertanalyse und **Informationsaufbereitung**;
- die **Bewertung** des Erfüllungsgrades der Kriterien bei gleichzeitigem Erkennen von Risiken und die **Wertsynthese** (Nutzwertanalyse) sowie um
- die möglichst genaue **Ermittlung** der **Kosten**.

Auch die Phase der Detailevaluation ist damit durch die Wechselbeziehung zwischen Evaluationsteam und Offertstellern gekennzeichnet.

5.2.1 Informationsaufbereitung

Die Informationsaufbereitung basiert auf einer gründlichen **Offertanalyse** und vertieften Abklärungen mit den Offertstellern. Dabei ist es zweckmässig, die ermittelten Informationen in der Bewertungsliste (Erfassungsbogen) festzuhalten (siehe Abbildung 43). Um die Evaluationsunterlagen möglichst transparent zu gestalten, wird empfohlen, die gesammelten Informationen mit Verweisen auf die entsprechenden Quellen in den Offertunterlagen und möglichen Nachträgen zu versehen.

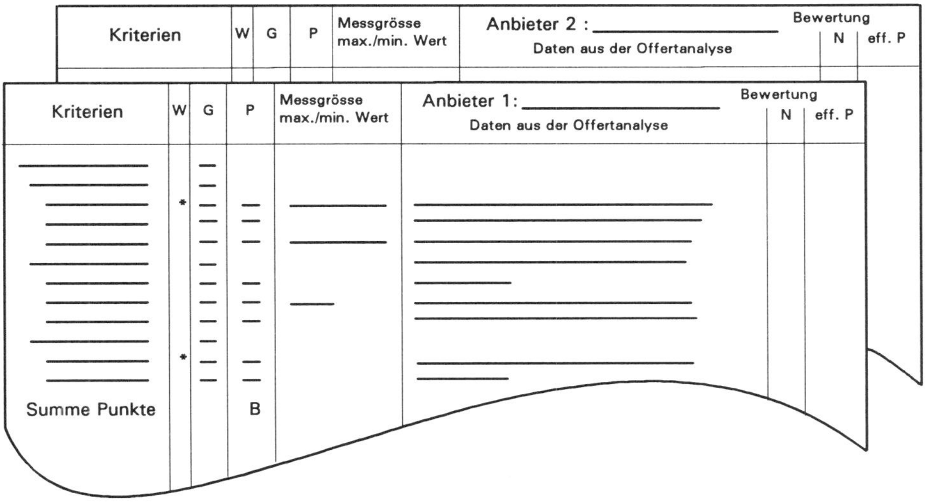

W = Wunschkriterien

G = Gewicht

P = Soll-Punkte
(maximale Anzahl Punkte)

B = Summe Soll-Punkte

N = Note

Abbildung 43: Inhalt der Bewertungsliste nach der Informationsaufbereitung

Die Offertunterlagen mögen noch so seriös ausgearbeitet sein und erschöpfend auf alle gestellten Fragen Auskunft geben: es ist dennoch unerlässlich, die Informationen zu überprüfen.

Schon die mündliche Befragung der Anbieter kann unter Umständen sehr viel Klarheit schaffen. Zudem besteht meist auch die Möglichkeit, über Kunden mit vergleichbaren Lösungen Information zu beschaffen, wobei auch hier kritische Vorsicht am Platz ist.

Im weitern stellen auch aktuelle Publikationen sehr oft nützliche Informationsquellen dar. Schliesslich sind auch praktische Vorführungen durchaus zu empfehlen, sofern sich der Aufwand in bezug zum Resultat vertreten lässt. So kosten Benchmark-Tests im allgemeinen sehr viel Zeit und Geld und ihre Resultate sind oft nur beschränkt brauchbar. Dagegen kann es bereits sehr nützlich sein, sich – wo möglich – eine Lösung vorführen zu lassen, um so z. B. Benutzbarkeit oder Funktionsumfang der Lösung besser beurteilen zu können.

Bei festgestellten Lücken gilt es, sich die fehlenden Informationen unbedingt schriftlich im Sinne von Nachträgen oder einer bereinigten Offerte bestätigen zu lassen.

Nur so kann wirklich sichergestellt werden, dass Missverständnisse, Fehlinterpretationen oder eben auch allfällige beschönigende Unwahrheiten das Evaluationsergebnis verfälschen.

So wichtig auch die Informationsüberprüfung zur Sicherstellung der Qualität der Evaluationsarbeit ist, so schwierig und aufwendig ist sie oft durchzuführen.

Dies beweist die Praxis immer wieder ganz besonders, bezüglich der Ueberprüfbarkeit der geforderten Funktionalität, aber auch bezüglich der Leistungsangaben einer offerierten Lösung. Zudem ist es oft nicht einfach, Angaben zu den Kosten und den Unterstützungsleistungen zu überprüfen.

Weder Schwierigkeiten noch aufwendige Recherchen dürfen aber das Evaluationsteam davon abhalten, den Wahrheitsgehalt der Offerten zu überprüfen und die gewonnenen Informationen möglichst vollständig und richtig festzuhalten.

5.2.2 Bewertung

Die in der Phase der Informationsaufbereitung gesammelten Detailinformationen müssen nun pro Kriterium hinsichtlich ihres Erfüllungsgrades unter gleichzeitiger Erkennung möglicher Risiken bewertet und zu einer Gesamtaussage bezüglich den zu vergleichenden Offerten vereinigt werden. Basis dazu bilden die bereits mit Informationen versehene Bewertungsliste und der Kriterienkatalog sowie die gewählte Skalierung (siehe Abschnitt 3.3.2).

Als Bewertungsverfahren wird die **Gewichtungsstufenmethode** gewählt.

Nachstehend werden die einzelnen Schritte dieses Verfahrens im Detail beschrieben (siehe Abbildung 44).

Es sei an dieser Stelle nochmals darauf hingewiesen, dass die **Offertbewertung** wohl einer der **kritischsten Verfahrensschritte** der ganzen Entscheidvorbereitung ist, da gerade hier die hauptsächlichsten Ansatzpunkte für die unkontrollierten subjektiven Einflüsse verborgen sind. Dem Vorgehen bei der Bewertung muss deshalb besondere Beachtung geschenkt werden. So empfiehlt es sich, die Bewertung im Evaluationsteam gemeinsam vorzunehmen.

Auf diese Weise lassen sich extreme Standpunkte und einseitige Interessen am besten ausgleichen. Zudem hat diese Vorgehensweise bei richtiger Zusammensetzung des Teams den Vorteil, dass die beteiligten Stellen durch ihr Engagement bei der Bewertung am ehesten bereit sind, das Evaluationsresultat positiv zu unterstützen.

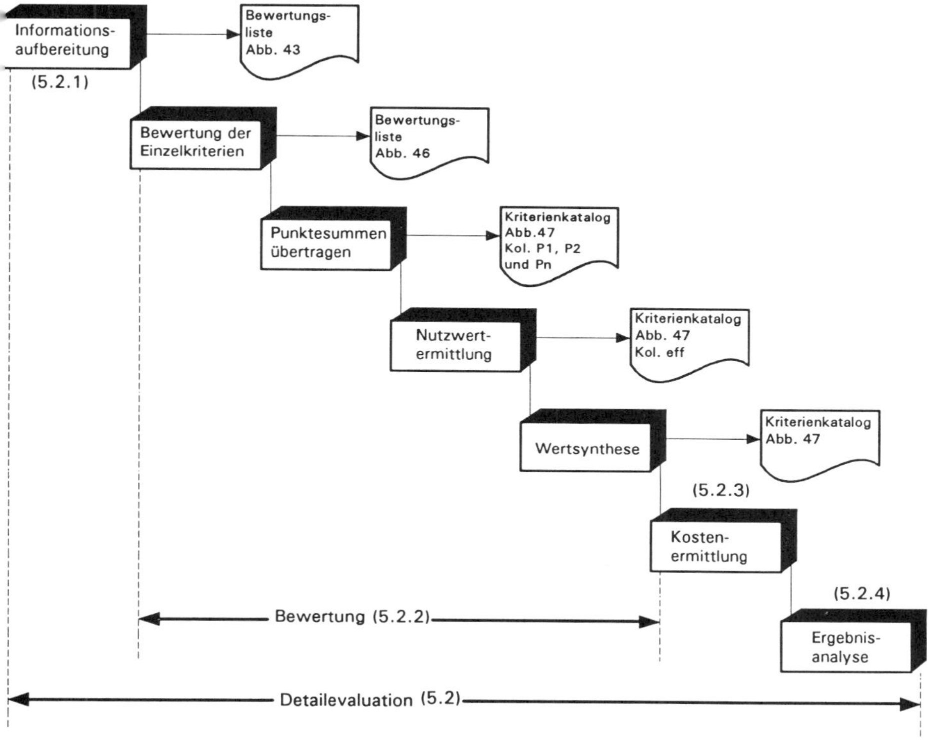

Abbildung 44: Schritte der Bewertung im Rahmen der Detailevaluation

Schritt 1: Bewertung der Einzelkriterien

Die in der Bewertungsliste pro Einzelkriterium erfassten Informationen müssen, gemessen am maximal und minimal zulässigen Grad der Zielerfüllung mit der gewählten Skalierung, bewertet werden.

Bei diesem Vergleich zwischen den geforderten und den offerierten Leistungen (Funktionen, Ausprägungen) lassen sich die folgenden Grundsituationen unterscheiden (siehe Abbildung 45).

Idealfall

Er liegt dann vor, wenn die offerierte Leistung exakt der Anforderung, d. h. genau der maximalen Zielerfüllung entspricht.

Hier vergibt man in der Bewertung die höchste Note.

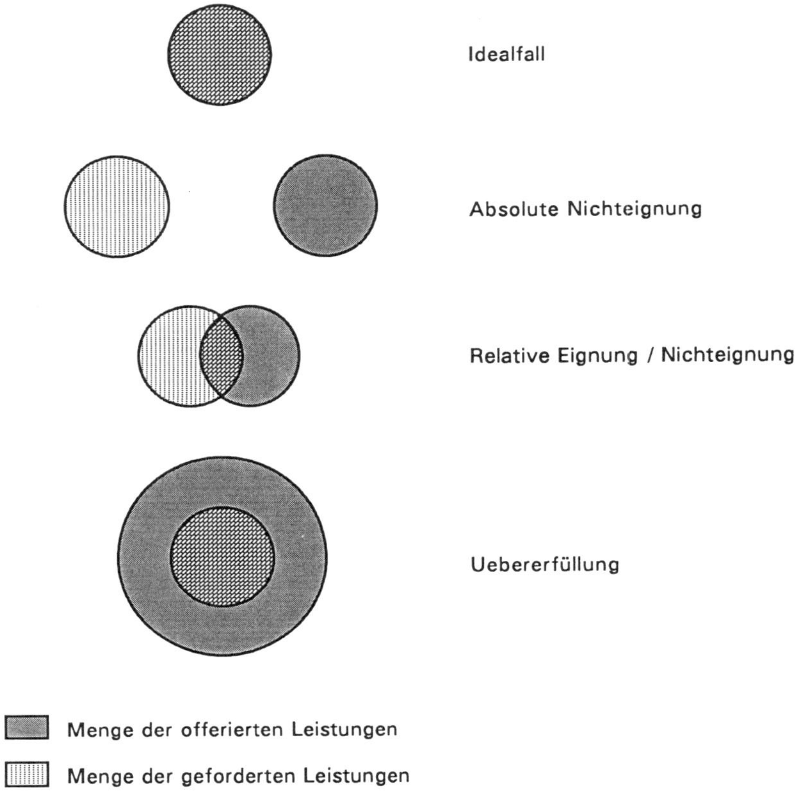

Abbildung 45: Vergleich zwischen geforderten und offerierten Leistungen

Absolute Nichteignung

Liegt dann vor, wenn die offerierte Leistung überhaupt nicht mit der Anforderung übereinstimmt, d. h. den minimal zulässigen Grad der Zielerfüllung unterschreitet, bzw. nicht vorhanden ist.

Hier vergibt man in der Bewertung die niedrigste Note, in der Regel den Wert Null.

Relative Eignung/Nichteignung

Liegt dann vor, wenn die offerierte Leistung zwischen dem maximal und minimal zulässigen Grad der Zielerfüllung liegt. Leider entspricht diese Situation nicht selten dem Normalfall.

Die Bewertung schwankt hier zwischen der höchsten und der niedrigsten Note.

Uebererfüllung

Liegt dann vor, wenn sich eine Ueberdeckung der offerierten gegenüber der geforderten Leistung ergibt. Dabei wird zwar die Anforderung erfüllt, aber eventuell ist die Lösung, infolge des Mehrangebotes, nicht mehr optimal. Die Uebererfüllung ist recht häufig bei allgemein einsetzbarer Standardsoftware anzutreffen, und es ist abzuwägen bzw. zu untersuchen, wie sie sich auf die übrige Softwarequalität (z. B. Effizienz, Benutzbarkeit) auswirkt. Eventuell müssen in der Bewertung Abstriche gemacht werden.

Wenn die Uebererfüllung nicht stört, kann die höchste Note vergeben werden.

Die aus der Bewertung des Einzelkriteriums resultierende Note (N), eventuell multipliziert mit dem Gewicht (G), ist in der Bewertungsliste unter der Kolonne ‹eff. P› einzutragen (siehe Abbildung 46).

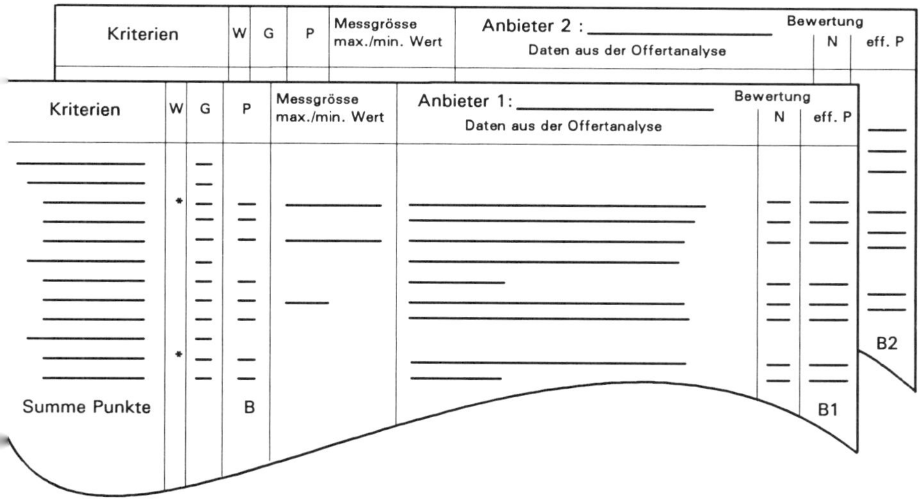

W = Wunschkriterien

G = Gewicht

P = Soll-Punkte (maximale Anzahl Punkte)

B = Summe Soll-Punkte

N = Note

Abbildung 46: Inhalt der Bewertungsliste nach der Bewertung

Sämtliche Punkte sind zu summieren (Punktesumme) für die spätere Uebertragung in den Kriterienkatalog, der als Bewertungsschema dient.

Schritt 2: Punktesummen (B1, B2 usw.) übertragen

Die resultierenden Punktesummen aus allen Einzelkriterien (B1, B2 in Abbildung 46) müssen nun pro Offerte in den Kriterienkatalog übertragen werden (siehe Abbildung 47, Kolonne P1, P2, Pn des Abschnittes B)

Schritt 3: Nutzwertermittlung pro Kriterium

Pro Kriterium gilt es, den erreichten Nutzwert (siehe eff. in Abbildung 47) zu berechnen.

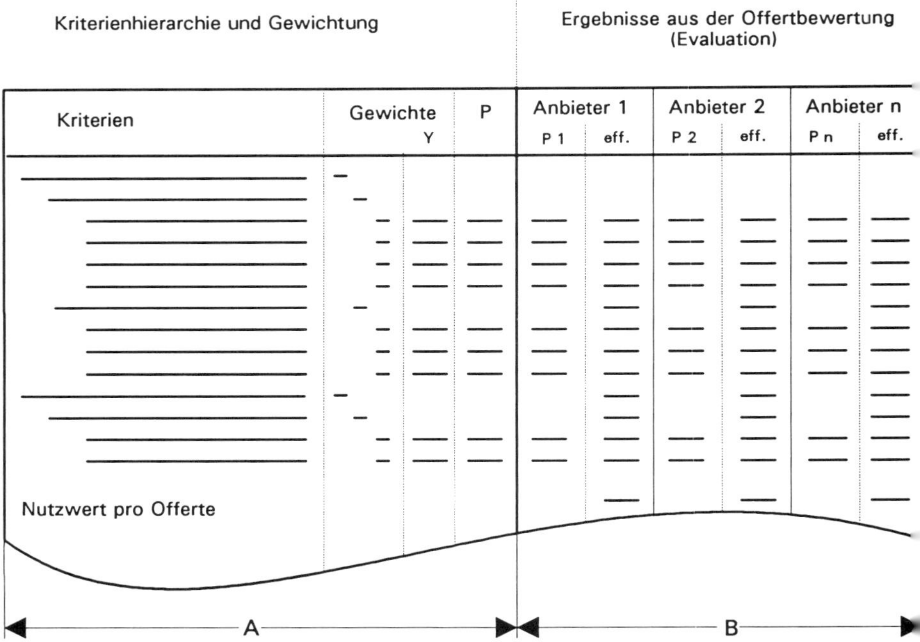

P = Summe Soll-Punkte aus Bewertungsliste

P1, P2, Pn = Punkte effektiv erreicht

eff. = (Gewicht x P1 bzw.P2 bzw. Pn) : P

Y = absolutes Gewicht

Abbildung 47: Inhalt des Kriterienkatalogs nach der Nutzwertermittlung pro Kriterium

Die effektiv erreichten Punkte (P1, P2, Pn) sind mit dem Punktemaximum, in Abbildung 47 mit ‹P› bezeichnet, ins Verhältnis zu setzen und mit dem entsprechenden Kriteriengewicht Y zu multiplizieren. Daraus resultiert der Nutzwert pro Kriterium. Er ist im Kriterienkatalog, in Abbildung 47 mit ‹eff› bezeichnet, einzutragen.

Schritt 4: Wertsynthese

Der Kriterienkatalog enthält gleichzeitig das Bewertungsschema in Form der Kriterienhierarchie.

Die ermittelten Nutzwerte in einer Ebene werden jeweils zum Ergebnis der nächsthöheren Ebene addiert. Diesen Vorgang, der sich über alle Ebenen der Kriterienhierarchie ausdehnt, bezeichnet man als Wertsynthese (Aufrechnung der Bewertungen).

Auf allen Ebenen werden somit pro Offerte die effektiv (tatsächlich) erreichten Nutzwerte ausgewiesen.

Diese Wertsynthese trägt dazu bei, die Entscheidungssituation transparent zu machen und die notwendige Ausgangsbasis für die weiteren Schritte zum Auswahlentscheid zu schaffen.

5.2.3 Kostenermittlung

Für die Bewertung der zu vergleichenden Offerten sind, ergänzend zu deren Nutzwerten, auch noch die **Kosten** während der geplanten Einsatzdauer (cost of ownership) möglichst vollständig und exakt zu ermitteln.

Die Kosten spielen bei der Beurteilung der einzelnen Lösungsalternativen eine spezielle Rolle, denn sie stehen in einem direkten Verhältnis zur offerierten Leistung und zum zu erbringenden Nutzen.

5.2.3.1 Kostenvollständigkeit

Wichtig ist deshalb, **alle** Preis- und Kostenkomponenten, d. h. alle Kostenarten der Investitions- und Betriebskosten zu erfassen, um diese in Preis-/Leistungsüberlegungen, aber auch Kosten-/Nutzenrechnungen einfliessen zu lassen. Dabei ist zusätzlich zwischen externem Entgelt (ausgabewirksame Kosten) und internen Kosten zu unterscheiden.

In Abbildung 48 sind die möglichen Gesamtkosten einer Informatiklösung festgehalten.

Alle Realisierungseinheiten

Realisierungseinheit n

Realisierungseinheit 1

Kosten / Kostenarten	Investitionskosten		Betriebskosten	
	Externes Entgelt	Interne Kosten	Externes Entgelt	Interne Kosten
Applikations-software	Lizenzen, Anpassungen, Installation	Anpassungen	Wartung, Erweiterungen	Betreuung, Erweiterungen
Hardware	Komponenten, Installation		Wartung, Ausbauten	
Systemsoftware	Lizenzen, Installation		Wartung, neue Versionen	Betreuung
Kommunikation	Datennetze, Netzzugangs-geräte		Benutzungs-gebühren	
Infrastruktur	Bauten, Mobiliar	Umbau, Installation		Raumkosten
Organisation	Beratung, Unterstützung, PM	Ausführung, PM		Führung
Einführung	Schulung, Unterstützung	Schulung, Datenaufbau, Abnahme		
Nebenkosten	Datenträger, Diverses		Verbrauchs-material, Diverses	
Nutzung			Betreuung, Schulung	Operating, Betreuung

PM = Projektmanagement

Abbildung 48: Gesamtkosten einer schlüsselfertig realisierten Informatiklösung

a) Investitionskosten

Hierunter fallen alle **externen Entgelte** für Software, Hardware, Dienstleistungen sowie übrige Leistungen, aber auch die **internen Kosten** für Eigenleistungen im Zusammenhang mit der geplanten Beschaffung bis hin zur schlüsselfertigen Uebergabe der jeweiligen Realisierungseinheit, d. h. bis zur Aufnahme der produktiven Nutzung. Dabei spielt die Finanzierungsart (Kauf, Leasing, Ratenkauf usw.) keine Rolle.

Namentlich geht es beim **externen Entgelt** um die folgenden Investitionskosten:

- Applikationssoftware (Lizenzgebühren, Kosten für Anpassungen, Installation der Software, Test, Dokumentation);

- Hardware (Kosten für alle Hardwarekomponenten, Installation, Handbücher);
- Systemsoftware (Lizenzgebühren, Kosten für Installation der Software, Test, Dokumentation);
- Kommunikation (Kosten für Netzzugangsgeräte, Datennetze);
- Infrastruktur (Kosten für bauliche Massnahmen, Verlegung von Kabeln, Einrichtungen, Mobiliar);
- Organisation (Planungskosten, Beraterhonorar, Kosten für Projektmanagement);
- Einführung (Kosten für Uebernahme von Daten, Schulungsgebühren für Benutzer und Informatikspezialisten, Reisekosten);
- Nebenkosten (Datenträger, Medien, Rekrutierungskosten, Spesen, Diverses).

Die **internen Kosten** im Zusammenhang mit der Investition beziehen sich in der Regel auf folgende Punkte:

- Applikationssoftware (Personalkosten, wobei die Höhe unmittelbar vom Grad der Eigenentwicklung abhängt);
- Infrastruktur (Kosten für Umbauten, Installationen);
- Organisation (Personalkosten für Projektmanagement und Wahrnehmung einzelner Aufgaben im Zusammenhang mit der Beschaffung);
- Einführung (Personalkosten für Unterstützung, Uebernahme von Daten und Programmen, Tests, Abnahme und Schulung sowie Einarbeitung).

b) Betriebskosten

Hierunter fallen alle **externen Entgelte** und **interne Kosten,** die im Zusammenhang mit dem Betrieb des Systems stehen, d. h. mit der Nutzung des Systems, der Aufrechterhaltung der Systemfunktionen sowie der Weiterentwicklung und dem Ausbau der Lösung.

Zu beachten ist, dass die Kosten während der ganzen Nutzungsdauer des Systems anfallen und somit selten von absolut festen Beträgen ausgegangen werden kann (Preisanpassungen durch die Lieferanten, Lohnerhöhungen usw.).

Externes Entgelt für die Betriebskosten ist in der Regel unter Beachtung von Garantieperioden für folgende Leistungen zu entrichten:

- Applikationssoftware (Wartungsgebühren, Lizenzgebühren für neue Softwareversionen, Kosten für Erweiterungen, Fehlerbehebungen);
- Hardware (Wartungsgebühren, Ausbaukosten);
- Systemsoftware (Wartungsgebühren, Lizenzgebühren für neue Versionen);
- Kommunikation (Anschluss- und Benutzungsgebühren für die Datenübertragung bzw. die Nutzung des Services);
- Nebenkosten (Verbrauchsmaterial, Datenträger, Medien, Strom, Versicherungen);
- Nutzung (Kosten für externe Betreuung, Schulungsgebühren).

Die **internen Kosten** für den Betrieb der Systeme beziehen sich in der Regel auf folgende Punkte:

- Applikationssoftware (Personalkosten für Betreuung und Weiterentwicklung);
- Systemsoftware (Personalkosten für die Betreuung z. B. bei Einführung neuer Versionen, Fehlerabklärungen usw.);
- Infrastruktur (anteilige Raumkosten, Einrichtung);
- Organisation (anteilige Kosten für Führung und Organisation, Kosten für interne Aus- und Weiterbildung);
- Nutzung (Kosten für Operating, Datenerfassung, Betreuung).

5.2.3.2 Kostengenauigkeit, Kostenverbindlichkeit

Besondere Beachtung ist bei der Analyse und Ermittlung der Kosten der Kostengenauigkeit und der Kostenverbindlichkeit zu schenken. Grundsätzlich sollten von den Offertstellern feste und verbindliche Preisangaben verlangt werden.

Problematisch ist dies oft bei der Applikationssoftware, wenn der Anteil der individuellen Anpassungen relativ hoch ist. Dasselbe gilt bei baulichen Massnahmen (z. B. Verlegung des Netzwerkes) oder für die Einführungsunterstützung.

In solchen Fällen ist für diese Kostenarten von den Offertstellern zumindest eine enge Toleranzbreite der Kosten von z. B. +/– 10 % zu verlangen.

Wenn dieser Genauigkeitsgrad nicht offeriert werden kann, so dürften die Anforderungen im Pflichtenheft zu grob und unpräzise gewesen sein, oder ein Anbieter scheut sich, aus welchen Gründen auch immer, zur Abgabe verbindlicher Preise. Zu ungenaue Kosten sind negativ zu werten, und die Preisangaben müssen mit einem angemessenen Risikozuschlag versehen werden.

Ist es bei den Investitionskosten noch relativ einfach möglich, zu genauen, verbindlichen Kostenangaben zu kommen, so wird es bei der Bestimmung der Betriebskosten schon schwieriger. Hier sind Kostenelemente zu ermitteln, die erst in der Zukunft, während der geplanten Einsatzdauer von üblicherweise fünf bis zehn Jahren anfallen und teilweise auf Schätzungen (z. B. Operatingaufwand) abstellen.

Dennoch müssen auch die Betriebskosten, weil sie mit den meisten Unsicherheiten befrachtet sind, möglichst realitätsnah, genau und verbindlich ermittelt werden.

5.2.3.3 Realisierungseinheiten

In der Regel wird eine Gesamtlösung zeitlich gestaffelt in einzelnen Realisierungseinheiten eingeführt. Auch dieser zeitlichen Komponente ist bei der Kostenermittlung und den darauf aufbauenden Preis-/Leistungsbetrachtungen

Rechnung zu tragen (siehe Abbildung 48), d. h. pro Realisierungseinheit sind die jeweiligen Gesamtkosten zu ermitteln.

5.2.3.4 Einsatzkosten (cost of ownership)

Um die Kosten der einzelnen offerierten Varianten besser beurteilen und vergleichen zu können, müssen **alle** Preis-/Kostenelemente auf einen einheitlichen Nenner gebracht werden, um so die Gesamtkosten der einzelnen Lösungen während einer bestimmten Einsatzdauer (cost of ownership) zu erhalten. Dies ist nicht zuletzt für die erforderliche Kostentransparenz und für Kosten-/Nutzenüberlegungen eine Notwendigkeit.

Am zweckmässigsten ermittelt man die Kosten pro Jahr oder pro Monat während einer angenommenen Nutzungsdauer des Systems und unter Beachtung einer angemessenen Verzinsung der Investitionskosten.

Beispiel:

(bei Investitionskosten nur externes Entgelt berücksichtigt, Abschreibungsdauer ist acht Jahre, Verzinsung ist 10 %, teuerungsbedingte Preisanpassungen sind nicht berücksichtigt)

Applikationssoftware	Fr.	400 000.--
Hardware	Fr.	350 000.--
Systemsoftware	Fr.	50 000.--
Organisation/Einführung	Fr.	150 000.--
Nebenkosten	Fr.	50 000.--
Total Investitionskosten	Fr.	1 000 000.--
Abschreibung pro Jahr	Fr.	125 000.--
Verzinsung*	Fr.	50 000.--
Wartung Applikation	Fr.	45 000.--
Wartung Hardware	Fr.	30 000.--
Wartung Systemsoftware	Fr.	10 000.--
Nutzung (Operating)	Fr.	130 000.--
Nebenkosten	Fr.	10 000.--
Total Betriebskosten (pro Jahr)	Fr.	225 000.--
Abschreibung und Verzinsung Investitionen	Fr.	175 000.--
Total Einsatzkosten	Fr.	400 000.--

* für die Zinsberechnung wird die halbe Summe der Investition zugrunde gelegt (vereinfachtes Verfahren)

Es ist nicht Aufgabe dieser Publikation, näher auf die einzelnen Verfahren der Investitionsrechnung einzugehen. Sie können in der einschlägigen betriebswirtschaftlichen Fachliteratur nachgelesen werden.

Dieses einfache Beispiel zeigt auch sehr klar, wie stark die Betriebskosten gegenüber den Hardware- und Softwarekosten ins Gewicht fallen können. Das Ziel jeder Lösung sollte daher darauf gerichtet werden, vor allem die Betriebskosten zu minimieren. Eine auf den ersten Blick billig erscheinende Hardware oder Software kann z. B. erheblich höhere Betriebskosten als vergleichsweise teurere Hardware oder Software zur Folge haben. Deshalb sind die **Gesamtkosten,** unter Berücksichtigung des Aufwandes für die Handhabung und Wartung des neuen Systems, so wichtig und ausschlaggebend für die Beurteilung der einzelnen Lösungsvarianten.

Mit der Ermittlung der Einsatzkosten, bezogen auf die ganze Lebensdauer des Systems, ist die Phase der Detailevaluation abgeschlossen.

Neben den Nutzwerten liegen damit auch die Kosten pro untersuchte Offerte vor.

5.2.4 Ergebnisanalyse, Zuverlässigkeit der Beurteilung

Wegen der bereits genannten Schwierigkeiten der Beurteilung müssen das Evaluationsergebnis analysiert und die Zuverlässigkeit der Beurteilung und Kostenermittlung überprüft werden. Dies gilt ganz besonders auch für den Fall, wo die Ergebnisse eines Bewertungsverfahrens sehr nahe beieinander liegen, sowie auch dort, wo das Bewertungsergebnis den Erwartungen krass widerspricht. Ziel der Ueberprüfung muss sein, die Bewertungsresultate möglichst unempfindlich gegenüber Fehlern bei der subjektiven Einschätzung zu machen.

Die Zuverlässigkeit der Beurteilung des Evaluationsergebnisses kann auf drei Arten überprüft werden:

a) Ueberprüfung der Qualität

Ueberprüfung der Qualität der durchgeführten Bewertung und Kostenermittlung bezüglich:

- Vollständigkeit der Kriterien, der Kosten und der Informationen;
- Richtigkeit der zusammengetragenen Informationen;
- Korrektheit der angewandten Verfahren;
- Rechenfehler.

b) Empfindlichkeitstests (Sensibilitätsanalyse)

Mittels eines Empfindlichkeitstests soll überprüft werden, ob sich die Rangreihenfolge der untersuchten Offerten ändert, wenn sich die Voraussetzungen der Bewertungen ändern. Dies betrifft insbesondere

- die Zusammenfassung gleichartiger Kriterien;
- die Kriteriengewichte;
- die Bewertung der Zielerfüllung, vor allem bei Schätzungen.

Durch **leichte** Veränderung dieser Grössen kann untersucht werden, wie empfindlich das Bewertungsresultat darauf reagiert.

c) Verzichtrangfolge der Bewertungskriterien

Eine Art Empfindlichkeitstest stellt auch die Bildung einer Verzichtrangfolge der Bewertungskriterien dar. Dabei wird den einzelnen Kriterien ein Verzichtsrang zugeordnet, womit sich untersuchen lässt, wie das Bewertungsresultat auf sukzessives Weglassen der unwichtigeren Kriterien reagiert. Dies entspricht einer Priorisierung der Kriterien.

Der einfachste Test dieser Art besteht darin, dass die unwichtigsten Kriterien (z. B. die Kriterien mit dem geringsten Gewicht) weggelassen werden und der Einfluss auf das Bewertungsergebniss untersucht wird.

5.3 Kosten/Nutzwert-Gegenüberstellung

Die Nutzwerte einerseits und die Einsatzkosten (Investitions- und Betriebskosten) andererseits bilden die Ausgangsbasis für die Bestimmung der ‹besten› Lösungsvariante. Aus **Benutzersicht** ist in der Regel diejenige Variante mit dem **höchsten Nutzwert** zu favorisieren. Sie dürfte am ehesten gewähr leisten, die gesteckten Ziele am besten zu erreichen.

Aus rein **monetärer Sicht** steht die **kostengünstigste** Variante im Mittelpunkt des Interesses. Es gilt, eine sinnvolle und aussagefähige Verknüpfung der beiden Grössen ‹Nutzwert› und ‹Kosten› herbeizuführen. In der Praxis bieten sich hierfür zwei Möglichkeiten an:

- Kosten/Nutzwert-Diagramme;
- Kosten/Wirksamkeits-Analysen.

Eine Transformation der Kosten in einen Nutzwert zur Bestimmung eines Gesamtnutzens als eine weitere Möglichkeit ist abzulehnen, da hierbei das Grundprinzip der Gegenüberstellung von Nutzen und Aufwand (Kosten) verletzt wird und somit auch die bei einer getrennten Kosten/Nutzwert-Analyse erzielbare Transparenz verloren geht.

Die Nutzwerte und die Einsatzkosten der einzelnen Varianten sind in ihrer Beziehung zueinander näher zu analysieren und transparent zu machen.

5.3.1 Kosten/Nutzwert-Diagramm

Bei der Gegenüberstellung der gesamten Einsatzkosten und Nutzwerte aus der Bewertung der Offerten in einem Kosten/Nutzwert-Diagramm lassen sich grundsätzlich die folgenden vier Fälle unterscheiden (siehe Abbildung 49):

1. Kosten hoch/Nutzen tief:
   Diese Offerte ist abzulehnen.
2. Kosten hoch/Nutzen hoch:
   Diese Offerte sollte nochmals überprüft werden. Vielleicht lassen sich die Kosten ohne spürbare Verminderung des Gesamtnutzens senken. Unter Umständen zeichnet sich diese Lösung durch grosse Leistungsreserven oder aussergewöhnlichen Komfort aus.
3. Kosten tief/Nutzen hoch:
   Diese Offerte ist interessant! Es sollte aber überprüft werden, ob auch tatsächlich sämtliche Kosten berücksichtigt wurden.
4. Kosten tief/Nutzen tief:
   Diese Offerte ist uninteressant. Es ist allerdings nicht auszuschliessen, dass sich hinter dieser Offerte eine originelle Lösung verbirgt, die nicht in das vorgegebene Konzept passt und deshalb unterbewertet wurde. Vielleicht sollte das Konzept neu überdacht werden.

Nicht immer unterscheiden sich die bewerteten Offerten hinsichtlich Nutzwert und Kosten so krass wie in Abbildung 49 skizziert.

Ein Kosten/Nutzwert-Diagramm kann sich auch auf Hauptkriterien beziehen, z. B. die Applikationssoftware oder die Systemplattform. Dies erlaubt eine differenziertere Beurteilung.

Wenn mehrere Offerten im Kosten/Nutzwert-Diagramm sehr nahe beieinander liegen oder sich sogar überlappen, wird der Entscheid für die Vorzugswürdigkeit der Alternativen nicht einfach. Es ist sehr sorgfältig abzuwägen und zu entscheiden, ob die nur leicht höheren Nutzwerte einzelner Offerten die Mehrkosten im Vergleich zu den anderen Offerten mit geringfügig tieferen Nutzwerten auch wirklich wert sind.

In solchen Fällen sind die Ergebnisse der Kosten/Wirksamkeits-Analyse sowie übergeordnete Kriterien wie die Risikobeurteilung, Geschäftsinteressen, personelle Aspekte usw. für die Rangierung der Offerten massgebend.

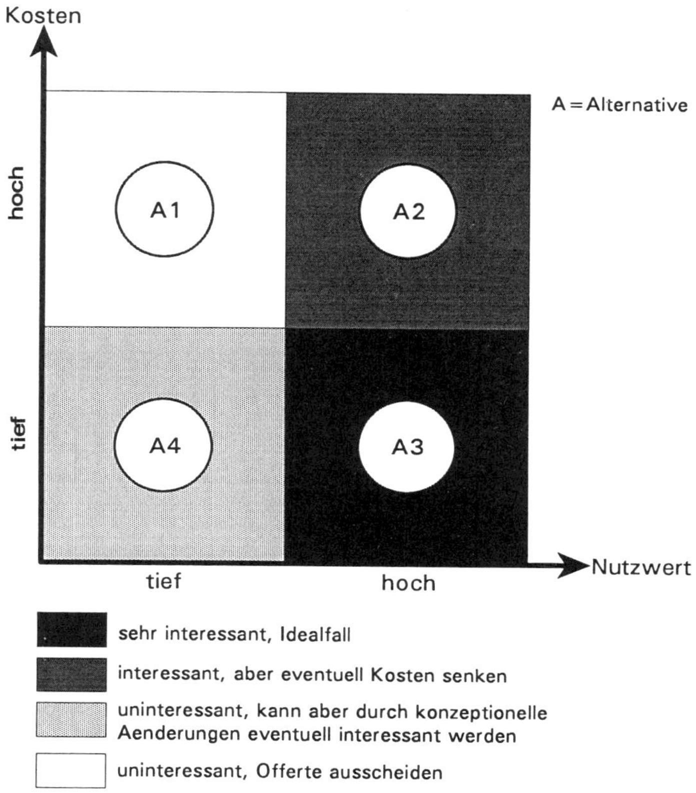

Abbildung 49: Kosten/Nutzwert-Diagramm

5.3.2 Kosten/Wirksamkeits-Analyse

Als Hilfsgrösse für die Kosten/Wirksamkeits-Analyse (cost effectiveness analysis) wird der sogenannte Kosten/Nutzwert-Faktor ermittelt, der sich aus dem Verhältnis der Kosten zum Nutzwert pro Offerte ergibt.

Damit besteht die Möglichkeit, die Kostenwirksamkeit der einzelnen Alternativen (Offerten) zu bestimmen. Sie kommt im Quotienten

$$Q1 = \frac{\text{Kosten}}{\text{Nutzwert}} \text{ d. h. } \frac{\text{Fr.}}{\text{Punkte}} \text{ (hier ist das Minimum anzustreben)}$$

oder aber

$$Q2 = \frac{\text{Nutzwert}}{\text{Kosten}} \text{ d. h. } \frac{\text{Punkte}}{\text{Fr.}} \text{ (hier ist das Maximum anzustreben)}$$

zum Ausdruck.

Dieser Quotient darf allerdings nicht isoliert zur Bestimmung der besten Alternative, bzw. zur Rangierung der Alternativen herangezogen werden, denn er lässt die Frage offen, welche Nutzwertsteigerung sich bei welcher Kostenerhöhung ergibt.

Deshalb sollte der Kosten/Nutzwert-Faktor (auch ‹cost effectiveness ratio› genannt) nur in Kombination mit den unter 5.3.1 beschriebenen Ueberlegungen auf der Basis von Kosten/Nutzwert-Diagrammen Verwendung finden.

5.4 Evaluationsbericht

Der Evaluationsbericht hat zum Ziel, die Ergebnisse der verschiedenen Schritte der Evaluationsphase zuhanden des Entscheidungsträgers in schriftlicher, kompakter Form zusammenzufassen sowie eine Entscheidungsempfehlung abzugeben. Ein zweckmässiger Aufbau des Evaluationsberichtes geht aus Abbildung 50 hervor.

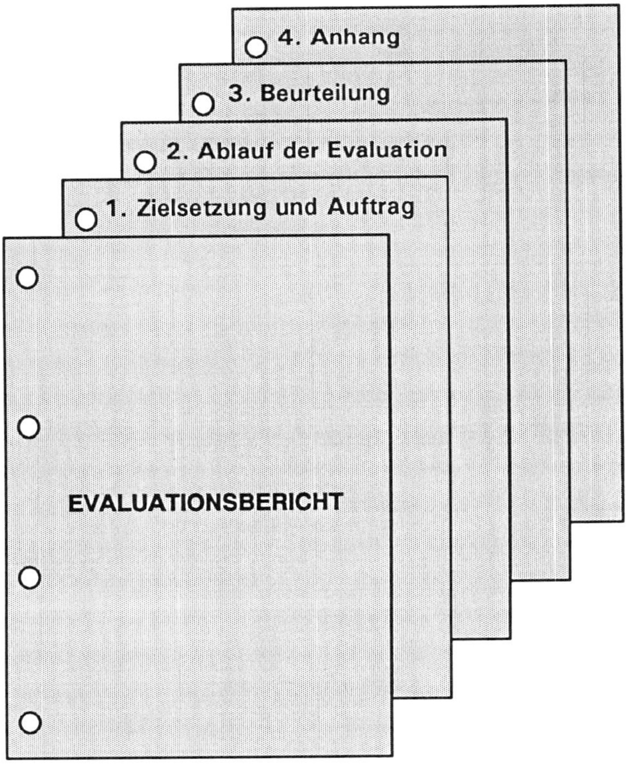

Abbildung 50: Inhalt des Evaluationsberichtes

Je nach Art und Grösse des Beschaffungsvorhabens, aber auch abhängig von Entscheidungsstrukturen und -kompetenzen, wird der Evaluationsbericht mehr oder weniger umfangreich sein müssen. Wichtig erscheint es jedoch den ‹roten Faden› beizubehalten, damit der Auswahlprozess transparent und nachvollziehbar bleibt.

Nachfolgend wird näher auf den Inhalt des Evaluationsberichtes eingegangen.

5.4.1 Zielsetzung und Auftrag

In diesem ersten Abschnitt des Evaluationsberichtes sollen die generelle **Zielsetzung** für das Beschaffungsvorhaben sowie der **Auftrag** an das Evaluationsteam im Umriss aufgeführt werden. Es empfiehlt sich dabei, auf die bereits in der Vorbereitungsphase erstellten (siehe Abschnitt 1.1) und im Evaluationshandbuch abgelegten Unterlagen zurückzugreifen und diese gegebenenfalls zu ergänzen. Wünschenswert sind folgende Angaben:

- Ausgangslage für die Beschaffung;
- Ziele, die es mit der Beschaffung zu erreichen gilt;
- Angaben zum zu realisierenden Nutzen;
- Lösungsumriss, Abgrenzung;
- Kurze Angaben zur Projektorganisation.

5.4.2 Ablauf der Evaluation

Hier soll der gesamte **Evaluationsprozess** mit seinen wichtigsten Stationen, angefangen bei der Vorbereitung, über die Erstellung des Pflichtenheftes und der Bewertungsdokumente, der Auswahl der Offertsteller, bis hin zur Evaluation im engeren Sinne, d. h. der Vor- und Detailevaluation inklusive der Kostenermittlung, festgehalten werden. Dabei ist vor allem der zeitliche Horizont, bezogen auf die wichtigsten Etappen und Entscheide, wiederzugeben.

Die Ausführungen sind bewusst knapp zu halten. Verweise auf die jeweiligen Dokumente (z. B. Pflichtenheft, Offerten) erhöhen die Uebersichtlichkeit sehr und lassen gezielte Zugriffe auf Detailinformationen zu. Damit ist die Nachvollziehbarkeit gewährleistet.

Die wichtigsten Etappen während des ganzen Evaluationsprozesses sind in der Regel die folgenden:

- Start der Evaluationsphase;
- Erstellung des Pflichtenheftes und der Bewertungsdokumente;
- Auswahl der Anbieter (Vorgehen, Begründung);
- Versand der Pflichtenhefte (Empfänger, Reaktionen);

- Eintreffen der Offerten bzw. Absagen (Reaktionen, Termintreue, Gründe für Absagen);
- Vorevaluation (Grobbeurteilung der Offerten, Gründe für das Ausscheiden einzelner Offerten, evtl. eingeleitete Massnahmen);
- Detailevaluation inkl. Kosten-/Wirksamkeit;
- Erstellen des Evaluationsberichtes.

5.4.3 Beurteilung

Dieser Abschnitt ist als **Schwerpunkt des Evaluationsberichtes** zu sehen. Hier soll die Wertung der in der Detailevaluation verbliebenen Lösungsvarianten in knapper, übersichtlicher Form festgehalten werden (siehe Abbildung 51). Dabei geht es um ein Zusammentragen, Komprimieren und Kommentieren bereits vorhandener Daten und Fakten. Auch graphische Darstellungen, sofern sie Sachverhalte treffend wiedergeben, sind hier erwünscht.

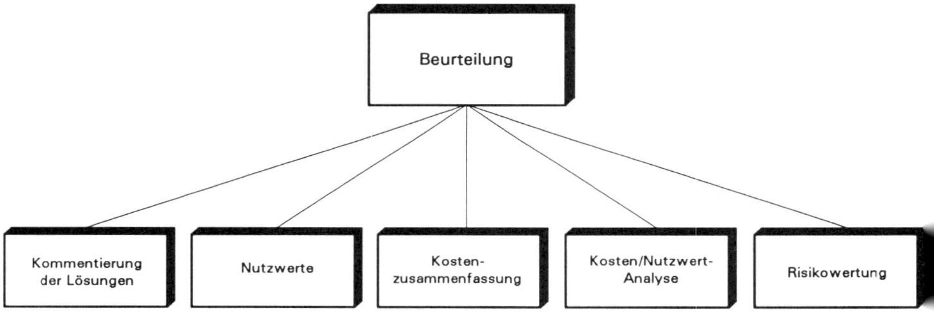

Abbildung 51: Beurteilung der Lösungsvarianten

Letztlich geht es neben der Interpretation der Evaluationsergebnisse und dem Aufzeigen der Vorzugswürdigkeit auch um eine **Risikowertung** der einzelnen Lösungen.

5.4.3.1 Kommentierung der Lösungen

Die einzelnen Lösungen sind kurz und präzise im Sinne eines Management Summary aufzuzeigen. Dabei können gezielt Unterlagen aus den Offerten (z. B. Uebersichtspläne) verwendet werden.

Darauf bauend sind die Stärken aber auch die Schwächen sowie mögliche Risiken pro Lösungsvariante zu kommentieren.

Eine zweckmässige Gliederung ergibt sich wie folgt:

- Kurze Beschreibung der Lösung (Lösungsumriss);
- Uebersichtspläne, Schemata (z. B. aus Offerte);
- Kommentierung der Erfüllung applikationsbezogener Kriterien, mögliche Risiken (z. B. Schnittstellen, Komplexität, Novitätsgrad);
- Kommentierung der Systemplattform (Hardware, Systemsoftware usw.), Aufzeigen möglicher Risiken (z. B. neue Technologien, Leistungsgrenzen);
- Würdigung anbieterbezogener Aspekte, Aufzeigen möglicher Realisierungsrisiken (z. B. personelle Ressourcen, Termine, Markteinflüsse);
- Stellungnahme zu besonders wichtigen aggregierten Kriterien wie z. B. Leistung, Benutzbarkeit, Zuverlässigkeit.

5.4.3.2 Nutzwerte

Die in der Bewertung (siehe Abschnitt 5.2.2) zutage geförderten Einzelergebnisse (Nutzwerte) sind hier in einer verdichteten Form, z. B. auf Stufe der Hauptkriterien, wiederzugeben. Basis dazu bildet der bewertete Kriterienkatalog, der dem Evaluationsbericht als Anhang beigefügt werden kann.

Natürlich ist es ratsam, dass die hier tabellarisch aufgeführten Kriterien mit denjenigen der unter 5.4.3.1 beschriebenen Lösungskommentierung übereinstimmen. Abbildung 52 vermittelt ein Beispiel einer auf Stufe der Hauptkriterien verdichteten Nutzwertanalyse.

		Lösungsvariante 1			Lösungsvariante 2		
Hauptkriterien	Max.Nutzw.	Nutzwert	%	Rang	Nutzwert	%	Rang
1 Applikationssoftware	13.00	9.80	75	1	8.50	65	2
Applikation 1	7.50	6.80	91	1	6.00	80	2
Applikation 2	5.50	3.00	55	1	2.50	45	2
2 Systemplattform	40.00	33.40	84	1	32.00	80	2
Hintergrundsysteme	16.00	15.60	98	1	12.60	79	2
Arbeitsstationen	12.00	10.90	91	2	11.50	96	1
Systemsoftware	1.20	1.00	83	1	0.90	75	2
Netzwerke	10.80	5.90	55	2	7.00	65	1
3 Anbieter / Partner	47.00	36.90	79	1	25.80	55	2
Profil / Referenzen	14.10	10.40	74	1	4.20	30	2
Unterstützung	18.80	13.00	69	1	11.10	59	2
Vertragsgestaltung	14.10	13.50	96	1	10.50	74	2
Total Nutzwert	100.00	80.10	80	1	66.30	66	2

% = Erfüllungsgrad, gemessen am maximalen Nutzwert

Abbildung 52: Beispiel einer verdichteten Nutzwertanalyse

Eine weitere Möglichkeit, die Bewertungsergebnisse transparent zu machen, sind sogenannte **Leistungs- bzw. Nutzwertprofile** (siehe Abbildung 53).

Mittels solcher Profile lässt sich die Bewertung der Offerten bezüglich der Hauptkriterien anschaulich darstellen. Sie ermöglichen eine einfache Starkstellen-/Schwachstellenanalyse der Lösungsvarianten im direkten Vergleich.

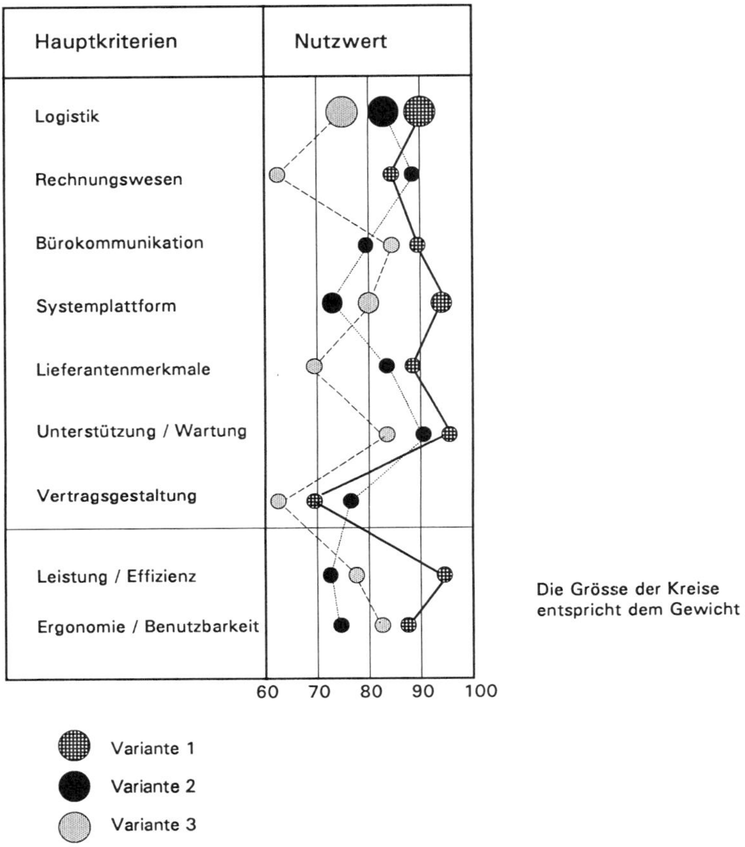

Abbildung 53: Beispiel für ein Nutzwertprofil mit drei Lösungsvarianten

5.4.3.3 Kostenzusammenfassung

Die pro Lösungsvariante ermittelten Kosten (siehe 5.2.3) sind hier, nach Kostenarten gegliedert, tabellarisch aufzuführen. Damit wird ein einfacher Kostenvergleich pro Offerte erreicht. Betreffend der Darstellung wird auf das in Abschnitt 5.2.3.4 gezeigte Beispiel verwiesen.

Es ist also empfehlenswert, hier einerseits einzeln die Investitionskosten und Betriebskosten sowie andererseits die ermittelten Einsatzkosten, bezogen auf eine bestimmte Zeitperiode (z. B. ein Jahr), auszuweisen.

5.4.3.4 Kosten/Nutzwert-Analyse

Nachdem die Nutzwerte und die Kosten festgehalten sind, gilt es, diese beiden Grössen pro Lösungsvariante aussagekräftig zu verknüpfen und eine Rangfolge betreffend die Vorzugswürdigkeit aufzuzeigen. Basis dazu bildet das Kosten/Nutzwert-Diagramm (siehe Abschnitt 5.3).

Abbildung 54 zeigt ein Beispiel mit drei Lösungsvarianten, wobei nicht nur die Gesamtkosten, sondern auch die Kosten der Systemplattform und der Applikationssoftware (mit Software bezeichnet) mit den jeweiligen Nutzwerten zusätzlich dargestellt werden.

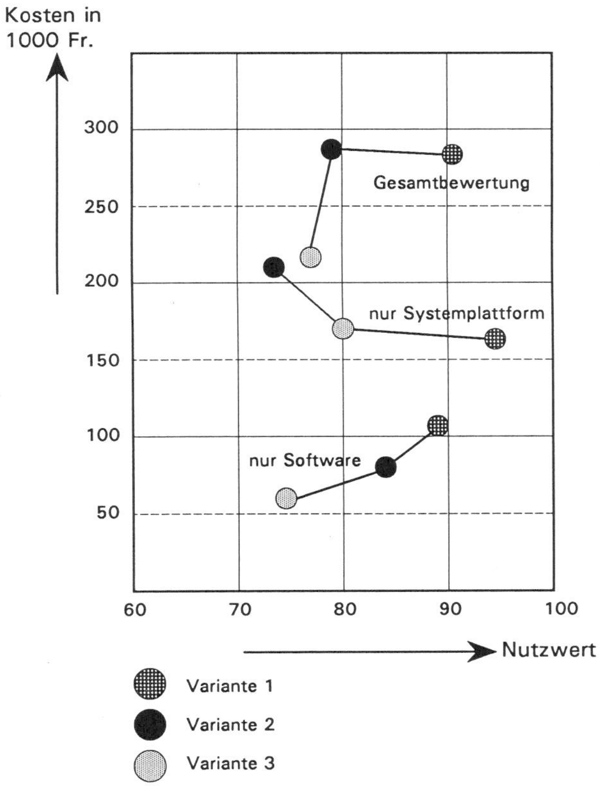

Abbildung 54: Beispiel für ein Kosten-/Nutzwertdiagramm mit drei Lösungsvarianten

Die Favoritenstellung der Variante 1 wird in diesem Beispiel klar ersichtlich.

Wenn sich nicht wie, in diesem Beispiel, eine Variante so eindeutig als die interessanteste Lösung von den anderen Varianten abhebt, so können Kosten/Wirksamkeits-Analysen (siehe Abschnitt 5.3.2) sowie übergeordnete Kriterien (z. B. Risikobeurteilungen, Geschäftsinteressen, bereits gemachte Erfahrungen mit dem Realisierungspartner) meistens Aufschlüsse über die Vorzugswürdigkeit der Varianten vermitteln. Allerdings sind diese Ueberlegungen hier, aus Gründen der Nachvollziehbarkeit, kurz und stichhaltig zu kommentieren.

5.4.3.5 Risikowertung

Gerade bei sehr innovativen Beschaffungsvorhaben ist es angebracht, die Risiken der einzelnen Lösungsvarianten im Sinne einer Uebersicht aufzuzeigen. Die Risiken können sich dabei auf sehr unterschiedliche Einflussgrössen beziehen, z. B. auf die

- technische Realisierbarkeit;
- personelle Ressourcen;
- Termine;
- Kosten (Preise);
- Standorte;
- Kontinuität der Realisierungspartner;

usw.

Es ist die **Wahrscheinlichkeit** des Eintretens der Probleme am Ausmass der Wirkung, d. h. des **Schadens** darzustellen.

Für jede Einflussgrösse wird man möglichst realitätsnahe Schätzungen unter Einbezug mehrerer **kompetenter Personen** vornehmen, um so zu einer objektiven Einschätzung der Wahrscheinlichkeit zu gelangen. Dieser Zusammenhang kann in einer Portfolio-Darstellung sichtbar gemacht werden.

5.4.4 Anhang

Als Anhang kann der **bewertete Kriterienkatalog** beigefügt werden. Er vermittelt vor allem einen detaillierten Einblick in die Nutzwerte.

Darüber hinaus ist auf die Standorte (Ablageplätze) der Offerten, insbesondere der favorisierten Alternative, zu verweisen.

5.5 Antrag/Weiteres Vorgehen

Nach Erstellung des Evaluationsberichtes ist der Antrag für den Entscheid zuhanden des Entscheidungsträgers zu formulieren. Das Evaluationsteam spricht sich darin für **eine** der beurteilten Lösungsvarianten aus.

Die Ausführungen beschränken sich auf den Vorschlag und eine kurze Begründung (gewählte Lösung, Nutzwerte, Kosten, Termine, besondere Stärken, mögliche Risiken) der zu wählenden Variante. Detailinformationen können dem Evaluationsbericht entnommen werden.

Es empfiehlt sich, den Antrag nicht umgehend zum Entscheid umzuwandeln und erst mit den Vertragsverhandlungen zu beginnen.

Abschliessend zum Antrag ist das weitere Vorgehen hier stichwortartig aufzuführen, z. B.:

- Fällen des ‹internen› Entscheides bis . . .;
- Vertragsverhandlungen und Vertragsabschluss bis . . .;
- Benachrichtigung der Mitbewerber;
- Projektorganisation für die Realisierung;
- Ecktermine für Installation, Einführung und Aufnahme der produktiven Nutzung.

Mit diesen Ausführungen ist der Evaluationsbericht abgeschlossen.

Die Entscheidungssituation wurde durch Verwendung eines methodisch unterstützten Auswahlverfahrens transparent gemacht. Das dabei angewandte Bewertungsverfahren ersetzt aber den Entscheid nicht, sondern stellt lediglich eine Entscheidungshilfe dar.

Der Entscheid selbst bleibt Aufgabe des Entscheidungsträgers.

6 Entscheidung (interner Entscheid)

Die in der bisherigen Evaluationsphase erarbeiteten Entscheidungsgrundlagen, festgehalten im Evaluationsbericht, stellen Vor- und Nachteile der näher untersuchten Lösungsvarianten einander gegenüber. Sie führen im Normalfall zu einem Antrag zuhanden des Entscheidungsträgers, in welchem sich das Evaluationsteam für eine konkrete Variante ausspricht. Dieser Antrag ist eine sachlich ausgewogene Entscheidungsempfehlung, welcher sich der Entscheidende anschliessen sollte.

Damit ist aber der eigentliche **Entscheid** noch nicht vorweggenommen. Vielmehr hat ihn der Entscheidungsträger jetzt in einem **bewussten Schritt** zu treffen. Dabei wird er sich auf die Evaluationsergebnisse abstützen und die Schlussfolgerungen des Evaluationsteams als wesentlichen Bestandteil in seine Ueberlegungen einfliessen lassen.

Das Evaluationsergebnis soll nochmals kritisch von mehreren Seiten durchleuchtet, der Antrag noch einmal mit den Unternehmenszielen und den ursprünglich vorgegebenen Projektzielsetzungen abgeglichen werden.

Dazu gehört auch eine nochmalige, gründliche Risikoabwägung auf der Basis einer sorgfältigen Implementierungsplanung der vorgesehenen Lösungsvariante.

Es gilt vor allem folgende Punkte kritisch zu hinterfragen:

- Personal (Quantität, Qualifikation, Akzeptanz);
- Realisierungspartner (Qualifikation, Referenzen, Abhängigkeiten);
- Kosten (Genauigkeit);
- Zukunftssicherheit der Systemplattform (Technologie);
- Offenheit (Flexibilität) der Lösung;
- Systemleistungen;
- Termine;
- Externe Einflüsse (Marktentwicklung, gesetzliche Bestimmungen);
- Vertragliche Absicherungen.

Persönliche Erfahrungen und insbesondere unternehmerisch übergeordnete Aspekte (Veränderungen der Ablauf- und Aufbauorganisation, humane Aspekte, mögliche Gegengeschäfte, unternehmensstrategische Auswirkungen, Image-Gesichtspunkte) sollen in die Ueberlegungen miteinfliessen.

Soweit letztere den Entscheid beeinflussen, sollten sie auf jeden Fall sichtbar gemacht und dokumentiert werden, die Entscheidungssituation bleibt damit transparent und später nachvollziehbar.

Kann der Entscheidungsträger der Argumentation des Evaluationsteams nicht folgen, muss er allerdings das Projektteam in vermehrtem Masse in die Entscheidfindung einbeziehen:

- Dem Team ist Gelegenheit zu geben, zur neuen Situation Stellung zu nehmen, die Auswirkungen dieses alternativen Handelns darzustellen;
- Allen Beteiligten sind die Gründe für diesen Entscheid sichtbar zu machen. Die Betroffenen müssen die neu gewählte Variante akzeptieren können.

Nur so kann sichergestellt werden, dass die gewählte Lösung unterstützt und bei der Einführung von einer breiten Basis getragen wird, andernfalls ist ein Fehlschlag mehr oder weniger vorprogrammiert.

Spätestens zum Zeitpunkt des internen Entscheides sollte auch die Bereitstellung der finanziellen Mittel und die Finanzierungsform geklärt sein.

Nachdem der Entscheidungsträger schliesslich die Verantwortung für den Entscheid und damit für dessen Auswirkungen auf das Unternehmen trägt, wird nachfolgend noch kurz auf die Zusammensetzung dieses Entscheidungsgremiums eingegangen.

Die Zusammensetzung leitet sich aus den betrieblichen Organisationsstrukturen und den darauf aufbauenden Aufgaben- und Kompetenzordnungen ab. Dazu gehören in grösseren Unternehmen Vertreter/innen der Abteilungs- bzw. Profitcenterleitung, in mittleren bis kleinen Unternehmen die Geschäftsleitung oder der Verwaltungsrat.

Es sollte klargestellt werden, welche anwesenden Mitarbeiter/innen Mitbestimmungsfunktion beim Entscheid ausüben. Im Hinblick auf die oft resultierende grosse Tragweite des Entscheides ist es sinnvoll, den Kreis der in die Entscheidungsfindung Einbezogenen möglichst weit zu fassen. Dabei sind vor allem die künftigen Anwender und Nutzniesser der Lösung angesprochen.

Nachdem der Entscheid intern gefällt wurde, sind noch die nachfolgend aufgeführten Punkte klar zu regeln:

- Randbedingungen an die Vertragsverhandlungen definieren, die Inhalte der wesentlichen Vertragspunkte festhalten;
- Projektorganisation inklusive Verantwortlichkeiten für das weitere Vorgehen festlegen;
- Erfüllungskontrolle mit Ueberwachungs- und Rapportierungswesen sicherstellen.

7 Vertragsabschluss

Nach dem ‹internen› Entscheid sind zur Absicherung der offerierten Leistungen ein oder mehrere Verträge mit dem bzw. den Realisierungspartnern abzuschliessen.

In der Regel sind Vertragsverhandlungen zu führen mit dem Ziel, einen für die Parteien **ausgewogenen Vertrag** zustande zu bringen.

Voraussetzungen

Entsprechende Anforderungen an die Vertragsgestaltung wurden bereits im Pflichtenheft (siehe Abschnitt 2.4.3.5) gestellt. Die Offertsteller wurden aufgefordert, zu den wichtigsten Vertragspunkten schriftlich in ihrer Offerte Stellung zu beziehen. Diese Stellungnahme zur Vertragsgestaltung, bzw. die lieferantenseitigen allgemeinen Geschäftsbedingungen wurden vom Evaluationsteam entsprechend bewertet und hatten damit einen nicht zu unterschätzenden Einfluss auf den Entscheid.

Mehrere Verträge und Vertragsarten

Bei einer schlüsselfertigen Informatiklösung, bestehend aus Hardware, Software und Dienstleistungen, sind in der Regel folgende Verträge abzuschliessen:

- Gesamtvertrag für den **Erwerb** der Systemplattform und der Applikationssoftware unter Beachtung von Lizenzrechten und einschliesslich allen Unterstützungsleistungen sowie Nebenkosten (evtl. ist ein separater Softwarelizenzvertrag ergänzend zu unterzeichnen);
- **Wartungsvertrag** für Applikationssoftware;
- **Wartungsvertrag** für Systemplattform.

In der Praxis treten oft mehrere Realisierungspartner auf, und ein Generalunternehmer-Verhältnis ist nicht immer möglich. Folglich sind hier auch eine Vielzahl von Verträgen für den Erwerb und die Wartungsleistungen, auszuhandeln und zu unterzeichnen. Wichtig hierbei ist, dass die Leistungen und Verantwortlichkeiten zwischen den verschiedenen Vertragspartnern (Lieferanten) klar geregelt werden.

Vertragsverhandlungen

Sie sind meist unerlässlich und dienen der Willensübereinkunft zwischen den Vertragsparteien.

Verhandlungspartner ist auf der Lieferantenseite im Normalfall der Vertriebsbeauftragte (Verkäufer), auf der Seite des Anwenders ist es in der Regel der Leiter/in des Evaluationsteams, eventuell verstärkt durch einen Berater. Laufen Verhandlungen Gefahr, ins Stocken zu geraten, weil sich der Verkäufer hinter Standard-Bedingungen, mangelnden Kompetenzen usw. verschanzt, kann ein Gespräch mit seinem Vorgesetzten die verkrampfte Haltung lösen und die Verhandlungen wieder in Gang bringen.

Entscheidend ist es, die wichtigen Vertragspunkte klar und mit den Konsequenzen bei Nichteinhaltung zu regeln und schriftlich zu fixieren.

Vertragsbestandteile

Vertragsbestandteile sind in der Regel:

- Die individuell vereinbarten Verträge, evtl. ergänzt durch AGBs (Allgemeine Geschäftsbedingungen);
- Evtl. Anhänge für den Leistungsbeschrieb, Terminpläne usw.;
- das bereinigte Pflichtenheft;
- die bereinigten Offerten;
- evtl. weitere Dokumente (Nachträge, Abreden, Zusicherungen).

Erst nach beidseitigem rechtsgültigem Unterzeichnen ist der Vertragsabschluss formell gegeben.

Benachrichtung der Mitbewerber

Nach Unterzeichnung der Verträge sind meist mehrere Verlierer über ihre verwirkten Chancen schriftlich oder mündlich zu orientieren. Dies ist nicht immer einfach. Aber nur einer kann das Geschäft machen und die anderen haben das Nachsehen. Sie müssen vom für sie ungünstigen Entscheid in angemessener Form und unter positiver Würdigung ihrer Arbeit unterrichtet werden.

Ein Dank an die Mitarbeiter des unterlegenen Offertstellers ist nicht mehr als eine Geste des Anstandes und der Anerkennung für die geleistete Arbeit.

Mit der Unterzeichnung der Verträge wird die methodisch gestützte Evaluation formell abgeschlossen. Damit ist ein wichtiger Meilenstein im Rahmen der Realisierung des geplanten Informatikvorhabens gesetzt. Nur wenn auch alle nachfolgenden Aktivitäten mit derselben Sorgfalt und fachlichen Kompetenz ausgeführt werden, ist der Erfolg des jeweiligen Projektes gesichert. Die methodisch gestützte Evaluation, auch wenn sie auf den ersten Blick aufwendig erscheinen mag, ist allerdings dafür ein unentbehrlicher Schritt.

C Beispiele

Die nachfolgend gezeigten Beispiele beziehen sich auf einzelne Verfahrensschritte sowie vor allem auf einzelne Dokumente, die bei einer methodisch gestützten Beschaffung zu durchlaufen, bzw. zu erstellen sind. Die beispielmässig, aber bewusst nicht immer vollständig wiedergegebenen Dokumente sollen die Ausführungen des Kapitels B veranschaulichen.

An dieser Stelle sei nochmals daran erinnert, dass jeder Beschaffungsfall seine individuelle Ausgangslage sowie seine spezifischen Ziele und Anforderungen hat. Deshalb kann man nicht einfach ein Beispiel unverändert auf einen anderen Beschaffungsfall übertragen. Dennoch dürften die nachfolgend abgehandelten Beispiele, auch wenn sie nicht vollständig wiedergegeben sind, für viele Situationen eine wertvolle Orientierungshilfe darstellen.

Beispiel 1: Beschaffung einer Informatikgesamtlösung

Das erste Beispiel orientiert sich an einer schlüsselfertig zu beschaffenden Informatikgesamtlösung für ein mittleres Unternehmen. Dabei geht es um den Ersatz der gesamten heutigen EDV-Lösung.

Demnach steht in diesem Beispiel die Ablösung eines vorhandenen EDV-Systems, jedoch gleichzeitig auch die Erweiterung der funktionalen Leistungsfähigkeit, im Vordergrund. Darüber hinaus sollen auch neue Anwendungsgebiete durch zeitgemässe Informatikmittel erschlossen werden. Damit wird eine integrierte, unternehmensweite, d. h. eine Informatikgesamtlösung angestrebt.

Der Einfachheit halber wird die Firma in diesem Beispiel mit ‹MAG› (Muster AG) bezeichnet. Für die MAG werden die für mittelständische Unternehmen typischen Strukturen und Entscheidungsabläufe zugrunde gelegt.

Es wird auf folgende Phasen und Aktivitäten bzw. Dokumente näher eingegangen:

– Vorbereitung der Evaluationsphase

Schritt 1: Der Auftrag
Schritt 2: Die Projektorganisation für die Evaluation

Schritt 3: Die Planung der Meilensteine (Terminplan)
Schritt 4: Würdigung vorhandener Unterlagen (Vorstudie und Konzept)

- Erstellung des Pflichtenheftes

Schritt 5: Das Pflichtenheft

- Erstellung der Bewertungsdokumente

Schritt 6: Der Kriterienkatalog
Schritt 7: Die Bewertungsliste
Schritt 8: Skalierung
Schritt 9: Die KO-Kriterienliste

Die restlichen Phasen und Aktivitäten im Rahmen einer methodisch gestützten Beschaffung wie

- das Einholen der Offerten;
- die eigentliche Evaluation, bestehend aus
  - der Vorevaluation
  - der Detailevaluation
  - der Kosten/Nutzen-Gegenüberstellung,
  - dem Evaluationsbericht und
  - dem Antrag
- die Entscheidung und
- der Vertragsabschluss

werden in diesem Beispiel aus plausiblen Gründen nicht näher wiedergegeben.

Es würde den Einbezug konkreter Anbieter und das Vorhandensein konkreter Offerten voraussetzen. Dies wiederum würde jedoch den Rahmen dieser Publikation bei weitem übersteigen.

Das heisst aber nicht, dass in der Praxis im Falle der MAG nicht auch diese Verfahrensschritte und Dokumente sehr sorgfältig und vollständig auszuführen bzw. zu erstellen sind. Die mit Beispielen ergänzten diesbezüglichen Ausführungen der Abschnitte 4 bis 7 in Teil B dieses Buches mögen dabei hilfreich sein.

Schritt 1: Der Auftrag

Verfasser: Geschäftsleitung MAG (GL)

Anmerkung: Nach Bildung der Projektorganisation und nach Abstimmung mit der Projektleitung wird dieses Dokument allen Projektmitgliedern zur Verfügung gestellt und in Kapitel 1 des Evaluationshandbuches abgelegt.

Inhalt des Auftrages

a) Ausgangslage:

Das vorhandene EDV-System mit seiner Software stammt aus den frühen 80er Jahren und ist zugeschnitten auf die damaligen systemtechnischen Möglichkeiten. Es unterstützt vornehmlich operative Aufgaben wie die Auftragsabwicklung und das Rechnungswesen. Die Datenbasis ist, generell gesehen, zu schmal, und Ad-hoc-Auswertungen zur Unterstützung dispositiver und strategischer Entscheidungen sind kaum möglich.

In den letzten fünf Jahren entstanden zudem verschiedene PC-basierte Insellösungen zur Unterstützung des Marketings und der Sekretariate. Medienbrüche, Doppelspurigkeiten und zu lange Durchlaufzeiten sind die Folgen davon und wirken heute im Wettbewerb leistungshemmend.

Diese Ergebnisse förderte die im Vorjahr durchgeführte Vorstudie zu Tage. Darauf aufbauend wurde das Konzept für eine neue, integrierte Informatiklösung im Frühjahr dieses Jahres erarbeitet.

b) Ziele:

Die GL hat zur Beseitigung der eingangs erwähnten Probleme die Erneuerung der EDV-Lösung gemäss dem vorliegenden Konzept beschlossen. Dabei sind insbesondere folgende Ziele zu erreichen:

- Hohe Kostenwirtschaftlichkeit, d. h. nicht mehr als 20 % höhere Kosten (cost of ownership) für die neuen Informatikmittel als heute (kalkulatorische Abschreibungen zuzüglich aller Betriebskosten), wobei bestehende Komponenten, soweit sinnvoll und möglich, zu integrieren sind (Investitionsschutz);
- Abbau von Medienbrüchen und Doppelspurigkeiten sowie Schaffung möglichst kurzer Durchlaufzeiten, damit spätestens ¼ Stunde nach Eingang des Auftrages die Ware gerüstet ist;
- Ablösung der bestehenden Applikationen bei gleichzeitiger Erhöhung der funktionalen Leistungsfähigkeit und der Erschliessung neuer Anwendungen (Marketing-Informationssystem, integrierte Bürokommunikation);
- Wesentlich breitere Informationsbasis und sehr hohe Flexibilität, damit praktisch jederzeit Ad-hoc-Verarbeitungen durchgeführt und Informationen über alle wichtigen Geschäftsvorfälle der jeweils letzten drei Jahre geliefert werden können; dies zur Unterstützung strategischer Entscheidungen;
- Realisierbar und betreibbar mit den vorhandenen Personen, wobei in besonderer Weise die Benutzer/innen in den Fachabteilungen in die neue Lösung einzubeziehen sind;

- Zeitgemässe Informatikgesamtlösung, die insbesondere dezentrale Verarbeitungsstrukturen unterstützt und sich auf öffentlich zugängliche Standards bzw. Industriestandards abstützt;
- Hohe Realisierungssicherheit mit einem nahtlosen Uebergang auf das neue System;
- Sehr hohe Verfügbarkeit (> 99 %) des neuen Systems.

c) Lösungsumriss:

Das Konzept vom 27. 3. 199x sieht eine integrierte Informatiklösung, möglichst nach dem Client-/Serverprinzip auf einer ‹offenen› Systemplattform vor. Dabei sollen alle wichtigen Geschäftsprozesse abteilungsübergreifend unterstützt werden. Praktisch jede Büroarbeitskraft erhält eine ihrer Aufgabenerfüllung adäquate elektronische Arbeitsstation (PC, Workstation), mit der sie firmenweit auf Daten zugreifen bzw. ihre Funktionen abwickeln kann.

Das neue System löst die bestehende EDV-Anlage vollständig ab, wobei einzelne Komponenten soweit sinnvoll zu übernehmen sind.

Weitere Einzelheiten zur geplanten Lösung können dem Konzept vom 27. 3. 199x entnommen werden.

d) Projektorganisation:

Einzelheiten dazu sind im Dokument ‹Projektorganisation› festgehalten. Die jeweiligen Linienvorgesetzten sind angehalten, ihren Mitarbeiter/innen genügend Zeit zur Wahrnehmung der Projektaufgaben durch rechtzeitige Planung zu verschaffen. Zur Unterstützung des Projektteams wird ein externer Berater der Firma ZZ zugezogen.

e) Randbedingungen:

Für die Investitionsrechnung ist von einer Abschreibungsdauer von sechs Jahren mit 8 % Zinsen pro Jahr auszugehen. Das bestehende System muss spätestens drei Monate nach Inbetriebnahme der neuen Lösung vollständig abgelöst sein.

f) Budget:

Während der ganzen Evaluationsphase können maximal Fr. 45 000.– für externes Entgelt wie Beraterhonorare und Spesen ausgegeben werden.

g) Termine:

Das Evaluationsteam hat sich bis spätestens 20. April 199x zu konstituieren. Der Evaluationsbericht soll spätestens am 31. Oktober 199x für den internen Entscheid vorliegen.

Am 17. November 199x wird der Verwaltungsrat zu diesem Geschäft Stellung beziehen.

Einführungstermin ist der Dezember 199y, damit die vollständige Produktion am 1. Januar 199z aufgenommen werden kann.

i) Weiteres Vorgehen:

Die GL wird einen Termin für das erste Zusammentreffen des Evaluationsteams bis 15. April 199x festlegen.

Schritt 2: Die Projektorganisation

Verfasser: Geschäftsleitung MAG

Anmerkung: Das Dokument «Projektorganisation» ist an alle betroffenen Personen zu verteilen und im Kapitel 2 des Evaluationshandbuches abzulegen.

Inhalt dieses Dokumentes:

Wegen der Wichtigkeit und der Komplexität dieses Vorhabens wird für die Evaluationsphase folgende Projektorganisation gebildet:

Projektlenkung:	Herr xy	(Vorsitzender der GL)
	Frau zz	(GL-Mitglied)
	Herr xx	(Externer Berater)
Projektleitung:	Herr yy	(Leiter Handel Fertigprodukte)
Uebriges Projektteam:	Frau mm	(Leiterin Kundendienst)
	Frau xz	(Rechnungswesen)
	Herr tt	(Chef Informatik)
	Herr st	(Ersatzteilchef)
	Herr xx	(Externer Berater)

Bei Bedarf können temporär weitere Personen ins Projektteam integriert, oder zeitweise beigezogen werden.

Die Aufgaben der einzelnen Projektorgane sind im Projektmanagement-Leitfaden vom 14. 7. 19xx festgehalten. Die Projektlenkung ist insbesondere bei allen Meilensteinentscheiden rechtzeitig einzubeziehen. Die Projektleitung ist für die Planung der jeweiligen Aktivitäten verantwortlich und hält die Projektlenkung über den Projektfortschritt durch ein angemessenes Berichtswesen auf dem laufenden.

Schritt 3: Planung der Meilensteine (Terminplan)

Verfasser: Projektleitung

Anmerkung: Der Terminplan kann zur Erhöhung der Uebersicht auch graphisch dargestellt werden; er wird den Mitgliedern des Evaluationsteams verteilt und in Kapitel 3 des Evaluationshandbuches abgelegt.

Inhalt des Terminplanes:

Ausgehend von den Eckterminen des Beschaffungsvorhabens ergeben sich für die Meilensteine während der Evaluationsphase folgende Termine:

Bis 20. 04. 199x	Beginn der Projektarbeit
Bis 15. 06. 199x	Erstellung des Pflichtenheftes und der Bewertungsdokumente
Bis 30. 06. 199x	Genehmigung des Pflichtenheftes durch Projektlenkung und Bestimmung möglicher Offertsteller
Am 1. 07. 199x	Versand der Pflichtenhefte an mögliche Offertsteller
Ab 15. 08. 199x	Beginn der Vorevaluation
Bis 30. 09. 199x	Detailevaluation (Bewertung)
Bis 15. 10. 199x	Erstellen des Evaluationsberichtes
Ab 31. 10. 199x	Interner Entscheidungsprozess
Am 17. 11. 199x	Behandlung im Verwaltungsrat
Bis 30. 11. 199x	Vertragsverhandlungen und Vertragsabschluss.

Um den geplanten Termin zur Ablösung des heutigen EDV-Systems nicht zu gefährden, sind alle Beteiligten aufgerufen, alles daran zu setzen, um diese Termine einzuhalten.

Schritt 4: Würdigung vorhandener Unterlagen (Vorstudie und Konzept)

Verantwortlich: Projektleiter und alle Mitglieder des Evaluationsteams

Anmerkung: Im Falle der MAG wurde eine Vorstudie durchgeführt und ein Konzept erstellt.

In diesem Verfahrensschritt sollen alle Mitglieder des Evaluationsteams auf einen gleichen Wissensstand gebracht werden.

Für die Beantwortung von Fragen und um Informationslücken zu schliessen findet für das Evaluationsteam am 27. 4. 199x im Konferenzzimmer Nr. 301 ein Workshop statt, die Teilnahme ist obligatorisch.

Auch die Vorstudie und das Konzept (evtl. versehen mit ergänzenden Informationen) sind im Evaluationshandbuch in Kapitel 5 abzulegen.

Schritt 5: Erstellung des Pflichtenheftes

Verfasser: Projektleitung mit Unterstützung der übrigen Teammitglieder

Anmerkung: Die Erstellung des Pflichtenheftes bildet einen Schwerpunkt innerhalb des Beschaffungsvorhabens. Dies wird bereits am Umfang sichtbar. Am Beispiel der MAG – hier geht es immerhin um eine komplette Informatiklösung für alle Unternehmensbereiche – kann das Pflichtenheft durchaus 80–120 Seiten erreichen.

Dennoch dürfen weder Schwierigkeiten noch zeitliche Probleme das Projektteam abhalten, insbesondere Ziele und Anforderungen möglichst vollständig und sehr sorgfältig zu formulieren.

Das Pflichtenheft ist die Konkretisierung des Konzeptes und die Basis für den Aufbau und die Substanz der Offerten. Je präziser der Inhalt des Pflichtenheftes ist, um so genauer und verbindlicher werden die Offerten zur Realisierung des Vorhabens sein. Ein richtiges Pflichtenheft ist bei der Realisierung von Informatikvorhaben weit mehr als der Grundstein für das Gelingen.

Auf den nachfolgenden Seiten wird der Inhalt des Pflichtenheftes am Beispiel der MAG, jedoch nur teilweise in einer detaillierten Form, verdeutlicht.

Auf einen Fragenkatalog wurde verzichtet, da die jeweiligen Fragen bereits in den entsprechenden Kapiteln der Anforderungen formuliert sind.

Das Pflichtenheft ist ein **externes Dokument,** d. h. es ist die Einladung zur Offertabgabe an mögliche Realisierungspartner.

Eine Kopie ist im Evaluationshandbuch in Kapitel 6 abzulegen.

Inhaltsverzeichnis des Pflichtenheftes der MAG

Ort: . . . . Datum: . . . .

1. Ausgangslage

Nachfolgend wird die MAG kurz vorgestellt sowie auf die Ausgangslage, welche die Beschaffung von Informatikmitteln auslöste, in knapper Form eingegangen.

1.1 Charakteristik des Unternehmens

Die MAG befasst sich seit 1964 schwerpunktmässig mit dem Vertrieb von vielfältigen Hebewerkzeugen, aufgeteilt in die drei Produktebereiche:

- Hubstapler
- mechanische Heber
- hydraulische Heber

Das Sortiment umfasst etwa 600 Fertigprodukte mit insgesamt rund 8 000 Ersatzteilen, die lagermässig geführt werden. Kleinere Spezialanfertigungen nach Kundenwünschen ergänzen unsere Geschäftstätigkeit.

Entscheidende Erfolgsfaktoren unseres Unternehmens sind neben einer hohen Lieferbereitschaft vor allem sehr kurze Lieferzeiten, so dass heute bereits zwei Stunden nach Eingang der kundenseitigen Bestellung die Ware spediert werden kann. Auch ein qualitativ hochstehender und effektiver Kundenservice (Reparaturdienst) trägt wesentlich zum Erfolg für unser Unternehmen bei.

In der Schweiz zählen wir zu den führenden drei Unternehmen in diesem Marktsegment. Wir beschäftigen zur Zeit insgesamt 70 Personen und werden dieses Jahr rund Fr. 15 000 000.– Umsatz erzielen.

1.2 Organisation

Die MAG ist eine selbständige Aktiengesellschaft, wobei die Mehrheit der Anteile beim xy-Konzern liegt. Unsere Firma besteht aus folgenden vier Profitcentern:

- Handel Fertigprodukte
- Ersatzteilgeschäft
- Spezialanfertigungen
- Kundendienst

Der Hauptsitz mit allen Funktionsbereichen ist in Dübendorf. Verkaufsniederlassungen befinden sich in Bern und Lausanne.

Zu unserem Kundenkreis zählen vornehmlich Industrie- und Handwerksbetriebe aus allen Branchen in der ganzen Schweiz. Entsprechend gross ist die Kundenbasis.

Unsere Lieferanten stammen aus verschiedenen Ländern Europas sowie aus Japan. Von 15 unserer Lieferanten, sie machen 70 % unseres Geschäftsvolumens aus, sind wir der schweizerische Generalimporteur.

Weitere Einzelheiten können der beigefügten MAG-Firmenbroschüre entnommen werden.

1.3 Organisation der Informatik

Die heutige EDV-Lösung wird von zwei Personen (einem EDV-Chef sowie seinem Stellvertreter) betreut. Zu den Hauptaufgaben zählen neben dem Betrieb des EDV-Systems die Pflege und Weiterentwicklung der Software.

1.4 Anstoss für diese Beschaffung

Hier können z. B. in verkürzter Form die Ausführungen zur Ausgangslage im ‹Auftrag› festgehalten werden; siehe Beispiel 1: Der Auftrag.

Das vorhandene EDV-System mit seiner Software stammt aus den frühen 80er Jahren, zugeschnitten . . . .

1.5 Projektorganisation

Wegen des hohen Stellenwertes dieser Beschaffung wurde ein interdisziplinäres Evaluationsteam ins Leben gerufen, mit Beteiligung eines erfahrenen externen Beraters.

Die Projektleitung liegt bei Herrn yy. Entscheidungsträger ist die Projektlenkung, die sich aus Mitgliedern der Geschäftsleitung zusammensetzt.

2. Ist-Zustand

Bereits aus der Schilderung der Ausgangslage wurden erste Informationen zur Ist-Situation der MAG vermittelt. Nachfolgend werden weitere, für die neue Informatiklösung von Interesse erscheinende Angaben im Sinne wichtiger Randbedingungen festgehalten.

2.1 Aufbauorganisation

Das nachfolgende Organigramm zeigt die heutige Aufbauorganisation der MAG.

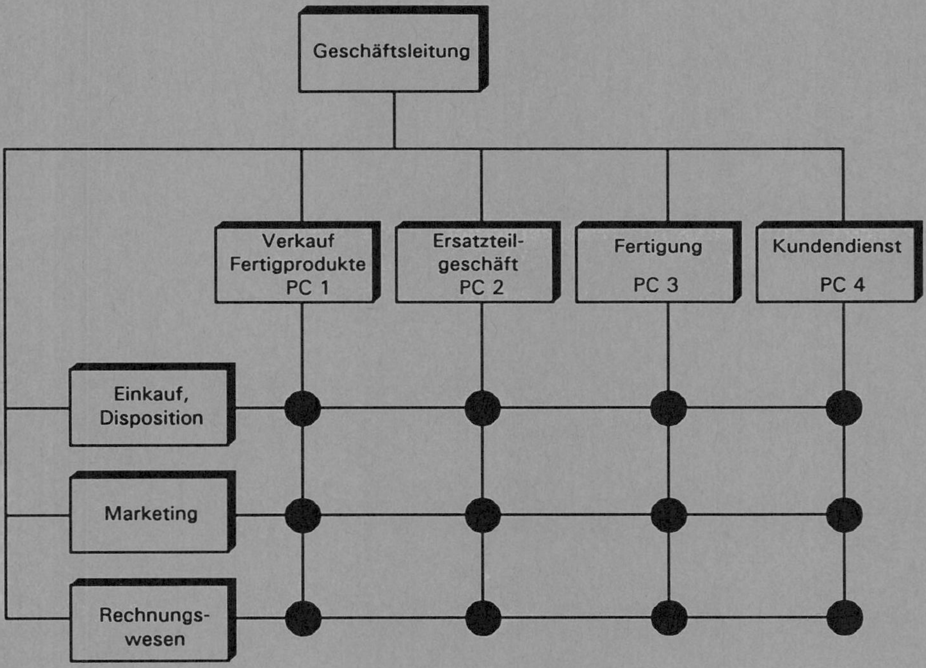

Den Niederlassungen in Bern und Lausanne sind je eine Person aus dem Verkauf und je zwei Unterstützungskräfte zugeteilt. Fachlich sind sie dem "Verkauf Fertigprodukte" unterstellt.

Abbildung 55: Organigramm MAG vom xx. yy. 19xx

Die insgesamt 70 Personen verteilen sich wie folgt:

Führung, Administration	4 Personen
Einkauf, Disposition	5 Personen
Marketing	4 Personen
Rechnungswesen inkl. EDV	7 Personen
Handel Fertigprodukte	7 Verkäufer, 10 Unterstützungskräfte
Ersatzteilgeschäft insgesamt	10 Personen, davon 6 administrativ
Spezialanfertigung insgesamt	10 Personen, davon 2 administrativ
Kundendienst (Service) insgesamt	13 Personen, davon 5 administrativ

Aus dem Organigramm werden auch die vier Profitcenter ersichtlich. Die Leiter der Profitcenter sind gleichzeitig Mitglieder der Geschäftsleitung.
Das Personal in den Niederlassungen ist dem ‹Verkauf Fertigprodukte› unterstellt.

2.2 Ablauforganisation

Wie einleitend bereits erwähnt, werden bei der MAG die typischen Aufgabenprozesse eines Grosshandelsunternehmens mit ausgeprägtem Kundendienst abgewickelt. Die Möglichkeit, kundenseitige Spezialanfertigungen in den meisten Fällen ausführen zu können, eröffnen zusätzliche Marktchancen.

Der heutige Durchdringungsgrad mit Informatikmitteln ist bereits recht hoch, allerdings werden weitgehend nur administrative Routineaufgaben unterstützt.

Die nachfolgenden Ausführungen vermitteln einen Ueberblick hinsichtlich der Aufgaben des Ist-Zustandes.

2.2.1 Uebersicht Geschäftsprozesse

Die wichtigsten Geschäftsprozesse mit ihren Hauptmerkmalen sowie deren heutiger Durchdringungsgrad mit Informatikmitteln gehen aus nachstehender Tabelle hervor.

Zwischen einzelnen Geschäftsprozessen bzw. Teilprozessen bestehen zahlreiche Beziehungen. Dies gilt insbesondere für die Garantie- und Retourenbehandlung und das Ersatzteilgeschäft sowie für das lieferantenseitige Bestellwesen.

Während der Garantieperiode dürfen dem Kunden keine Ersatzteile berechnet werden, andererseits werden die schadhaften Fertigprodukte bzw. die zur Reparatur notwendigen Ersatzteile durch die Lieferanten ersetzt. Diese Besonderheit gilt es, bei der Garantie- und Retourenbehandlung entsprechend zu berücksichtigen.

Geschäftsprozess	A	Teilprozess	Abdeckung durch Informatikmittel		Aufgabentypen		
			Wertung	Applikationen	a)	b)	c)
Verkaufsabwicklung Fertigprodukte	17	Angebotswesen	–				X
		Auftragsabwicklung	G	1.1, 1.2, 1.3			X
		Garantie, Retouren	S	1.4		X	
		Verkaufsinformation	S	1.5	X		X
Ersatzteilgeschäft inkl. Lager	6 (10)	Verkauf	G	2.			X
		Wareneingang	G	3.			X
		Lagerführung	M	3.			X
		Inventar	G	4.			X
Fertigung	4 (10)	Konstruktion	–		X		
		Planung, Steuerung	S			X	
		. . . .					
Kundendienst	7 (13)	. . . .					
		. . . .					
Einkauf, Disposition	5	Bedarfsermittlung	S	8.		X	
		Bestellwesen	M	9.			X
		Einkaufsinformation	S	8., 9.	X		X
Marketing	4	Produktplanung	–		X		
		Pricing	M			X	X
		Kundeninformation	S		X		X
		Kataloge, Aktionen	S		X	X	
		Werbung, PR	–		X		
Rechnungswesen	7	Debitoren	G				X
		Kreditoren	G				X
		. . . .					
Führung, Administration	4	. . . .					
		. . . .					

A = Anzahl Arbeitsplätze

Aufgabentypen

a) Einzelfallorientiert, schwer strukturierbar, dynamisch, kaum planbar
b) Sachbezogen, strukturiert, grob planbar
c) Routineorientiert, gut strukturiert, gleichbleibend, gut planbar

Abdeckung durch Informatikmittel
G = gut
M = mittel
S = schwach
– = nicht vorhanden

Abbildung 56: Uebersicht Geschäftsprozesse MAG

Applikation	Position	Allgemeine Angaben					*1	Vollständigkeit		übrige SW-Qualität		
		Alter	V	Betriebssysteme	Hardware	DBMS	A	F	D	W	E	B
Verkauf Fertigprodukte	1			xxx	yy		10					
Kundenstammpflege	1.1	84	b			DB		+	–	–	+	○
Artikelstammpflege	1.2	84	b			DB		+	– –	–	+	○
Auftragsbearbeitung	1.3	87	i			DB		++	○	–	++	○
Retouren, Gutschriften	1.4	87	i			DB		○	–	–	○	–
Statistiken	1.5	86	b			Sequ.		–	– –	– –	–	–
Ersatzteilfakturierung	2.	84	i	xxx	yy	DB	3	++	○	○	++	○
Lagerbuchhaltung	3.	84	i	xxx	yy	DB	1	○	–	–	○	○
Inventar	4.	89	b	xxx	yy	DB	1	+	○	○	○	○
•												
•												
Disposition	8.	89	b	xxx	yy	Sequ.	1	○	–	–	○	–
Lieferantenbestellungen	9.	84	b	xxx	yy	Sequ	1	+	–	–	○	–
•												
•												
•												
•												
Textverarbeitung xyz	x x	89	i	DOS	PC		7	+	*2	*2	*2	*2

*1) entspricht Anzahl Benutzer
*2) PC-Standard-Software
DB = Datenbank
Sequ.= Sequentielle Daten

++ = sehr gut
\+ = gut, kein Verbesserungsbedarf
○ = durchschnittlich, Verbesserungen erwünscht
– = schwach, Verbesserungen dringend notwendig
– – = sehr schwach

V = Verarbeitungsart:
b = Batch-Verarbeitung
i = Interaktive Verarbeitung

A = Anzahl Terminals
F = Funktionelle Erfüllung
D = Datenbasis
W= Wartbarkeit
E = Effizienz
B = Benutzbarkeit

Abbildung 57: Applikationsportefeuille MAG

Muster der wichtigsten internen und externen Belege (Garantiekarte, Auftragsbestätigung, Rechnungen, Preisliste, Auszug aus dem Verkaufskatalog) werden im Anhang dem Pflichtenheft beigefügt.

Nachfolgend wird noch kurz auf einige Besonderheiten der bis heute noch nicht, bzw. sehr schwach durch Informatikmittel unterstützten Teilprozesse eingegangen.

2.2.1.1 Angebotswesen

Angebote werden heute noch mit einem Textsystem, ausserhalb der EDV-Lösung, erstellt.

Gründe:
- Hoher individueller Textanteil;
- Gute Präsentation, die mit dem heutigen EDV-System nicht erreicht werden kann;
- . . . . .
- . . . . .

2.2.1.2 Konstruktion

Die Kundenskizzen werden heute von Hand gezeichnet. . . . .

2.2.2 Applikationsportefeuille

Die Abbildung auf Seite 164 zeigt die heutigen EDV-Applikationen mit ihren wichtigsten Merkmalen.

Grundsätzlich kann festgehalten werden, dass der funktionale Erfüllungsgrad der Software recht hoch ist. Insbesondere die Effizienz (das Antwortzeitverhalten) bei der Datenerfassung ist überdurchschnittlich gut. Dagegen ist die Datenbasis generell gesehen relativ schwach, bzw. auf das Minimum beschränkt.

Den meisten Applikationen liegt verhältnismässig einfache Standardsoftware zugrunde, die allerdings im Laufe der Jahre in vielen Punkten durch individuelle Programmierung ergänzt wurde.

Ad-hoc-Abfragen und -Verarbeitungen sind praktisch nicht möglich, da die Organisation der Datenbasis nicht immer konsistent und zudem teilweise noch sequentiell realisiert ist. Insbesondere ist der direkte Zugriff auf Vergangenheitsdaten nicht im notwendigen Umfang (bis zu fünf Jahre zurück und auf die einzelne Auftragsposition) möglich.

Da jedoch die wichtigsten Stammdaten (Kunden, Artikel) in das neue System zu übernehmen sind, wird im Anhang zum Pflichtenheft eine ‹Record-Beschreibung› beigelegt.

2.3 *Systemtechnische Plattform*

Als systemtechnischer Träger der heutigen Lösung dient ein XX-System, Modell XY, welches wie folgt konfiguriert ist:

1 ×	Zentraleinheit mit zwei Prozessoren und 8 MB RAM
2 ×	Dfü (Remote-Anschluss der Terminals in Bern und Lausanne)
4 ×	300 MB Plattenspeicher
1 ×	300 MB Streamer-Tape
2 ×	Zeilendrucker (450 LPM), Typ yy
4 ×	Matrixdrucker (240 CPS), Typ zzz
2 ×	Laserdrucker, 8 Seiten/Minute, Typ xxxy
33 ×	Bildschirmterminal, je 1 × in Bern und in Lausanne
7 ×	PC, Modell xyz, 1 MB RAM, 40 MB Festplatte, VGA-Bildschirm

Mit der Installation des Basis-Systems wurde 19xx begonnen. Danach wurde es permanent ausgebaut, so dass insbesondere die Drucker und die PCs möglichst im neuen System integrierbar sein sollten (Investitionsschutz).

Als Betriebssystem dient MVY, Release 3.XX. Die Peripheriegeräte am Hauptsitz sind sternförmig mit verdrillten Leitungen (19 200 bit/sec) angeschlossen.

Das Bildschirmterminal und der Matrixdrucker in den Niederlassungen in Bern und Lausanne kommunizieren mit dem System am Hauptsitz via Telepac.

3. Ziele

Es soll eine wirtschaftliche, integrierte und zeitgemässe Informatiklösung für die in Kapitel 4 aufgeführten Applikationen auf der Basis einer möglichst offenen Systemplattform realisiert werden, mit dem Hauptziel, das bestehende EDV-System abzulösen sowie gleichzeitig die innerbetriebliche Transparenz und Leistungsfähigkeit zu erhöhen. Im einzelnen geht es dabei um die nachfolgend aufgeführten Ziele.

3.1 Nutzenrelevante Ziele

Hierunter fallen Kosteneinsparungen (K) sowie Verbesserungen der Effizienz (E) und der Qualität (Q).

– *Ganzheitlich bezogen auf die MAG*

K Wegfall der Kosten (kalkulatorische Abschreibungen und Betriebskosten) für die heute vorhandene EDV-Lösung; jährliche Einsparung Fr. 350 000.–;

Q Bewältigung einer wesentlich grösseren und stets aktualisierten Informationsbasis sowie jederzeitige Bereitstellung von Führungs- und Entscheidungsinformationen;

E Wesentliche Verkürzung von Bearbeitungs- und Durchlaufzeiten durch Abbau von Medienbrüchen, Doppelspurigkeiten und manuellen Arbeiten;

– *Für den Verkauf von Fertigprodukten*

E Durchlaufzeit für die Auftragsabwicklung ab Erfassung bis zum Ausdruck der Lieferscheine maximal 15 Minuten bei Sofortlieferungen;

E Wegfall des manuellen Aufwandes für die Ablage und die Archivierung der Auftragsdokumente;

.

.

– *Für das Ersatzteilgeschäft inkl. Lagerführung*

K Abbau der Lagerbestände von heute etwa 80 % auf max. 70 % des Jahresumsatzes, dank besserer Bedarfsermittlung und Disposition;

Q Lieferbereitschaft nicht unter 98 %;

.

.

– *Für die Fertigung*

.
.

– *Für den Kundendienst*

.
.

– *Für Einkauf und Disposition*

E Wesentlich schnellere Bestellabwicklung mit den wichtigsten 6 Lieferanten dank elektronischer Datenübermittlung (EDI) und somit Verkürzung der Wiederbeschaffungszeit von heute 10 Tagen auf 6 Tage;

K Erzielung von durchschnittlich ca. 2 % besseren Beschaffungspreisen dank umfassendem Einkaufs-Informationssystem;

.
.

– *Für das Marketing*

.
.

– *Für das Rechnungswesen*

.
.

– *Für die Führung*

.
.

3.2 Lösungsspezifische Ziele

Die zu realisierende Informatiklösung hat sich an folgenden Zielen zu orientieren:

– Zeitgemässe, integrierte Informatiklösung, die insbesondere dezentrale Verarbeitungsstrukturen unterstützt (z. B. Client-/Server-Konzept) und sich auf möglichst offene, bzw. Industrie-Standards abstützt;

- Verwendung von flexibler Fertig- bzw. Standardsoftware, die sich durch Parametrierung an die spezifischen Anforderungen der MAG auf einfache Weise anpassen lässt;
- die neue Lösung muss ohne eigene Informatikspezialisten eingeführt, betrieben und auch gewartet werden können;
- sehr hohe Gesamtverfügbarkeit, d. h. > 99 %;
- sehr hohe Benutzerfreundlichkeit, dank zeitgemässen Benutzeroberflächen sowie sehr kurzen Verarbeitungs- und Antwortzeiten.

4. Anforderungen

Nachfolgend werden die Anforderungen an die zu realisierende Informatiklösung festgehalten. Sie beziehen sich auf die Applikationssoftware, die Systemplattform sowie auf anbieterseitige Unterstützungsleistungen.

Der Offertsteller ist jedoch in seiner Eigenschaft als Informatikspezialist verpflichtet, jeden Punkt, den er für verbesserungswürdig hält, kurz und präzise schriftlich zu kommentieren.

4.1 Anforderungen an die Applikationssoftware

Hier wird auf übergeordnete Anforderungen betreffend die Gesamtapplikation eingegangen sowie ein Ueberblick über die zu realisierenden Applikationen vermittelt. Danach werden die Detailanforderungen an die funktionale Leistungsfähigkeit und an die übrigen Qualitätsmerkmale der Software pro Applikation bzw. Teilapplikation formuliert.

4.1.1. Gesamtapplikation

Die Applikationssoftware muss eine durchgängige Unterstützung der wichtigsten Geschäftsprozesse der MAG ermöglichen, unabhängig davon, auf welchen systemtechnischen Trägern die jeweilige Software abläuft und aus welchen Quellen sie stammt.

Die neue MAG-Informatiklösung soll sich auf einen ganzheitlichen (konsistenten), integrierbaren und weitgehend redundanzfreien Datenbestand abstützen und folgende Applikationen umfassen:

- Verkaufsabwicklung Fertigprodukte;
- Ersatzteilabwicklung;
- Lagerführung;
- Kundendienstunterstützung;
- Einkaufsabwicklung;
- Marketingunterstützung;
- Rechnungswesen;
- Bürokommunikation als horizontale Standardlösung in allen Unternehmensbereichen.

Die Realisierung dieser Applikationen muss auf der Basis modular konfigurierbarer Fertigsoftware, allenfalls mit geringfügigen Anpassungen an die spezifischen Anforderungen seitens MAG, erfolgen. Aenderungen von Verarbeitungsregeln und -bedingungen sowie in der Darstellung müssen weitgehend über

Tabellen und Parameter machbar sein. Es können durchaus Softwarepakete aus unterschiedlichen Quellen offeriert werden, allerdings muss die Konsistenz hinsichtlich Benutzbarkeit gewährleistet sein.

4.1.2 Verkaufsabwicklung Fertigprodukte

Der Kern dieser Applikation ist die effiziente Auftragsabwicklung inklusive Garantie- und Retourenbehandlung sowie ein umfassendes Verkaufsinformationssystem. Die Verwaltung und Pflege der Basisdaten für Artikel, Kunden und der übrigen Datenbestände, z. B. für pendente Offerten und Aufträge, aber auch abgeschlossener Vorgänge (z. B. Fakturen), werden dieser Applikation zugeordnet.

Das Realtime-Verarbeitungsprinzip für die Datenverbuchung ist hier von besonderer Wichtigkeit.

4.1.2.1 Funktionen und Daten

Die Anforderungen an die Funktionen und Daten beziehen sich auf folgende Teilapplikationen bzw. Aufgaben:

- Verwaltung Artikeldaten;
- Verwaltung Kundendaten;
- Verwaltung übrige Basisdaten;
- Offertabwicklung (Angebotswesen);
- Auftragsbearbeitung;
- Garantie- und Retourenbehandlung;
- Auftragsabrechnung;
- Verkaufsinformation.

4.1.2.1.1 Verwaltung Artikeldaten

Die Verwaltung der Artikeldaten bildet die Basis für die anderen fünf Teilapplikationen (Offertabwicklung, Auftragsbearbeitung, Garantie- und Retourenbehandlung, Auftragsabrechnung, Verkaufsinformation) der Verkaufsabwicklung sowie weiterer Applikationen. Deshalb werden die Artikeldaten zentral, lediglich von zwei Arbeitsplätzen aus, gepflegt. Sie beinhalten auftragsneutrale und auftrags-, bzw. retourenabhängige Daten. Im wesentlichen enthält die Verwaltung der Artikel folgende Funktionen und Daten:

- Aufnahme neuer, ändern bestehender Artikel
  - · batchweise via Magnetband (1600 dpi, 9 Spur) von den Lieferanten . . ., . . ., . . .
    (Recordeinteilung siehe Anhang);

  · Eingabe vom Arbeitsplatzsystem her (alle identifizierenden, beschreibenden Stammdaten sowie Kalkulationsstammdaten);
  · Plausibilitätskontrolle (Existenz, Feldinhalte, Logik);
  · Gewährleistung Datenschutz und Sicherheit;
  · interaktive Arbeitsweise mit Realtimeverbuchung nach Abschluss der jeweiligen Mutation;

– Sperren bzw. Löschen von Artikeln

– Art und Inhalt der Daten;
  · identifizierende, beschreibende Stammdaten
  . . Artikel-Nr. (18stellig)
  . . Matchcode (bis 15 Zeichen)
  . . Lieferanten-Nr. (4stellig)
  . . Warengruppe (3stellig)
  . . Erlöskonto-Nr. (4stellig)
  . . Bezeichnung in 3 Sprachen
    . . . Kurztext (bis 24 Zeichen)
    . . . Langtext (bis 200 Zeichen)
  . . Gewicht
  . . Abmessungen (L × H × B; in cm)
  . . Mengeneinheit (Stück, 12 Stück, Meter, kg)
  . . Datum Erstaufnahme
  . . Datum letzte Mutation
  . . Mutationskennzeichen
  . . Bezug zum Verkaufskatalog (Seite, Plazierung)
  · Kalkulationsstammdaten;
    . . Einkaufspreise in Fremdwährung (letzte 3)
      . . . Gültigkeitsdatum
      . . . Preis
      . . . Währung
    . . Kalkulationsfaktor (Bezug zu Kalkulationstabelle für EP und VP)
    . . Einstandspreise (EP) in sFr. (letzte 3)
      . . . Gültigkeitsdatum
      . . . Listenpreis Endkunden
      . . . Listenpreis Wiederverkäufer
    . . Verknüpfung zu kundenspezifischen Preislisten;
  · Dispositionsstammdaten (errechnete Mengen);
    . . aktueller Bestand
    . . Mindestbestand
    . . ausstehende Bestellungen
    . . Terminaufträge
    . . Verkauf Berichtsjahr
    . . Verkauf Vorjahr

. . Verknüpfung zu Lagerdaten
. . Verknüpfung zu Daten der Verkaufsinformation
. . Verknüpfung zu Garantiedaten

– Kalkulation der Preise
  · Einstandspreise
  · Verkaufspreise auf Basis Einstandspreise und Kalkulationstabelle (Parameter: Warengruppe, Kundengruppen, Preisstufen, Rundung)
  · Druck der Preislisten (Darstellung parametrierbar)
  · einfache Mutationsmöglichkeit

– Artikelauskunft
  · Zugriff wahlweise via Artikel-Nr., Kurztext, Matchcode auf sämtliche Artikeldaten
  · Verknüpfung zu Lagerdaten, Daten der Verkaufsinformation und zu Garantiedaten
  · Ausgabe auf Bildschirm des Arbeitsplatzsystems und auf Drucker
  · Darstellung frei parametrierbar
  · Uebernahme von frei definierbaren Daten in ein Tabellenkalkulationsprogramm.

4.1.2.1.2 Verwaltung Kundendaten

Auch der Verwaltung der Kundendaten kommt eine zentrale Bedeutung zu. Sie werden . . . .

– Aufnahme neuer, ändern bestehender Kunden;
  . . . . . .
  . . . . . .

– Sperren bzw. Löschen von Kunden;
  . . . . . .
  . . . . . .

– Art und Inhalt der Daten;
  . . . . . .
  . . . . . .

– Kundenauskunft;
  . . . . . .
  . . . . . .

4.1.2.1.3 Verwaltung übrige Basisdaten

Hierunter fällt die Pflege aller übrigen Basisdaten, die für die Verkaufsabwicklung benötigt werden. Dazu zählen Listen und Tabellen für Vertreter, Wustcode, Währungen, die Kalkulation der Preise, kundenspezifische Preislisten, ...

- Mutationswesen;
  . . . . . .
  . . . . . .
- Art und Inhalt der Listen und Tabellen;
  . . . . . .
  . . . . . .
- Auskunftswesen;
  . . . . . .
  . . . . . .

4.1.2.1.4 Offertabwicklung

Bereits die Offerten sollen systemgestützt erstellt und verwaltet werden. Besonders wichtig sind hier grosse Flexibilität und hohe Qualität hinsichtlich Inhalt und Darstellungsart (Form, Schriften).

Im wesentlichen sind folgende Funktionen abzuwickeln:

- Erfassen neuer Offerten;
  · Eingabe von Kopfdaten (Kunden-Nr., Vertreter-Nr., Betreffnis, Termin)
  · Automatische Beleg-Numerierung und Datumsvergabe
  · Eingabe von Artikeldaten (Artikel-Nr., Menge)
  · Eingabe freier Texte mit spezieller Formatierung (Schriftart, Schriftgrösse)
  · Anzeige der zugehörigen Stammdaten
  · Ueberschreiben und Umformatieren von Stammdaten
  · Realtimeverbuchung
- Verwaltung der Offerten;
  · Verknüpfung der Daten mit Kunde und Artikel
  · Speicherung der Offerten als Objekt
  · Verknüpfung der Offerte (Objekt) mit Marketingdaten (Besuchsberichte)
  · Verschiedene Zugriffspfade (Kunden-Nr., Kundenkurztext, Beleg-Nr.)
  · Anzeige auf Bildschirm in WYSIWYG
- Aendern von Offerten;
  · Interaktive Arbeitsweise
  · Kopfdaten ändern, ergänzen
  · Artikeldaten ändern, neue Zeilen an beliebiger Stelle einfügen
  · Weitergabe an Auftragsbearbeitung
  · Löschen, mit Angabe des Grundes (codiert)
- Druck der Offerten;
  · automatisch täglich bzw. auf Abruf
  · sortiert nach Sachbearbeitern
  · Format A4
  · satznahe Qualität

- Fristenkontrolle mit Wiedervorlage;
  · nach Sachbearbeitern
  · Mitteilung an Interessenten (verschiedene Werbebriefe)
- Offertberichtswesen;
  · pendente Offerten (pro Sachbearbeiter/in, Anzahl, Wert, Alter)
  · verlorene Offerten (pro Sachbearbeiter/in Anzahl, Wert, Gründe)
  · Offertstatistik (pro Sachbearbeiter/in und gesamthaft, Monatsraster, Vergleich mit Budget und Vorjahr).

4.1.2.1.5 Auftragsbearbeitung

Hier kommt es ganz besonders auf eine sehr effiziente und einfache Erfassung der Aufträge an, die telefonisch, schriftlich sowie von Vertretern eintreffen, bzw. aus vorgängig erstellten Offerten resultieren können.

Die Auftragspapiere (Rüstpapiere und Lieferscheine) sind bei Sofortlieferungen spätestens 15 Minuten nach der Erfassung der Daten zu erstellen. Terminaufträge sind im System zu verwalten und automatisch in die Disposition zur Erstellung der Rüstpapiere einzubeziehen.

Im wesentlichen sind folgende Funktionen abzuwickeln:

- Auftragserfassung (Sofort- und Terminaufträge);
  · . . . . .
  · . . . . .
  · . . . . .
- Auftragsverwaltung;
  · . . . . .
  · . . . . .
  · . . . . .
- Druck der Rüstpapiere;
  · . . . . .
  · . . . . .
  · . . . . .
- Erfassung von Ergänzungen, Aenderungen;
  · . . . . .
  · . . . . .
  · . . . . .
- Druck der Lieferscheine;
  · . . . . .
  · . . . . .
  · . . . . .

4.1.2.1.6 Garantie- und Retourenbehandlung

–
–
–

4.1.2.1.7 Auftragsabrechnung

–
–
–

4.1.2.1.8 Verkaufsinformation

–
–
–

4.1.2.2 Uebrige Softwarequalitätsmerkmale

Die nachfolgend aufgeführten Anforderungen und Fragen beziehen sich auf die übrigen Softwarequalitätsmerkmale der Verkaufsabwicklung.

Sie betreffen folgende Punkte:

- Effizienz und Leistung;
- Zuverlässigkeit und Robustheit;
- Benutzbarkeit;
- Datenschutz und Sicherheit;
- Wartbarkeit;
- Systemunabhängigkeit.

Neben der Beschreibung der Erfüllung der diesbezüglichen Anforderungen sind auch die Fragen kurz und präzise vom Offertsteller zu beantworten.

4.1.2.2.1 Anforderungen an die Effizienz und Leistung

Diese Anforderungen betreffen vornehmlich Verarbeitungs- und Antwortzeiten, die es auch in Spitzenzeiten und bei maximalen Datenbeständen (siehe Kapitel 5) zu erreichen gilt.

Sie haben sich auf die offerierte Systemplattform zu beziehen:

- Interaktion am Bildschirm des Arbeitsplatzes < 0,5 Sek.;
- Verbuchung Mutationen und Bewegungsdaten nach Abschluss des jeweiligen Vorganges, maximal 3 Sek.;

– Abfragen von Daten wenn Schlüssel (Nummer, Name, Matchcode) bekannt ist, < 2 Sek;

  Beispiele:
  · Artikelauskunft
  · Kundenauskunft
  · Auskunft zu übrigen Basisdaten
  · Offertauskunft
  · Auftragsabfragen
  · . . .

– Wieviel Hauptspeicherkapazität benötigt die Verkaufsabwicklung:
  · im Arbeitsplatzsystem?
  · im Hintergrundsystem?

– Wieviel externe Online-Speicherkapazität (Magnetplatten, optische Platten) benötigt die Verkaufsabwicklung:
  · im Arbeitsplatzsystem?
  · im Hintergrundsystem (Server)?

– Wie lange dauert das tägliche Erstellen und Drucken der Fakturen (Durchschnitt)?

– Wie lange dauert die Reorganisation der Daten?

– Wie lange dauert die Datensicherung?

4.1.2.2.2 Anforderungen an die Zuverlässigkeit und Robustheit

An die Zuverlässigkeit und Robustheit der Software werden hohe Anforderungen gestellt. Der Offertsteller soll hier insbesondere aufzeigen, welche Massnahmen ergriffen wurden, um die Zuverlässigkeit der Software auf ein hohes Niveau zu bringen und soll die nachfolgenden Fragen beantworten:

– Nach welchen Verfahren und in welcher Programmiersprache wurde die Software erstellt?
– Wann wurde die Software entwickelt, und wie oft ist sie bereits im praktischen Einsatz?
– Wie gestaltet sich der Wiederanlauf (organisatorisch, zeitlich) nach einem Systemzusammenbruch?
– . . . . .

4.1.2.2.3 Anforderungen an die Benutzbarkeit (Benutzerfreundlichkeit)

–
–
–

4.1.2.2.4 Anforderungen an Datenschutz und Sicherheit

–
–
–

4.1.2.2.5 Anforderungen an die Wartbarkeit und Anpassungsfähigkeit

–
–
–

4.1.2.2.6 Anforderungen an die Systemunabhängigkeit (Offenheit)

–
–
–

4.1.3 Ersatzteilabwicklung

Diese Applikation hat viele Gemeinsamkeiten mit der Verkaufsabwicklung der Fertigprodukte. Allerdings . . .

4.1.3.1 Funktionen und Daten

Die Anforderungen an die Funktionen und Daten beziehen sich auf folgende Teilapplikationen, bzw. Aufgaben:

- Verwaltung Artikeldaten Ersatzteile;
- Ersatzteilverkauf;
- Ersatzteilbezüge aus Kundendienst;
- Ersatzteilbezüge infolge Garantie;
- Ersatzteilinformationssystem.

4.1.3.1.1 Verwaltung Artikeldaten Ersatzteile

–
–
–

4.1.3.1.2 Ersatzteilverkauf

–
–
–

4.1.3.2 Uebrige Softwarequalitätsmerkmale

Die nachfolgend aufgeführten Anforderungen und Fragen beziehen sich auf die übrigen Softwarequalitätsmerkmale der Ersatzteilabwicklung. Sie betreffen . . .

4.1.3.2.1 Anforderungen an die Effizienz und Leistung

–
–
–

4.1.3.2.2 Anforderungen an die Zuverlässigkeit und Robustheit

–
–
–

4.1.4 Lagerführung

. . . . .
. . . . .

4.1.4.1 Funktionen und Daten

–
–
–

4.1.4.2 Uebrige Softwarequalitätsmerkmale

–
–
–

4.1.5 Kundendienstunterstützung

.
.

4.1.6 Einkaufsabwicklung

.
.

4.1.7 Marketingunterstützung

.

.

4.1.8 Rechnungswesen

.

.

4.1.9 Bürokommunikation

.

.

4.2 Anforderungen an die Systemplattform

Grundsätzlich bleibt es dem Offertsteller überlassen, insbesondere aufgrund der applikatorischen Anforderungen sowie des Mengengerüstes und der Verarbeitungshäufigkeiten, die richtige Leistungsstufe (Rechen-, Speicher- und Kommunikationsleistung) der Arbeitsplatz- und Hintergrundsysteme zu offerieren. Deshalb beziehen sich die nachfolgend aufgeführten Anforderungen und Fragen auf einige wenige, jedoch nicht unwichtige Punkte.

4.2.1 Systemkonzept

An das Systemkonzept richten sich folgende grundlegende Anforderungen:

- Gewährleistung einer ‹offenen› Systemarchitektur, d. h. Verwendung offener Standards und Industriestandards;
- Möglichst durchgängige Realisierung des ‹Client-/Serverprinzips› zur Unterstützung dezentraler Verarbeitungsstrukturen;
- Möglichst hohe, jedoch aufgabengerechte Multifunktionalität am Arbeitsplatz;
- Sehr hohe Gesamtverfügbarkeit, d. h. > 99,5 %, der Systemplattform.

Die nachfolgende Systemübersicht zeigt die notwendigen Arbeitsplatzsysteme und die benötigte Hintergrundperipherie (Drucker) am Hauptsitz der MAG sowie in den Niederlassungen Bern und Lausanne.

Abteilung	Arbeitsplatzsysteme			Hintergrund-peripherie	
	Arbeits-stationen	Drucker	Scanner	Abt.-Drucker	Schnell-drucker
Führung, Administration	3	1		1	
Einkauf, Disposition	4	2		2	
Marketing	2	2	1	1	
Rechnungswesen	7	3		2	1
Handel Fertigprodukte	12	4	1	3	1
Ersatzteilgeschäft	6	2		2	
Fertigung	2		1	1	
Kundendienst	6	2		1	
Total am Hauptsitz	42	16	3	13	2
Niederlassung Bern	2	1		1	
Niederlassung Lausanne	2	1		1	

Abbildung 58: Systemübersicht (Arbeitsplatzssysteme und Hintergrundperipherie)

4.2.2 Hardwarekomponenten

Die nachfolgenden Anforderungen und Fragen beziehen sich im wesentlichen auf Leistungsdaten, Aspekte der Zuverlässigkeit, der Ergonomie und der Ausbaufähigkeit der zu offerierenden Hintergrund- und Arbeitsplatzsysteme.

4.2.2.1 Hintergrundsysteme

Zu den Hintergrundsystemen zählen alle Typen von Computern (z. B. Server), die externen Speicher (z. B. Magnetplatten, optische Speicher) und die entsprechenden Ausgabegeräte, wobei es Aufgabe des Offertstellers ist, die ‹richtige› Leistungsstufe und Kapazität zu offerieren.

4.2.2.1.1 *Computer*

Diese Anforderungen beziehen sich auf die zentralen Komponenten wie Prozessoren, Hauptspeicher und Kanäle der Computersysteme (z. B. Server) im Hintergrund, die also mehreren Benutzern gleichzeitig zur Abwicklung ihrer Applikationen zur Verfügung stehen.

Im wesentlichen geht es dabei um die Erfüllung folgender Anforderungen, bzw. um die Beantwortung folgender Fragen:

– *Leistung*

· Die Leistung der Computer im Hintergrund muss so bemessen sein, dass alle Benutzer ihre Aufgaben gleichzeitig (realtime und batch) mit den in Kapitel 4.1 geforderten Verarbeitungs- und Antwortzeiten durchführen können. Dies gilt auch in Spitzenzeiten und bei Abschlussarbeiten sowie bei maximalen Datenbeständen.
· Wie viele Transaktionen pro Sekunde kann (können) das (die) offerierte(n) System(e) im Hintergrund verarbeiten?
· Wieviele Prozessoren mit welcher Leistung sind vorgesehen?
· Wie hoch ist die maximale Durchsatzrate (Kanalleistung) in Mbyte/sec des Datenbankservers?
· . . . . .
· . . . . .

– *Zuverlässigkeit*

· Welche hardwareseitigen Ausprägungen, bezogen auf die offerierten Computersysteme, tragen zu einer besonders hohen Zuverlässigkeit bei?
· Welche Zuverlässigkeitsdaten können für die offerierten Computersysteme abgegeben werden?
· . . . . .
· . . . . .

– *Ausbaubarkeit im Feld*

· Die Ausbaufähigkeit der Rechen- und Speicherleistung der offerierten Computersysteme muss im Felde mindestens um Faktor zwei gewährleistet sein.

4.2.2.1.2 *Externe Speicher*

Diese Anforderungen beziehen sich auf die externen Speicher (z. B. Magnetplatten, optische Speicher) und die Datensicherungseinrichtung der Hintergrundsysteme. Bei der Beurteilung steht die Leistung (Kapazität) im Mittelpunkt.

– *Leistung Magnetplatten (evtl. optische Speicher)*

· Die Kapazität muss so bemessen sein, dass, bezogen auf maximale Datenbestände, mindestens 50 % Reserve vorhanden ist und die Daten «gespiegelt» (doppelt) abgespeichert werden können.
· Wie viele Laufwerke sind vorgesehen, und wie hoch ist die Kapazität in MByte pro Laufwerk, bzw. insgesamt?
· Wie hoch ist die durchschnittliche Zugriffszeit in msec?
· . . . . .

– *Zuverlässigkeit Magnetplatten*

· Welche Zuverlässigkeitsdaten können für die offerierten externen Speicher abgegeben werden?
· . . . . .

– *Leistung Datensicherung*

· . . . . .
· . . . . .

4.2.2.1.3 Ausgabegeräte

Diese Anforderungen beziehen sich auf die in der Systemübersicht aufgeführte Hintergrundperipherie (Abteilungsdrucker und Schnelldrucker). Dabei stehen Leistungsdaten (Druckgeschwindigkeit) und die Qualität der Schrift im Mittelpunkt des Interesses.

– *Druckerleistung auf Abteilungsebene*

· Wie viele Drucker und mit welcher Druckleistung (Zeilen oder Seiten pro Minute) wurden offeriert?
· Wie hoch ist die Auflösung?
· . . . . .
· . . . . .

– *Druckerleistung der Schnelldrucker*

· . . . . .
· . . . . .

4.2.2.2 *Arbeitsplatzsysteme*

Unter den Begriff Arbeitsplatzsysteme fallen alle Endgeräte am Arbeitsplatz wie Bildschirmterminals, PC's, Workstations sowie Arbeitsplatzdrucker, Scanner und Spezialgeräte. Auch hier ist es Aufgabe des Offertstellers, die ‹richtige› Leistungsstufe zu offerieren.

4.2.2.2.1 *Bildschirmarbeitsplatz*

Diese Anforderungen beziehen sich auf . . . . .

– *Leistung und Ausbaufähigkeit*

· Welche Verarbeitungs- und Speicherleistung steht beim offerierten Modell zur Verfügung?
· Wie gross ist der offerierte Bildschirm?
· . . . . .

– *Ergonomie*

· Es wird eine reflexionsarme Bildschirmoberfläche sowie eine flimmerfreie Zeichendarstellung auf einem stabilen Hintergrund gefordert.
· Die Tastatur muss vom Bildschirm getrennt sowie frei beweglich sein und durch eine ‹Maus› ergänzbar sein.
· Welche Auflösung (dpi) hat der Bildschirm?
· . . . . .
· . . . . .

– *Systemunabhängigkeit*

· Entspricht der offerierte Bildschirmarbeitsplatz dem Industriestandard?
· Wo liegen Abweichungen zum Industriestandard?
· . . . . .

4.2.2.2.2 *Arbeitsplatzdrucker*

Diese Anforderungen betreffen die am Arbeitsplatz eingesetzten Drucker, wobei hinsichtlich der Druckqualität mindestens zwischen zwei Typen zu unterscheiden ist. . . . . .
– Leistung Typ 1
·
·
·

– Leistung Typ 2

.

.

.

4.2.2.2.3 Scanner

Für einige Arbeitsplätze sind . . . . .

4.2.3 Systemsoftware

Die Anforderungen an die Systemsoftware beziehen sich auf die Betriebssysteme, Programmiersprachen, die Datenbanksoftware, die Kommunikationssoftware sowie auf die Benutzerschnittstelle. Dabei kommt es zur Erzielung einer möglichst hohen Hardwareunabhängigkeit wesentlich auf die Einhaltung offener und Industriestandards an.

4.2.3.1 Betriebssysteme

- Als Betriebssysteme kommen in Frage:
  · UNIX oder OS/2 auf den Hintergrundsystemen;
  · UNIX oder MS DOS auf den Arbeitsplatzsystemen.
- Bei UNIX:
  Welchem Standard (OSF, UII, X-Open) entspricht das offerierte UNIX-Betriebssystem?
- Bei UNIX:
  Welche Zusatzfunktionen umfasst das offerierte UNIX-Betriebssystem?
- . . . . .
- . . . . .

4.2.3.2 Programmiersprachen, Tools

–

–

–

4.2.3.3 Datenverwaltungssystem

–

–

–

4.2.3.4 *Kommunikationssoftware*

Die Anforderungen an die Kommunikationssoftware richten sich an den ‹lokalen› wie auch an den ‹wide area› (Telekommunikation) Bereich. Im einzelnen . . . . .

4.2.3.4.1 *Netzwerkbetriebssystem*

–
–
–

4.2.3.4.2 *Telekommunikation*

–
–
–

4.2.3.5 *Benutzerschnittstellen*

–
–
–

4.2.4 Kommunikationskomponenten

Die nachfolgenden Anforderungen betreffen die Datennetze am Hauptsitz und in den Niederlassungen sowie die Einrichtungen für die Telekommunikation.

4.2.4.1 *Datennetze im lokalen Bereich*

–
–
–

4.2.4.2 *Telekommunikation*

–
–
–

4.2.5 Infrastruktur

Die Systeme sollen unter den herrschenden Umweltbedingungen einwandfrei betrieben werden können. Bauliche Massnahmen sowie spezielle Klimatisierungen sind nicht erwünscht. Sollten dennoch solche Massnahmen notwendig sein, so sind sie hier zu kommentieren.

4.3 Anbieterbezogene Anforderungen

Die nachfolgend formulierten Anforderungen beziehen sich auf anbieter- und realisierungsbezogene Aspekte bis hin zur Gestaltung der wichtigsten Vertragspunkte.

4.3.1 Generelle Hersteller-/Lieferantenmerkmale

Diese Anforderungen und Fragen richten sich gleichermassen an:

- den Systemintegrator (Lieferant und Vertragspartner);
- die Softwarehersteller (sie können mit dem Systemintegrator identisch sein);
- und die Hardwarehersteller (Hersteller, bzw. Lieferanten der Systemplattform).

Auf der Basis dieser Anforderungen sollen vor allem die generelle Leistungsfähigkeit und Kompetenz der Realisierungspartner im Zusammenhang mit diesem Beschaffungsvorhaben transparent gemacht werden.

4.3.1.1 Systemintegrator

- Der Systemintegrator muss bereits analoge Projekte (Grösse, Komplexität) auf der offerierten Systemplattform erfolgreich eingeführt haben.
- Der Systemintegrator muss über ausgewiesenes, profundes Branchen-Knowhow verfügen (technischer Grosshandel mit Ersatzteilgeschäft).
- Wie hoch ist der gesamte Personalbestand, und wieviele Fachkräfte stehen zur Realisierung dieses Projektes zur Verfügung?
- . . . . .
- . . . . .

4.3.1.2 Softwarehersteller (Softwarehaus)

Sollte die Software aus verschiedenen Quellen stammen, so sind die nachfolgend gestellten Fragen pro Softwarehersteller zu beantworten.

- . . . . .
- . . . . .
- . . . . .

4.3.1.3 Hardwarehersteller (Lieferanten der Systemplattform)

- . . . . .
- . . . . .
- . . . . .

4.3.2 Referenzen

An die Nennung von Referenzen werden folgende Anforderungen geknüpft:

- etwa drei bis fünf vergleichbare Projekte;
- Realisierungszeitraum nicht älter als drei Jahre;
- Angabe von Firma, Installationsort (Schwerpunkt der Systeme) und Ansprechpartner/in.

4.3.3 Unterstützungs- und Wartungsleistungen

Die Anforderungen an die Unterstützungs- und Wartungsleistungen beziehen sich auf alle Aspekte und Träger der Lösung, damit das Gesamtsystem zielkonform eingeführt und betrieben werden kann.

4.3.3.1 Applikatorische Leistungen

Insbesondere vom Systemintegrator werden die nachfolgend genannten Unterstützungs- und Wartungsleistungen gefordert:

4.3.3.1.1 Realisierungsleistungen

- Organisationsberatung;
- Erstellung (Bereitstellung) der Software (Analyse, Programmierung, Parametrierung, Dokumentation);
- Installation und Test der Software;
- Mitwirkung bei der Abnahme.

4.3.3.1.2 Schulungs- und weitere Unterstützungsleistungen

- Schulung der Benutzer in kleinen Gruppen (maximal acht Personen) im Hause MAG
- .....
- .....

4.3.3.1.3 Wartungsleistungen

- Durchführung individuell gewünschter Softwareanpassungen während der gesamten Lebensdauer des Systems;
- Laufende Pflege (Verbesserung) der Softwareprodukte (Softwarewartung) unter Beibehaltung der Kompatibilität;
- Behebung von Fehlern, Realisierung von Umgehungslösungen;
- Hotline Support (telefonisch, Ferndiagnose) während der Normalarbeitszeit;
- Interventionszeit spätestens vier Stunden nach Meldung des Problems;
- .....
- .....

4.3.3.2 Systemtechnische Leistungen

Vom Systemintegrator, bzw. von den Lieferanten der Systemplattform werden die nachfolgend genannten Unterstützungs- und Wartungsleistungen gefordert:

4.3.3.2.1 Realisierungsleistungen

- Planung der Installation;
- Planung der Netzwerke;
- Installation. . . . .;
- .....

4.3.3.2.2 Schulungsleistungen

- .....
- .....

4.3.3.2.3 Wartungsleistungen

- .....
- .....
- .....

4.3.4 Projektorganisation für die Realisierung

An die Projektorganisation inklusive der Ecktermine und das damit verbundene Projektmanagement werden die nachfolgend aufgeführten Anforderungen gestellt:

- . . . . .
- . . . . .
- . . . . .

4.3.5 Anforderungen an die Vertragsgestaltung

Grundsätzlich sollen bei der Abfassung der Verträge die Modelle für allgemeine Geschäftsbedingungen, welche von der SVD und der Büfa (heute SWICO) ausgearbeitet wurden, zum Tragen kommen.

Konkret stellt die MAG an die wichtigsten Punkte der abzuschliessenden Verträge folgende Anforderungen:

4.3.5.1 Vertragsgegenstand

- . . . . .
- . . . . .
- . . . . .

4.3.5.2 Preise und Zahlungsbedingungen

- . . . . .
- . . . . .
- . . . . .

4.3.5.3 Gewährleistung inklusive Garantie

- . . . . .
- . . . . .
- . . . . .

4.3.5.4 Abnahme/Annahme

- . . . . .
- . . . . .
- . . . . .

4.3.5.5 Uebrige Vertragspunkte

- . . . . .
- . . . . .
- . . . . .

5 Mengengerüst, Verarbeitungshäufigkeiten

Die nachfolgend genannten Angaben beziehen sich auf den Stand von heute. Bei der Dimensionierung der Systeme ist von einem jährlichen Wachstum des Mengengerüstes, d. h. der Datenbewegungen und Datenbestände, von rund 10 % auszugehen.

5.1 Datenbewegungen

Die Datenbewegungen sind hier tabellarisch, wie in Abbildung 27 gezeigt, festzuhalten.

5.2 Datenbestände

Die Datenbestände sind hier tabellarisch, wie in Abbildung 28 gezeigt, festzuhalten.

6 Aufbau und Inhalt der Offerte

Im Interesse einer fairen und speditiven Evaluation hat sich der Offertsteller bei der Ausarbeitung seiner Offerte an den nachstehend festgehaltenen Aufbau zu halten. Er ist jedoch in seiner Eigenschaft als Informatikspezialist verpflichtet, jeden Punkt, den er für änderungsbedürftig hält, zu kommentieren bzw. zu ergänzen.

6.1 Vorstellen Offertsteller

Hier werden folgende kurz und präzise gehaltenen Angaben erwartet:

- Organisation;
- Marktstellung;
- Produkte- und Leistungsschwerpunkte.

Eine Firmenbroschüre (z. B. ein Kurzporträt) kann diese Angaben ergänzen.

6.2 Management Summary

Hier sind die wichtigsten Punkte der offerierten Lösung wie folgt zusammenfassend wiederzugeben:

6.2.1 Ausgangslage und generelle Ziele

- . . . . .
- . . . . .
- . . . . .

6.2.2 Gesamtübersicht

- . . . . .
- . . . . .

Auf eine detaillierte Beschreibung des Offertaufbaus wird an dieser Stelle verzichtet, denn es können hier die diesbezüglichen Ausführungen des Kapitels B von Punkt 2.6 praktisch unverändert übernommen werden.

7 Administratives

Nachfolgend wird auf die wichtigsten administrativen Punkte im Zusammenhang mit dieser geplanten Beschaffung eingegangen.

7.1 *Vertraulichkeit, Copyright, Rückgabe*

Dieses Pflichtenheft kann allen Stellen, welche an der Offertausarbeitung beteiligt sind, zugänglich gemacht werden. Allerdings sind sämtliche durch das Pflichtenheft gewonnenen Informationen absolut vertraulich zu behandeln und dürfen Dritten nicht zugänglich gemacht werden.

Das Copyright liegt bei der MAG.

7.2 *Evaluationsschwerpunkte*

Die Schwerpunkte der Evaluation gehen implizit aus den Zielen im Kapitel 3 dieses Pflichtenheftes hervor. Von besonderer Bedeutung bei der Bewertung werden folgende Punkte sein:

- Hoher funktionaler Erfüllungsgrad, insbesondere der Verkaufs- und Ersatzteilabwicklung inkl. Lagerführung;
- Einfache, effiziente Benutzbarkeit (Benutzerfreundlichkeit, Akzeptanz);
- Hohe Wirtschaftlichkeit, d. h. nicht wesentlich höhere Kosten für die Informatikmittel als heute;
- Zukunftsgerichtetes, möglichst offenes und flexibles Konzept mit einer sehr hohen Gesamtverfügbarkeit der Computerleistung;
- Möglichst nur **ein** Vertrags- und Realisierungspartner im Sinne eines Generalunternehmers sowie die Erfüllung der vertraglichen Anforderungen.

7.3 *Rückfragen zum Pflichtenheft*

Für Rückfragen zum Pflichtenheft steht

Herr xxx
MAG
Tel.-Nr.: 01/832 xx xx
Fax-Nr.: 01/833 xx xx

zur Verfügung.

7.4 *Termine im Beschaffungsablauf*

Aus heutiger Sicht ergeben sich die wichtigsten Termine im Beschaffungsablauf wie folgt:

am	1. 7. 199x	Versand des Pflichtenheftes an die Offertsteller
bis	10. 8. 199x	Abgabe der Offerten
ab	31. 8. 199x	Gespräche mit Offertstellern
bis	15. 11. 199x	Evaluationsentscheid
bis	30. 11. 199x	Vertragsunterzeichnung

7.5 *Abgabe der Offerten und weiteres Vorgehen*

Die Offerten sind in dreifacher Ausführung an folgende Adresse einzureichen:

MAG
xxx
zHv. Herrn xxx
8600 xxxxxx

Für die Detailevaluation können nur Offerten berücksichtigt werden, die sich an den in Kapitel 6 geforderten Aufbau halten.

Alle Offertsteller werden nach Abschluss der Evaluation schriftlich orientiert.

Anhang: Firmenbroschüre MAG
Muster von Belegen
Recordbeschreibung

Schritt 6: Der Kritierienkatalog

Verfasser: Projektleitung mit Unterstützung der übrigen Teammitglieder; die Gewichtung wird mit Beteiligung der Projektlenkung in offener Diskussion durchgeführt.

Anmerkung: Der Kriterienkatalog wird parallel zur Anforderungsdefinition des Pflichtenheftes erstellt. Dieses Beispiel zeigt sehr klar die Uebereinstimmung der Anforderungen im Pflichtenheft mit den Kriterien im Kriterienkatalog (siehe Abbildung 60).

In einem **ersten Schritt** wird die **Kriterienhierarchie** festgehalten; in diesem Beispiel sind es bis zu fünf Ebenen.

In einem **zweiten Schritt** wird die **Gewichtung** durchgeführt.

Ebene 1: Kriterienhierarchie

Das in Abbildung 36 gezeigte Beispiel für die Gewichtung ist für den Beschaffungsfall MAG zutreffend. Demnach ergeben sich die Gewichte für die erste Ebene der Kriterienhierarchie wie folgt:

1	Applikationssoftware	47
2	Systemtechnische Kriterien	20
3	Anbieterbezogene Kriterien	33

Diese Gewichtung reflektiert den hohen Stellenwert der Applikationssoftware im Beispiel MAG.

Ebene 2: Applikationssoftware

Entscheidend bei der Abwägung der Wichtigkeit der Kriterien beim paarweisen Vergleich ist der jeweilige Beitrag der beiden Kriterien zur Erreichung der Ziele unter Berücksichtigung der individuellen Ausgangssituation. Durch diesen Vorgang werden praktisch die Ziele der angestrebten Lösung auf die Kriterienhierarchie übertragen bzw. vererbt.

Kriterien	Kriterien									Punkte absolut	Gewicht in %
	11	12	13	14	15	16	17	18	19		
11 Gesamtapplikation		1	1	1	1	1	1	1	2	9	2
12 Verkaufsabwicklung	9		6	5	8	8	6	8	8	58	16
13 Ersatzteilabwicklung	9	4		4	6	6	5	8	8	50	14
14 Lagerführung	9	5	6		8	6	5	8	9	56	16
15 Kundendienst	9	2	4	2		5	4	6	6	38	11
16 Einkaufsabwicklung	9	2	4	4	5		4	6	8	42	12
17 Marketingunterstützung	9	4	5	5	6	6		8	5	48	13
18 Rechnungswesen	9	2	2	2	4	4	2		8	33	9
19 Bürokommunikation	8	2	2	1	4	2	5	2		26	7
Summe										360	100

Abbildung 59: Gewichtung Ebene 2 (Applikationssoftware)

Die Gewichtung der übrigen Kriterien hat ebenenweise analog dem gezeigten Beispiel «Applikationssoftware» zu erfolgen.

Nachdem die Gewichtung über sämtliche Ebenen der Kriterienhierarchie durchgeführt wurde, können in einem **dritten Schritt** die absoluten Gewichte (Y) berechnet werden.

Wichtig ist dabei, dass die Summe aller absoluten Gewichte in jeweils einer Ebene das absolute Gewicht der darüberliegenden Ebene ergibt (Rundungsfehler sind auszugleichen).

In einem **nächsten Schritt** werden die Kriterien der Leistung (Effizienz) und der Benutzbarkeit im Sinne aggregierter Kriterien mit L (Leistung) und B (Benutzerfreundlichkeit) gekennzeichnet. Unter der Benutzerfreundlichkeit wird in diesem Beispiel (siehe Abbildung 60) auch die Zuverlässigkeit subsumiert.

In einem **letzten Schritt** sind die maximal erreichbaren Punkte (P) pro Kriterium in den Kriterienkatalog einzutragen. Dies kann jedoch erst geschehen, wenn die Bewertungsliste erstellt ist, denn daraus lässt sich die maximale Punktesumme pro Kriterium entnehmen.

Der gewichtete Kriterienkatalog ist ein **internes Dokument** und im Evaluationshandbuch in Kapitel 7 bei den Bewertungsdokumenten abzulegen.

Kriterien	A	Rel. Gewicht in %					Gew.		Anbieter 1		Anbieter 2		Anbieter 3	
		E1	E2	E3	E4	E5	Y	P	P1	eff. 1	P2	eff. 2	P3	eff. 3
1 Applikationssoftware		47					47.00							
11 Gesamtapplikation			2				0.94							
111 Benutzbarkeit, Konsistenz	B			20			0.19							
112 Datenmodell				80			0.75							
12 Verkaufsabwicklung			16				7.52							
121 Funktionen / Daten				60			4.51							
1211 Verw. Artikeldaten					15		0.68							
1212 Verw. Kundendaten					12		0.54							
1213 Verw. übrige Daten					5		0.23							
1214 Offertabwicklung					10		0.45	468						
1215 Auftragsbearbeitung					20		0.90							
1216 Garantie / Retouren					10		0.45							
1217 Auftragsabrechnung					12		0.54							
1218 Verkaufsinformation					16		0.72							
122 Uebrige Softwarequalität				40			3.01							
1221 Effizienz, Leistung	L						0.60							
1222 Zuverlässigkeit	B						0.51							
1223 Benutzbarkeit	B						0.60							
1224 Datenschutz, Si.							0.39							
1225 Wartbarkeit							0.58							
1226 Systemunabhängigkeit							0.33							
13 Ersatzteilabwicklung			14				6.58							
131 Funktionen / Daten														
1311 Verw. Artikel Ersatzt.														
1312 Ersatzteilverkauf														
.....														
.....														
132 Uebrige Softwarequalität														
1321 Effizienz, Leistung	L													
1322 Zuverlässigkeit	B													
.....														
.....														
14 Lagerführung			16				7.52							
.....														
.....														
15 Kundendienst			11				5.17							
.....														
.....														
16 Einkaufsabwicklung			12				5.64							
.....														
.....														
17 Marketingunterstützung			13				6.11							
.....														
.....														
18 Rechnungswesen			9				4.32							
.....														
.....														
19 Bürokommunikation			7				3.29							
.....														

Abbildung 60: Kriterienkatalog MAG

		Rel. Gewicht in %					Gew.		Anbieter 1		Anbieter 2		Anbieter 3	
Kriterien	A	E1	E2	E3	E4	E5	Y	P	P1	eff. 1	P2	eff. 2	P3	eff. 3
2 Systemtechnische Kriterien		20					20.00							
21 Systemkonzept			24											
22 Hardwarekomponenten			30											
221 Hintergrundsysteme														
2211 Computer														
Leistung	L													
Zuverlässigkeit	B													
Ausbaubarkeit	L													
2212 Externe Speicher														
.....														
.....														
2213 Ausgabegeräte														
.....														
.....														
222 Arbeitsplatzsysteme														
2221 Bildschirmarbeitsplatz														
Leistung	L													
Ergonomie	B													
.....														
2222 Arbeitsplatzdrucker														
.....														
2223 Scanner														
23 Systemsoftware			28											
231 Betriebssysteme														
2311 Funktionalität	L													
2312 Zuverlässigkeit	B													
.....														
232 Prog. -Sprachen														
.....														
.....														
233 Datenverwaltung														
.....														
.....														
234 Komm. Software														
.....														
.....														
235 Benutzerschnittstellen														
.....														
24 Komm. - Komponenten			14											
241 Lokale Datennetze														
242 Remote Netze														
25 Infrastruktur			4											
.....														
3 Anbieterbezogene Kriterien		33					33.00							
31 Generelle Merkmale			13											
311 Systemintegrator				33										
312 Softwarehersteller				40										
313 Hardwarehersteller				27										
32 Referenzen			19											
33 Unterstützung, Wartung			28											
331 Applikatorisch														
3311 Implementierung														
3312 Schulung														
3313 Wartung														
332 Systemtechnische Leist.														
.....														
34 Realisierungsorganisation			16											
35 Vertragsgestaltung			24											
351 Vertragsgegenstand														
.....														
TOTAL		100												

Schritt 7: Die Bewertungsliste

Verfasser: Projektleitung mit Unterstützung der übrigen Teammitglieder

Anmerkung: Die Bewertungsliste wird ebenfalls mit der Anforderungsdefinition des Pflichtenheftes erstellt. Es werden darin praktisch die Detailanforderungen des Pflichtenheftes ausgewiesen (vergleiche dazu das gewählte Kriterium 1214 Offertabwicklung). Lediglich die im Pflichtenheft formulierten Fragen müssen in Kriterien umgesetzt werden.

Damit wird sehr schnell klar, dass die Bewertungsliste – aus praktischen Gründen ist für die einfachere, spätere Offertanalyse und Bewertung pro Offerte je ein Exemplar zu erstellen – etwa denselben Umfang wie das Kapitel ‹Anforderungen› des Pflichtenheftes annimmt.

Sobald die Kriterienhierarchie auf der Bewertungsliste niedergeschrieben ist, muss die Gewichtung (siehe Kolonne G) – hier wurde auf ein vereinfachtes Verfahren zurückgegriffen – und die Ermittlung der maximal erreichbaren Soll-Punkte (siehe Kolonne P) durchgeführt werden.

Die Summe der Soll-Punkte P ist anschliessend in den Kriterienkatalog zu übertragen.

Auch die Bewertungsliste (siehe Abbildung 61) ist ein **internes Dokument** und ebenfalls im Evaluationshandbuch, allerdings in mehreren Ausführungen, bei den Bewertungsunterlagen in Kapitel 7 abzulegen.

Schritt 8: Skalierung

Verfasser: Projektleiter in Abstimmung mit den übrigen Teammitgliedern

Anmerkung: Im Beispiel der MAG wird als Richtschnur für die spätere Bewertung eine Skalenbreite von 0 bis 4 gewählt. Demnach wird die beste Erfüllung mit der Zahl 4 und die schlechteste Erfüllung eines jeweiligen Kriteriums mit der Zahl 0 benotet.

Auf eine detaillierte Wiedergabe der Skalierung kann an dieser Stelle verzichtet werden. Es wird auf die diesbezüglichen Ausführungen im Abschnitt B dieses Buches in Kapitel 3.3.2 hingewiesen.

Auch die gewählte Skalierung ist im Evaluationshandbuch in Kapitel 7 abzulegen.

Abbildung 61: Bewertungsliste für Offertabwicklung

Kriterien	W	G	P	Messgrösse max./min. Wert	Anbieter: Daten aus der Offertanalyse	Bewertung N	 eff. P
1214 Offertabwicklung							
Erfassen neuer Offerten							
Eingabe von Kopfdaten (Kunden-Nr., Vertreter-Nr.,		3	12				
Betreffnis, Termin)							
Automatische Beleg-Nummerierung		3	12				
Eingabe von Artikeldaten (Artikel-Nr., Menge)		3	12				
Eingabe freier Texte mit spezieller Formatierung		9	36				
(Schriftart, Schriftgrösse)							
Anzeige der dazugehörenden Stammdaten		3	12				
Ueberschreiben + Umformatieren v. Stammdaten		3	12				
Realtimeverbuchung		3	12				
Verwaltung der Offerten							
Verknüpfung der Daten mit Kunde und Artikel		3	12				
Speicherung der Offerte als Objekt		3	12				
Verknüpfung der Offerte (Objekt) mit Marketingdaten		3	12				
Verschiedene Zugriffspfade (Kunden-Nr., Kunden-		6	24	= > 4 / mind. 2			
kurztext, Beleg-Nr.)							
Anzeige auf Bildschirm in WYSIWYG		6	24	WYSIWYG / Charakterorientiert			
Aendern von Offerten							
Interaktive Arbeitsweise		3	12				
Kopfdaten ändern, ergänzen		3	12				
Artikeldaten ändern, neue Zeilen einfügen		3	12				
Weitergabe an Auftragsbearbeitung		3	12				
Löschen, mit Angabe des Grundes (codiert)		6	24				
Druck der Offerte							
Automatisch täglich bzw. auf Abruf		3	12				
Sortiert nach Sachbearbeiter		3	12				
Format A4		3	12				
Satznahe Qualität		6	24				
Fristenkontrolle mit Wiedervorlage							
Nach Sachbearbeiter		6	24				
Mitteilung an Interessent (versch.Werbebriefe)		9	36				
Offertberichtswesen							
Pendente Offerten (pro Sachbearbeiter, Anzahl,		6	24				
Wert, Alter)							
Verlorene Offerten (pro Sachb., Anzahl, Wert, Gründe)		6	24				
Offertstatistik (pro Sachb. und gesamthaft, Monats-		9	36				
raster, Vergleich mit Budget und Vorjahr)							
TOTAL			468				

Schritt 9: Die KO-Kriterienliste

Verfasser: Projektleiter in Abstimmung mit den übrigen Teammitgliedern

Inhalt der KO-Kriterienliste

Die KO-Kriterien werden wie folgt definiert:

- Die offerierte Lösung muss sich auf offene Standards, bzw. Industriestandards abstützen. Dazu zählen: Betriebssysteme: MS DOS, Windows, OS/2, UNIX, Netzwerkbetriebssysteme: xxx, yyy;
- Die offerierte Lösung muss ohne eigene Informatikspezialisten eingeführt, betrieben und auch gewartet werden können.
- . . . . .
- . . . . .
- . . . . .

Beispiel 2: Beschaffung einer kleineren Bürokommunikationslösung

Das zweite Beispiel orientiert sich an einer relativ kleinen Beschaffung, wie sie allerdings in der Praxis recht häufig anzutreffen ist. Es sollen in einer Abteilung fünf Arbeitsplätze zur besseren Unterstützung der Büroarbeit mit zeitgemässen Informatikmitteln ausgerüstet werden.

Der Einfachheit wegen wird diese Abteilung nachfolgend mit AEX bezeichnet. Das Beispiel der AEX soll vor allem aufzeigen, dass die in Kapitel B dieses Buches vorgestellte Methodik auch für kleine Beschaffungsvolumen und relativ einfache Aufgabenstellungen effizient und vorteilhaft angewendet werden kann. Wichtig dabei ist, den ‹roten Faden› beizubehalten.

In diesem Beispiel wird auf folgende Phasen und Aktivitäten bzw. Dokumente, allerdings nur auszugsweise detailliert, eingegangen:

- Vorbereitung der Evaluationsphase
  Schritt 1: Der Auftrag
  Schritt 2: Würdigung vorhandener Unterlagen
- Erstellung des Pflichtenheftes
  Schritt 3: Das Pflichtenheft
- Erstellung der Bewertungsdokumente
  Schritt 4: Der Kriterienkatalog

Auf eine Kommentierung der weiteren Phasen, bzw. auf eine Wiedergabe weiterer Dokumente für dieses Beispiel der AEX, wird bewusst verzichtet.

Es wird auf die entsprechenden Ausführungen in Kapitel B dieses Buches hingewiesen.

Schritt 1: Der Auftrag

Verfasser: Abteilungsleitung

Anmerkung: Im Beispiel der AEX kann die Formulierung des Auftrages sehr kurz gehalten werden. Die Ausführungen zur Projektorganisation sowie zur zeitlichen Planung des Beschaffungsvorhabens und Einführung können in den Auftrag eingeschlossen werden.

Inhalt des Auftrages

a) Ausgangslage:

Die Büroarbeit in der AEX wird durch die 1988 installierten PC's sowie eine Reihe traditioneller Bürogeräte (Schreibmaschinen, Kopierer, Telefax) unterstützt. Der Zugriff auf Daten im zentralen Computer wird von zwei Terminals her gewährleistet. Das Schriftgut wird in Papierform in Dossiers und Ordnern abgelegt und in Aktenschränken aufbewahrt.

Daraus resultieren eine Reihe leistungshemmender Faktoren, wie z. B. Medienbrüche, Doppelspurigkeiten, Informationsdefizite, zu hohe Durchlaufzeiten.

b) Ziele:

Die Abteilung hat beschlossen, auf der Basis eines ganzheitlichen Gestaltungsansatzes eine integrierte, möglichst offene **Bürokommunikationslösung** einzuführen.

Namentlich fallen darunter das **Erstellen** und **Bearbeiten** von internen und externen Dokumenten – angefangen bei einfacher Korrespondenz bis hin zu komplexen Berichten – sowie deren **elektronische Uebermittlung** und **Archivierung**, ferner Aufgaben der **Planung** und der **Geschäftskontrolle** bis hin zur Kommunikation mit dem zentralen Computer und externen Datenbanken wie xxx, yyy. Die Systemplattform hat sich dabei an den öffentlich zugänglichen Standards und Industriestandards zu orientieren.

c) Projektorganisation:

Um die mit diesem Vorhaben anfallenden Aufgaben zügig und benutzernah durchführen zu können, wird ein Projektteam, bestehend aus Herrn A. xxxx (Vorsitz), Frau F. yyyy, Frau G. zzzz und Herrn M. ssss gebildet.

Die übrigen Mitarbeiter/innen sind bei den Meilensteinen angemessen in den Entscheidungsprozess einzubeziehen mit dem Ziel, eine breite Akzeptanz für die neue Lösung zu erreichen.

d) Termine:

Es ist geplant, die neue Lösung spätestens ab 1. Januar 199y produktiv nutzen zu können.

e) Weiteres Vorgehen:

Am 15. Mai 199x findet unter dem Vorsitz der Abteilungsleitung die erste Projektteam-Sitzung statt. Einladung mit Traktandenliste folgt bis 10. Mai 199x.

Schritt 2: Würdigung vorhandener Unterlagen

Verantwortlich: Projektteam

Anmerkung: Im Falle der AEX wurde keine Vorstudie durchgeführt. Deshalb sind noch vor der Erstellung des Pflichtenheftes der Ist-Zustand sowie die Wünsche und Anforderungen an das neue System näher zu analysieren. Auch grundlegende konzeptionelle Ueberlegungen sind anzustellen.

Schritt 3: Erstellung des Pflichtenheftes

Verfasser: Projektteam

Anmerkung: Das Pflichtenheft wird nicht in allen Punkten detailliert wiedergegeben, um den Rahmen dieses Buches vom Umfang her nicht zu sprengen. In der Praxis dürfte das Pflichtenheft der AEX etwa 10 bis maximal 20 Seiten erreichen.

Es stellt für die Ausarbeitung der Offerten und für die Bewertung der Lösungsalternativen eine unentbehrliche Grundlage dar, auch wenn man in diesem Beschaffungsfall sehr gut die Funktionalität und das ‹look and feel› der Lösungen anlässlich von Vorführungen und von Referenzinstallationen in der Praxis nachvollziehen kann.

Inhaltsverzeichnis des Pflichtenheftes der AEX

1 Ausgangslage

Die Abteilung für E . . . . (nachfolgend mit AEX bezeichnet) ist innerhalb der Gemeindeverwaltung eine weitgehend selbständige Organisationseinheit mit insgesamt sieben Personen. Ihre Hauptaufgabe besteht in der Begutachtung und Ueberwachung der . . . . .

Der Sitz der AEX befindet sich an der Moosstrasse 47, also rund 1 km vom Verwaltungsgebäude der Gemeinde entfernt.

Zum Computersystem der Verwaltung besteht von 2 Terminals her der Zugang über eine Mietleitung auf die Einwohnerdatenbank und auf die zentrale Rechnungswesenapplikation.

Die Büroarbeit in der AEX wird heute in wichtigen Teilbereichen durch PCs und eine Reihe traditioneller Bürogeräte unterstützt. Das Schriftgut wird in Papierform in Dossiers und Ordnern abgelegt und in Aktenschränken aufbewahrt. Ein direkter (elektronischer) Zugriff auf externe Informationsquellen ist heute nicht möglich.

Um die daraus resultierenden leistungshemmenden Einflüsse abzubauen, hat die Abteilungsleitung beschlossen, auf der Basis eines ganzheitlichen Gestaltungsansatzes eine zeitgemässe **Bürokommunikationslösung** einzuführen.

Deshalb wurde ein Projektteam unter der Leitung von Herrn . . . . . beauftragt, eine entsprechende Lösung, die sich auf eine möglichst offene Systemplattform abstützt und sich durch eine hohe Gesamtwirtschaftlichkeit auszeichnet, zu evaluieren und bis spätestens 1. Januar 199y einzuführen. Eine wichtige Grundlage dafür bildet dieses Pflichtenheft.

2 Ist-Zustand

Die wichtigsten Fakten und Daten zum Ist-Zustand in der AEX werden nachfolgend stichwortartig festgehalten.

2.1 Aufbauorganisation

Wie bereits einleitend erwähnt, sind heute in der AEX insgesamt sieben Personen beschäftigt:

Abteilungsleiter	1 Person
Sachbearbeiter	3 Personen
Sekretariat	2 Personen
Hilfskraft (Telefon)	1 Person

Ein personeller Ausbau ist nicht vorgesehen.

2.2 Ablauforganisation

2.2.1 Geschäftsprozesse

Die **Hauptaufgaben** in der AEX sind kurz folgende:

- Ueberprüfung der eingehenden Gesuche, insbesondere auf Einhaltung der Rechtsgrundlagen und der Ausführungsbestimmungen, wobei die wichtigsten Daten pro Gesuch (Antragsteller, Begründung, Kosten, Termine, . . .) in einer normierten Form erfasst werden (siehe Muster in Anhang 1);
- Führen der Korrespondenz mit den Gesuchstellern aber auch mit anderen Geschäftspartnern und Erteilen der Genehmigung;
- Verwalten der pendenten, aber auch der abgeschlossenen Geschäfte während mindestens zehn Jahren; danach erfolgt eine Auslagerung der Akten in das Gemeindearchiv;
- . . . .
- Führen des Rechnungswesens, d. h. Eingabe der Daten auf Bildschirmterminals zur Fakturierung;
- Laufende Zusammenfassung und Kommentierung von politisch sensiblen Schwerpunktthemen für den Fachbereich.

2.2.2 Applikationsportefeuille

Die Sachbearbeitungs- und Sekretariatsaufgaben werden heute durch folgende Softwarepakete unterstützt:

Textverarbeitung: Text 5 von xx, Release 3.4
Tabellenkalkulation: Lotus 1/2/3, Release 7.2
Adressenverwaltung: dBASE IV, Release xx

2.3 Systemplattform

Folgende Systeme und Geräte werden heute zur Unterstützung der vorher beschriebenen Hauptaufgaben benutzt:

- 3 PCs, Typ Olivetti xx, MS DOS, 640 KB RAM, 20 MB Festplatte;
- 2 Typenraddrucker;
- 2 EDV-Terminals, Typ 3278-xx, verbunden mit dem Hostcomputer.

Als zentraler Computer dient der Gemeinde ein IBM 9370-xx mit dem Betriebssystem MXY-xx.

2.4 Uebrige technische Hilfsmittel

Zu nennen sind hier:

- 2 Kopierer;
- 1 Telefaxgerät;
- 4 Speicherschreibmaschinen, Typ . . .;
- 1 Telefonzentrale mit 20 Nebenstellen, Typ . . . .

Die Schwachstellen des heutigen Technikeinsatzes zur Unterstützung der Büroarbeit in der AEX sind offensichtlich:

- Medienbrüche und Doppelspurigkeiten, insbesondere bei . . .,
- Zu wenig durchgängig organisierte Aufgabenbearbeitung;
- Unterschiedliche Benutzeroberflächen;
- Kein elektronischer Zugriff auf externe Datenbanken und Kommunikationsdienste;
- Zu hoher manueller Aufwand bei . . . . .

3 Ziele

Für die AEX soll eine ganzheitlich angelegte, integrierte Bürokommunikationslösung zur Unterstützung sämtlicher administrativer Aufgaben eingeführt werden. Dabei geht es im einzelnen um die Erreichung folgender Ziele:

- Abbau der Medienbrüche und Doppelspurigkeiten mit dem Ziel, die Effizienz bei der Erstellung der Dokumente um mindestens 20 % gegenüber heute zu verbessern;
- Abbau des manuellen Aufwandes für das Ablegen und Suchen nach Dokumenten sowie für den Unterhalt der heutigen Ablageorganisation (Einsparung rund ½ Arbeitskraft, Raumreduktion um 20 m^2);
- Markante Erhöhung und Verbesserung der Informationsbasis und des Informationszugriffs sowie zusätzlich Zugriff auf externe Datenbanken (Swisslex, xxx . . .);
- . . . . .
- . . . . .
- Wirtschaftliche Nutzung heutiger und zukünftiger Informations- und Kommunikationstechnik auf einer offenen Systemplattform zur qualitativ hochstehenden Erbringung der AEX-Leistungen.

4 Anforderungen

Die nachfolgend definierten Anforderungen beziehen sich insbesondere auf applikatorische Aspekte der angestrebten Bürokommunikationslösung. Der Offertsteller ist jedoch in seiner Eigenschaft als Informatikspezialist verpflichtet, jeden Punkt, den er für verbesserungswürdig hält, kurz und präzis schriftlich zu kommentieren.

4.1 Anforderungen an die Applikationssoftware

Zur Erreichung der unter 3. aufgeführten Ziele muss eine integrierte, auf modernste Informations- und Kommunikationstechnik gestützte Bürokommunikationslösung eingeführt werden. Die nachfolgenden Anforderungen beziehen sich einerseits auf die Gesamtapplikation sowie andererseits auf die einzelnen Applikationen mit ihrer funktionalen Leistungsfähigkeit.

4.1.1 Gesamtapplikation

Diese Anforderungen betreffen insbesondere funktionale Merkmale der Gesamtlösung wie die applikatorische Durchgängigkeit und die Konsistenz der einzelnen Applikationen, aber auch die übrigen Softwarequalitätsmerkmale.

4.1.1.1 Funktionen und Daten

Die Gesamtlösung hat folgende Applikationen zu umfassen:

- Be- und Verarbeitung von Dokumenten, bestehend aus Text, Daten, Graphik und Bild;
- Individuelle EDV-Unterstützung wie Tabellenkalkulation und Datenbankmanagement (DBMS);
- Office-Support (Zeitmanagement, Geschäftskontrolle);
- Ablage und Archivierung von Dokumenten;
- Kommunikation (E-Mail, Terminalservice mit Host, Fax-Service, externe Datenbanken).

4.1.1.1.1 Parametrierbarkeit und Konsistenz BK-Lösung

An die Parametrierbarkeit und Konsistenz über alle Applikationen hinweg werden folgende Anforderungen gestellt:

- Anpassbarkeit und Individualisierbarkeit des Gesamtmenues oder des objektorientierten elektronischen Schreibtisches an den Aufgabeninhalt der jeweiligen Benutzer;
- Konsistente Bildschirm- und Dialoggestaltung wie
  · Manipulationstechniken
  · Dialogtechniken (Funktionstasten, Menue, Iconen)
  · Masken und Formulare
  · Statusmeldungen.

4.1.1.1.2 Integration

- Gewährleistung der Interoperabilität für alle Applikationen;
- Gewährleistung der Integration zwischen allen Applikationen auf Daten- und Dokumentenebene (Interprozesskommunikation);
- Die Datensicherung muss . . . . .
- . . . . .

4.1.1.2 Uebrige Softwarequalität der Gesamtapplikation

Nachfolgend werden die Anforderungen an die übrigen Softwarequalitätsmerkmale bezogen auf die Gesamtapplikationen gestellt.

4.1.1.2.1 Effizienz und Leistung

Diese Anforderungen beziehen sich auf die Effizienz und Leistung des Gesamtsystems, so wie sie sich für die Benutzer an den Arbeitsstationen präsentieren:

- Praktisch keine Wartezeiten der Benutzer bei der deskriptiven bzw. direkten Manipulation am Bildschirm;
- Der Zugriff auf Dokumente in der Ablage und deren Anzeige am Bildschirm in Form einer ‹Hitliste› oder des betreffenden Dokumentes darf unabhängig von den gewählten Deskriptoren für die Abfrage nicht länger als drei Sekunden dauern;
- . . . . .
- . . . . .
- . . . . .

4.1.1.2.2 Zuverlässigkeit und Robustheit

- . . . . .
- . . . . .
- . . . . .

4.1.1.2.3 Benutzbarkeit (Benutzerfreundlichkeit)

Diese Anforderungen haben einen sehr hohen Stellenwert, und sie betreffen insbesondere die Mensch-Maschine-Schnittstelle.

- Möglichst objektorientierte Benutzeroberfläche zur Darstellung der Bürowerkzeuge;
- Dialogboxen (Wiedererkennen und Zeigen);
- Möglichst WYSIWYG-Darstellung;
- . . . . .
- . . . . .

4.1.1.2.4 Datenschutz und Sicherheit

- . . . . .
- . . . . .
- . . . . .

4.1.1.2.5 Wartbarkeit und Anpassungsfähigkeit

- . . . . .
- . . . . .
- . . . . .

4.1.1.2.6 Systemunabhängigkeit (Standards)

- . . . . .
- . . . . .
- . . . . .

4.1.2 Detailanforderungen pro Applikation

Diese Anforderungen beziehen sich im wesentlichen auf die Funktionen und Daten der in der Uebersicht gezeigten Applikationen bzw. Teilapplikationen.

4.1.2.1 Be- und Verarbeitung von Dokumenten

Unter diesen Punkt fallen Anforderungen betreffend die Eigenerstellung und den Import von Dokumenten, bestehend aus Text, Daten, Graphik und Bild (Faximile). Das Resultat können sogenannte ‹Compound Documents› sein.

4.1.2.1.1 Textverarbeitung

An die Textverarbeitung werden insbesondere folgende Anforderungen gestellt:

- Textbearbeitungsfunktionen;
- Textverarbeitungsfunktionen;
- . . . . .
- . . . . .

4.1.2.1.2 Graphik

- . . . . .
- . . . . .
- . . . . .

4.1.2.1.3 Import externer Dokumente

- . . . . .
- . . . . .
- . . . . .

4.1.2.1.4 Bilden von Compound Documents

- . . . . .
- . . . . .
- . . . . .

4.1.2.2 Individuelle EDV-Unterstützung

. . . .

4.1.2.2.1 Tabellenkalkulation

- . . . . .
- . . . . .
- . . . . .

4.1.2.2.2 Datenbankmanagement (DBMS)

- . . . . .
- . . . . .
- . . . . .

4.1.2.3 Office-Support

– . . . . .
– . . . . .
– . . . . .

4.1.2.4 Ablage und Archivierung

– . . . . .
– . . . . .
– . . . . .

4.1.2.5 Kommunikation

. . . .

4.1.2.5.1 E-Mail

– . . . . .
– . . . . .
– . . . . .

4.1.2.5.2 Fax-Service

– . . . . .
– . . . . .
– . . . . .

4.1.2.5.3 Terminalemulation mit Hostcomputer

– . . . . .
– . . . . .
– . . . . .

4.1.2.5.4 Externe Datenbanken

– . . . . .
– . . . . .
– . . . . .

4.2 Anforderungen an die Systemplattform

4.2.1 Systemkonzept

Die neue Lösung soll sich grundsätzlich auf eine offene, bzw. Industriestandard-Plattform abstützen. Dabei sind drei Varianten denkbar:

a) **Client-/Server-Konzept** auf der Basis eines **PC-Netzwerks**, d. h. ein oder mehrere Server als Hintergrundsystem und Industriestandard-PC's als Endgeräte;

b) **Multiuser UNIX-System** mit **X-Terminals**, d. h. ein leistungsfähiges UNIX-Hintergrundsystem und X-Terminals als Endgeräte;

c) **Client-/Server-Konzept** auf der Basis von **UNIX**-Systemen, d. h. ein UNIX-Server und mehrere UNIX-Workstations als Endgeräte.

Es bleibt dem Offertsteller überlassen . . . .

4.2.2 Hardwarekomponenten

Detailangaben zur Strukturierung dieser und der weiteren Anforderungen an die Systemplattform können für dieses Beispiel dem Kriterienkatalog entnommen werden.

4.2.3 Systemsoftware

– . . . . .
– . . . . .
– . . . . .

4.2.4 Kommunikationskomponenten

– . . . . .
– . . . . .
– . . . . .

4.3 Anbieterbezogene Anforderungen

Für die Formulierung dieser anbieterbezogenen Anforderungen wird auf die Ausführungen des Beispiels 1 (MAG) verwiesen. Sie können jedoch in diesem Fall wesentlich knapper abgefasst werden.

5 Mengengerüst, Verarbeitungshäufigkeiten

Die nachfolgenden Angaben verstehen sich als Richtwerte. Jährlich ist rund mit 5 % Zuwachs zu rechnen. Die Leistung und Kapazität des Systems ist so zu dimensionieren, dass der Online-Zugriff auf abgelegte und archivierte Dokumente während zehn Jahren sichergestellt ist.

5.1 Datenbewegungen

Pro Monat ist mit folgenden Mengen zu rechnen:

140 Gesuche à durchschnittlich drei A4-Seiten;
260 Seiten Formulareingaben;
600 Seiten Korrespondenz;
300 Rechnungswesenbuchungen;
. . . .
. . . .

5.2 Datenbestände

Die Datenbestände sind hier tabellarisch, wie in Abbildung 28 gezeigt, festzuhalten.

6 Aufbau und Inhalt der Offerte

Für die Formulierung betreffend Aufbau und Inhalt der Offerte wird auf die Ausführungen des Beispiels 1 (MAG) verwiesen. Sie sind hier analog dem ersten Beispiel, bzw. den Ausführungen des Kapitels B (Punkt 2.6) wiederzugeben.

7 Administratives

Auch hier können die Ausführungen des ersten Beispiels (MAG) in abgewandelter, verkürzter Form so wiedergegeben werden.

Anhang erwähnt

Schritt 4: Der Kriterienkatalog

Verfasser: Projektteam, die Gewichtung wird gemeinsam mit der Abteilungsleitung vorgenommen

Anmerkung: Auch in diesem Beispiel wird der Kriterienkatalog mit der Erarbeitung der Anforderungen für das Pflichtenheft erstellt.

In einem ersten Schritt wird die Kriterienhierarchie festgehalten. Im Beispiel der AEX (siehe nachfolgende Seite) lässt sie sich auf einer A4-Seite darstellen.

Auf die Kommentierung der Durchführung der Gewichtung der Kriterien kann an dieser Stelle verzichtet und auf das Beispiel MAG verwiesen werden. Natürlich gilt es dabei den speziellen Zielen der AEX Rechnung zu tragen.

Weitere Schritte:
Wie bereits einleitend zu diesem Beispiel erwähnt, wird von einer Beschreibung bzw. Wiedergabe weiterer Verfahrensschritte sowie Dokumente bewusst abgesehen. Die diesbezüglichen Ausführungen im Kapitel B sind sinngemäss auch auf das Beispiel AEX anzuwenden.

Kriterien	A	Rel. Gewicht in %					Gew.		Anbieter 1		Anbieter 2		Anbieter 3	
		E1	E2	E3	E4	E5	Y	P	P1	eff. 1	P2	eff. 2	P3	eff. 3
1 Applikationssoftware		40					40.00							
11 Gesamtapplikation			50				20.00							
111 Funktionen und Daten				40			8.00							
1111 Param./ Konsistenz					60		4.80							
1112 Integrationsgrad					40		3.20							
112 Uebrige Softwarequalität				60			12.00							
1121 Effizienz, Leistung														
1122 Zuverlässigkeit														
1123 Benutzbarkeit														
1124 Datenschutz, Si.														
1125 Wartbarkeit														
1126 Offenheit, Stand.														
12 Detailanforderungen / Applik.														
121 Be- und Verarb. Dokum.														
1211 Textverarbeitung														
1212 Graphik														
1213 Import Dokumente														
1214 Bilden Comp. D.														
122 Indiv. EDV-Unterstützung														
1221 Tabellenkalk.														
1222 Datenbankmgt.														
123 Office Support														
124 Ablage / Archivierung														
1241 Verwaltung														
1242 Retrieval														
125 Kommunikation														
1251 E - Mail														
1252 Fax - Service														
1253 Terminalemulation														
1254 Externe DB														
2 Systemtechnische Kriterien		27					27.00							
21 Systemkonzept														
22 Hardwarekomponenten														
221 Hintergrundsysteme														
2211 Leistung														
2212 Zuverlässigkeit														
2213 Ausbaubarkeit														
222 Arbeitsplatzsysteme														
2221 Leistung														
2222 Ergonomie														
23 Systemsoftware														
231 Betriebssysteme														
232 Prog. -Sprachen														
233 Komm. Software														
24 Komm. - Komponenten														
241 Lokale Datennetze														
242 Remote Netze														
3 Anbieterbezogene Kriterien		33					33.00							
31 Generelle Merkmale														
311 Softwarehersteller														
312 Systemintegrator														
32 Referenzen														
33 Unterstützung, Wartung														
331 Software														
332 Systemtechnik														
34 Realisierungsorganisation														
35 Vertragsgestaltung														
TOTAL		100												

Abbildung 62: Kriterienkatalog AEX

Sachregister